KB192939

과학주의와 국가주의를 넘어서

하나님의 창조와 아브라함의 믿음

과학주의와 국가주의를 넘어서

하나님의 창조와 아브라함의 믿음

지은이·박재순
꾸민이·성상건
편집디자인·자연DPS

펴낸날·2024년 3월 26일
펴낸곳·도서출판 나눔사
주소·(우) 10270 경기도 고양시 덕양구 푸른마을로 15
301동 1505호
전화·02)359-3429　팩스 02)355-3429
등록번호·2-489호(1988년 2월 16일)
이메일·nanumsa@hanmail.net

ISBN 978-89-7027-908-4 03230

값 15,000원

과학주의와 국가주의를 넘어서

하나님의 창조와 아브라함의 믿음

박재순 지음

나눔사

과학주의와 국가주의를 넘어서

오늘 인류 사회를 지배하는 철학은 과학주의와 국가주의다. 물질의 존재와 변화, 인과관계와 법칙을 탐구하는 과학주의의 철학적 원리는 유물론과 기계론이다. 자연과학뿐 아니라 사회과학과 역사학, 인문학과 철학조차 유물론과 기계론에서 자유롭지 못하다. 그러므로 학자들이 물질의 존재와 변화, 인과관계와 법칙을 넘어서 인생과 역사의 의미와 목적을 말하기 어려우며, 물질과 육체를 초월한 생명과 영혼의 자유와 가치를 생각하기 어렵다. 유물론과 기계론이 지배하는 세상에서 인간의 생명과 영혼은 설 자리를 잃고 살아 숨쉬기 어렵다.

국가주의의 철학적 원리는 '강한 자가 약한 자를 잡아먹는다'는 약육강식(弱肉强食)과 '우월한 자가 이기고 열등한 자가 진다'는 우승열패(優勝劣敗)다. 짐승세계의 생존경쟁을 설명하던 생물학적 원리가 국가들의 세계에 그대로 적용된 것이다. 짐승들의 생존원리가 지배하는 국가들의 세계에서는 인간이 인간답게 살기 어렵고 자유로우면서 서로 돕고 협동하는 생활공동체를 이루기 어렵다. 약육강식과 우승열패의 국가주의의 현대적 형태는 무한경쟁을 추구하는 입시교육과 적대감과 대결을 조장하는 진영논리·당파싸움이다.

과학주의를 만들고 국가주의를 주도한 인도 유럽어족

어떻게 과학주의와 국가주의가 인류 사회를 지배하게 되었는가? 순수한 과학을 바탕으로 과학혁명을 일으키고 국가주의를 최고로 발전시키고 강화한 것은 인도 유럽어족이다. 고고학자 마리야 김부타스에 따르면 이들은 카스피해와 흑해 위쪽에서 중앙아시아에 이르는 초원지대에서 말과 소, 수레와 무기를 가지고 호전적인 전투조직을 발전시켰다. 인도 유럽어족은 국가 문명이 형성된 후 4천 년 전쯤부터 서쪽으로는 유럽으로 남쪽으로는 인도로 침입하여 정복자로서 세력을 확장해갔다. 국가주의문명의 지배자와 정복자로서 인도 유럽어족의 언어는 일찍이 유럽, 러시아, 인도(산스크리트어)를 지배했고 근현대에 이르러 북미와 남미로 확산되었고 오늘도 세계 인류 사이에 널리 통용되고 있다.

땅과 다른 민족들의 정복자였던 인도 유럽어족의 언어에서는 주어가 문장을 지배하고 객어(목적어)는 대상으로 머물 뿐이다. 인도 유럽어족에 속하는 고대 그리스인들은 인식주체인 이성이 인식대상을 분석하고 규정하는, 인식대상을 객관화하고 타자화하는 과학과 철학을 발전시켰다. 그리스의 대표적인 철학자 아리스토텔레스는 사물을 형상인, 목적인, 운동인, 질료인으로 분석하고 규정함으로써 매우 공격적이고 지배자적인 인식론과 존재론을 형성하였다. 인도 유럽어족의 언어와 철학(과학)은 땅과 이민족들을 침략하고 정복한 이들의 국가주의적 정치사와 일치한다.

인도 유럽어족이 이룩한 유럽문명의 두 기둥은 그리스철학(헬레니즘)과 히브리 기독교 정신이었다. 중세 때까지는 그리스철학의 고결한 형이상학과 기독교의 초월적 하나님 신앙이 유지되었다. 근현대에 이르러 과학기술이 발달하고 산업혁명이 일어나 부와 권력이 확대되었을 때 유럽인들은 그리스철학의 고결한 형이상학과 기독교의 초월적 하나님 신앙을 버리고 과학주의와 국가주의로 치달았다. 과학주의의 유물론과 기계론을 바탕으로 국가주의의 약육강식과 우승열패의 이념을 앞세워 식민지 쟁탈전을 벌임으로써 1차 세계대전과 2차 세계대전을 일으키고 집단적인 인종학살을 자행했다. 이로써 유럽문명은 도덕과 정신의 파탄에 빠졌다.

인도 유럽어족이 주도한 서구 문명의 정치사는 계급투쟁과 권력투쟁을 통하여 권리를 확보해 온 역사다. 따라서 권리(rights)가 곧 법(rights)이고 정의(righteousness)가 되었다. 이들에게 정치는 권리 다툼과 이해관계의 조정에 지나지 않는다. 권리와 권리 다툼에 기초한 민주주의는 불안하고 허약하다. 서로 자기 권리를 내세우며 다툰다면 어떻게 사회와 나라를 이루어갈 수 있겠는가? 여성과 남성이 서로 권리를 주장하더니 젊은 여성이 젊은 남성을 혐오하고 젊은 남성이 젊은 여성을 혐오하게 되었다. 학생들의 인권을 보호한다고 학생인권조례를 만들고 학생 인권을 선언했더니 학생과 학부모가 교실에서 교사를 폭행하는 난장판이 벌어지고 있다. 과학주의와 국가주의가 지배하는 오늘의 사회와 학교에서 인간의 생명과 정신을 살리고 높이는 인간교육은 불가능하다. 가정과 사회에서 인간의 생명과 영혼은 갈수록 작아지고 희미해진다.

어떻게 우리는 과학주의와 국가주의의 포로에서 해방될 수 있을까?

–히브리 기독교 정신과 한민족의 종교문화적 전통에 힘입어

땅과 다른 민족들의 정복자였던 인도 유럽어족이 형성하고 확산시킨 과학주의와 국가주의를 극복하고 순화할 수 있는 힘과 지혜를 어디서 찾을 수 있을까? 인류 문명사에서 보면 과학주의와 국가주의에서 벗어날 수 있는 가장 강력하고 분명한 정신과 힘을 가진 것은 히브리 기독교 정신과 한민족의 정신문화 전통이다.

국가주의의 중심을 뚫어낸 히브리 기독교 전통

아브라함은 히브리 기독교 정신의 역사를 시작한 사람이다. 정복전쟁의 소용돌이 속으로 빠져들었던 수메르 메소포타미아 제국의 농경 정착 생활에서 벗어나 아브라함은 '신이 다스리는 나라'를 꿈꾸며 떠돌이 생활을 시작하였다. 그의 후손이 만든 나라 이스라엘은 '신이여 다스리소서!'를 뜻한다. 처음에 200년 동안 이스라엘인들은 하나님만이 그들의 왕이라면서 왕 없는 나라를 유지하였다. 그러다 주위 국가들의 침략과 정복으로 어쩔 수 없이 인간을

왕으로 세우게 되었다. 머지않아 이스라엘 왕국은 남과 북으로 분열되었고 강대국들인 이집트, 아씨리아, 바빌론, 페르시아, 시리아, 로마에 이르기까지 천년이 넘는 오랜 세월에 걸쳐 강대국들의 끊임없는 침략과 정복을 당했다. 이스라엘인들은 오랜 세월 나라 없는 식민지 백성으로 살아야 했다.

나라 잃은 백성으로서 이스라엘인들은 자유와 평등, 정의와 평화의 나라를 이루어 줄 하나님에 대한 믿음을 더욱 심화하고 철저화하였다. 이스라엘인들은 그들의 하나님이 하늘과 땅을 창조하고 천지 만물과 인생, 역사와 세계를 다스린다고 믿었다. 이들은 자신들의 하나님이 불의한 강대국들을 심판하고 새 하늘 새 땅을 창조하고 신이 다스리는 새 나라를 이루어줄 것으로 믿고 기다렸다.

이스라엘인들은 하나님이 창조한 자연 질서와 법칙을 존중하였지만 자연 질서와 법칙에 예속되거나 굴복하지 않고 자연 질서와 법칙 위에서 자유롭고 기쁘고 보람 있는 삶을 살려고 하였다. 그들은 강대국들이 지배하는 역사와 사회의 나락에서 고통을 당하며 살았지만 거기 체념하고 안주하지 않았다. 강대국의 억압과 지배가 가혹할수록 정의롭고 평화로운 신의 나라를 향한 그들의 염원과 열망은 더욱 깊고 커졌다. 그들은 그들의 고난 속에서 하나님의 구원과 해방의 역사가 시작된다는 것을 깨닫고, 인생과 역사의 공동체적 진리를 체험하고 이해할 수 있었다.

이스라엘인들은 어떤 자연조건과 환경에도 어떤 역사적 현실과 상황에도 굴복하지 않고 하나님과 더불어 새로운 역사를 만들어 갈 수 있다는 믿음과 희망을 확립하였다. 이들은 천년이 넘는 세월

속에서 강대국들의 침략과 정복, 억압과 수탈 속에서 고통을 당하며, 정의와 평화의 나라에 대한 사무친 염원과 열망, 믿음과 희망을 이어왔다. 이러한 이스라엘인들의 삶과 믿음을 담은 성경의 이야기는 과학주의와 국가주의를 극복하고 승화시킬 수 있는 가장 역동적인 힘과 깊은 지혜를 품고 있다.

하늘을 우러른 한민족의 생명 체험과 깨달음

히브리 기독교 전통과 함께 과학주의와 국가주의를 극복하고 정화할 수 있는 가장 풍성한 정신과 힘을 가진 전통은 한민족의 정신문화 전통이다. 세계정신 문화사에서 한민족은 가장 특이한 종족이다. 아프리카에서 현생 인류가 세계로 뻗어나갔던 10만 년 또는 5~6만 년 전쯤부터 해 뜨는 동쪽을 향해 유라시아 대륙을 거쳐 그 대륙의 끝인 한반도와 만주까지 이른 종족이 한민족이다. 인류가 국가 문명을 형성하기 훨씬 전부터 한민족은 주어진 땅을 밟아버리고 하늘을 우러르며 밝고 따뜻하고 아름답고 풍성한 삶을 찾아서 길고 먼 여행을 하였다. 오랜 세월 여행하는 동안에 한민족은 하늘을 우러르는 고결한 이념을 체화하고 강인한 생명력과 생명사랑을 체득하였다.

해 뜨는 동쪽 아침의 나라를 찾아온 한민족의 이러한 특별한 이념과 체험은 건국 설화와 언어, 종교와 문화 속에 깊이 새겨져 있다. 건국 설화에 따르면 한민족은 하늘을 열고 나라를 세웠다고 하여 '밝고 바르고 큰'(光明正大) 하늘을 우러르는 천손(天孫) 의식을 드러냈다. 또한 '널리 사람을 이롭게 하는' 홍익인간(弘益人間)과 이치로써 교화하는 재세이화(在世理化)의 이념을 제시하고 '아침의 땅'을 뜻하는 아사달(朝鮮)에 나라를 세웠다. 건국 설화에 나타난 이념과 뜻은 약육강식과 우승열패의 국가주의 이념을 극복하고 승화할 힘과 지혜를 보여준다. 강인한 생명력과 생명 사랑을 체득한 한민족에 대하여 중국의 고서들은 '양보하기를 좋아하고 다투지 않으며'(好讓不爭), '평소에 예의를 지키고 겸양을 좋아하며, 말할 때에는 곡진하게 사리를 따진다' 하였고 '어질고 살리기를 좋아하는 군자의 나라', '곤경에 빠진 사람을 보면 목숨을 던져 구해준다'고 하였다.

생명친화적인 한민족의 정신문화적 특징은 언어에도 잘 나타나 있다. 한국어는 상대를 주체로서 존중하고 배려하는 언어다. 문장을 주도하는 것은 주어가 아니라 객어(상대어)다. 상대에 따라 술어가 달라진다. 한국어처럼 상대를 높이고 받드는 존댓말이 발달한 언어는 없다. 특히 형용사와 부사, 의성어와 의태어가 발달한 것도 상대(인식대상)를 주체로서 있는 그대로 존중하고 드러내고 받들려는 자세와 마음가짐을 드러낸다.

높은 산에서 하늘을 우러르는 종교 문화적 전통이 살아 있고 하늘과 자신을 일치 동화시키며 강인한 생명력과 생명사랑을 지켜온 한민족의 정신문화적 원형질과 특징은 땅의 정복자로서 지배와 정복의 이념과 철학을 발전시킨 인도 유럽어족의 과학주의와 국가주의 철학을 극복하고 승화시킬 수 있는 가장 풍부하고 심오한 정신과 힘을 간직하고 있다.

그러나 안타깝게도 한민족은 자신의 정신 문화적 주체성과 정체성을 제대로 구현하지 못하고 일제의 식민지로 전락하고 말았다. 한민족은 놀라운 건국 설화와 언어를 만들었으나 세종대왕이 한글을 창제할 때까지 자신의 문자를 만들지 못하고 자신의 경전과 철학을 닦아내지 못하였다. 그리하여 중국의 종교철학과 문화(유교, 도교, 불교)를 받아들여서 도덕과 정신을 단련하고 자신의 문화를 다듬어낼 수 있었다.

중국의 종교철학과 문화는 한국의 정신과 문화를 형성하는 데 큰 도움을 주었다. 그러나 중국의 정신문화는 한국의 정신 문화적 주체성과 정체성을 억압하고 해를 끼치기도 했다고 생각된다. 한국 정신문화와 중국 정신문화의 기원과 지향은 서로 다르다. 하늘을 우러르고 하늘의 고결한 이념을 추구했던 한민족과는 달리 중국 민족은 아시아 대륙의 중심을 차지하고 농경 사회를 바탕으로 땅의 질서와 법도에 맞추어 실용적으로 조화롭게 살려고 하였다. 중국 민족이 만들어낸 주역 팔괘, 음양오행, 풍수지리, 사주명리는 모두 땅의 질서와 법도에 충실한 사상이었다. 땅을 중시한 중국의 정신과 사상의 영향과 지배 속에서 하늘을 우러르고 생명과 인간의 주체를 존중하고 구현하려 했던 한민족의 문화적 주체성과 정체성은 제대로 꽃피우지 못하고 약해지고 희미해졌다. 그래서 결국 한민족은 새로운 민주국가를 세우지 못하고 일제의 식민지가 되고 해방된 다음에도 통일된 국가를 이루지 못하고 분단국가가 되고 말았다.

히브리 기독교 정신과 한민족의 만남

한국의 근현대는 동서문명의 만남과 민족의 주체적 자각으로 전개되었다. 한민족은 나라가 망하고 식민지가 되는 비극 속에서 서양의 정신문화, 기독교 신앙, 민주 사상, 과학사상을 주체적으로 받아들이면서 오히려 자신의 정신 문화적 주체성과 정체성을 자각하고 자신의 생명력과 정신력을 맘껏 분출하게 되었다. 한민족과 서양문명의 만남에서 정신 문화적 핵심은 한민족과 히브리 기독교 신앙의 만남이었다.

나라가 망하고 바빌론 제국의 포로 생활을 하면서 이스라엘인들은 하나님의 창조신앙과 하나님 나라에 대한 아브라함의 신앙을 심화하고 강화하였다. 한민족은 나라를 잃고 식민지가 된 상황에서 기독교 신앙을 받아들였다. 그러므로 수메르 메소포타미아 제국을 탈출한 아브라함의 이야기, 이집트의 종살이에서 이스라엘 백성을 해방시키는 모세의 이야기, 로마의 식민지 백성으로서 하나님 나라 운동을 벌인 예수의 이야기는 그대로 한민족의 이야기가 될 수 있었다. 나라를 잃은 식민지 백성의 경험을 했기 때문에 한민족은 누구보다 히브리 기독교의 신앙 전통을 깊이 이해하고 받아들여서 자신의 삶과 신앙으로 만들 수 있었다.

자연 만물과 인간, 사회와 역사에 대한 히브리 기독교의 초월적인 하나님 신앙은 하늘을 우러르며 강인한 생명력과 생명사랑을 지닌 한민족의 정신문화적 주체성과 정체성을 깨워 일으키고 살려내는 데 큰 힘이 되었다. 자연 질서와 법칙, 역사·사회의 현실적 상황과 조건을 초월한 '하나님의 창조' 신앙과 '아브라함의 해방' 신앙은 과학주의와 국가주의를 넘어서 한민족이 자신의 정신문화적 주체성과 정체성을 자각하고 실현하는데 큰 기여를 하였다. 한민족과 히브리 기독교 전통의 만남은 한민족이 자신의 정신문화적 창의성을 발휘하여 산업을 일으키고 문화를 발전시키는 데 기여하고, 민주시민으로서 민주공화의 나라를 만들어가는 데 큰 도움이 되었다.

오늘 인류는 과학주의와 국가주의의 포로 생활에서 벗어나야 한다. 유물론과 기계론을 극복하고 생명과 영혼이 살아 숨쉬는 생명과 영의 세계를 열어가야 한다. 국가주의의의 진영논리·당파싸움에서 벗어나 서로 살리고 서로 길러주고 서로 높여주는 상생과 공존의 나라를 열어가야 한다. 하늘을 우러르며 고결한 이념을 체화하고 강인한 생명력과 생명사랑을 체득한 한민족의 정신문화적 전통과 불의한 강대국들의 침략과 정복 속에서 정의와 평화의 나라에 대한 신념과 열망을 길러온 히브리 기독교 전통의 만남이 인류가 과학주의와 국가주의에서 벗어나는 데 큰 힘과 도움이 될 것으로 기대한다.

차례

1부
과학주의를 넘어서는 하나님의 창조

2부
국가주의를 넘어서는 아브라함의 믿음

1부

과학주의를 넘어서는 하나님의 창조

1. 시간과 공간을 창조한 하나님

태초에 하나님이 천지를 창조하셨다. (창세 1:1)

이 첫 마디를 통과해야 성경의 세계에 들어갈 수 있다. 그런데 인간의 머리로는 도무지 하나님의 창조를 이해할 수가 없다. 인간은 "한 처음"(태초)을 생각할 수 없다. "한 처음"을 생각하면 곧 그보다 앞선 시간을 생각하게 된다. 아무리 최초의 시간을 생각하려고 해도 그 이전의 시간을 생각하지 않을 수 없다. 인간의 머리는 평면적으로밖에 생각을 못하기 때문에 시간은 무한히 과거로 이어지는 것으로밖에는 생각을 못한다. "한 처음"을 생각하는 것도 모순이다. 왜냐하면 인간이 아무리 "한 처음"을 생각하려 해도 그 이전의 시간이 있기 때문이다. 그러나 "한 처음"을 생각하지 않고 과거의 시간이 무한히 이어져 있다고 생각하는 것도 모순이다. "한 처음"이 없었다면, 어느 때엔가 시간이 시작되지 않았다면, 지금 흘러가는 이 시간의 흐름이 어떻게 시작되었는지 알 수 없기 때문이다.

하나님이 "한 처음"인 태초에 천지를 창조했다는 성경의 말씀은 인간의 평면적인 생각을 끊어 버린다. 자연과학은 우주 대자연의 물질적 존재와 변화과정의 인과관계를 탐구하는 것이다. 우주 대자연은 하늘과 땅 사이에 있는 시공간의 세계다. 자연과학은 시공간의 물질세계에서만 적용된다. "한 처음"에 하나님이 하늘과 땅을 창조했다는 것은 하늘과 땅의 시공간 세계 자체를 창조했다는 말이다. "한 처음"에 하나님이 하늘과 땅의 시공간 세계를 창조하였다는 선언은 자연과학의 모든 사변과 추리를 깨뜨린다. 하나님이 하늘과 땅, 시간과 공간 자체를 창조했다는 것은 하나님이 시간과 공간의 물질세계를 초월한 존재, 초물질적 비물질적인 영적 존재임을 말하는 것이다. 상대성 이론에 따르면 시간과 공간은 물질세계에 종속된 것이다. 빅뱅 이론에 따르면 시간은 빅뱅 이후 형성된 우주공간 안에서만 존재하는 것이다. 하늘과 땅의 시간과 공간을 창조한 하나님은 시간과 공간을 초월한 영원무한의 절대자, 물질세계를 초월한 물질이 아닌 영적 존재다.

영적 세계를 향해 열린 우주

시간과 공간의 물질세계를 초월한 하나님의 창조는 물질세계의 변화를 다루는 자연과학의 연구 대상이 아니라 믿음의 대상이다. 영인 창조자 하나님을 믿을 때 하나님의 창조를 받아들일 수 있다. 하늘과 땅의 시공간 세계, 우주 대자연의 물질세계는 하나님이 창조한 것이며 영이신 하나님의 존재와 뜻이 반영된 것이다. 하나님이 창조한 우주 대자연 생명 세계는 물질적 존재와 변화의 법칙을 충실히 따르면서도 초물질적이고 영적인 하나님의 존재와 뜻에 열려 있다. 그러므로 창조 신앙을 지닌 사람은 우주와 자연생명과 인간에 대하여 자연과학의 폐쇄적이고 결정론적인 생각과 이해를 넘어서 더 깊고 높고 풍성한 이해와 깨달음을 얻을 수 있다.

그러면 창조 신앙은 인간에게 어떤 진리를 열어 주는가? 올바른 세계관을 갖게 해준다. 천지 만물은 하나님이 지은 것이므로 선하고 아름다운 것이다. 천지 만물 속에서 하나님의 묘한 솜씨와 선한 뜻을 헤아릴 수 있다. 이름 없는 들꽃 하나에도 하나님의 손길이 스며 있고, 하나님의 신비가 서려 있다. 흙과 물과 바람과 햇빛을 빚어서 푸른 잎과 빨갛고 노란 꽃잎을 하나님이 빚어냈다. 강과 산, 바다와 하늘을 하나님이 지었다. 하나님이 천지를 지었고 보기에 좋았다고 한 것처럼 우리는 천지 만물에 대한 깊은 애정을 가져야 하고 물질세계를 긍정해야 한다. 물질세계를 천시하거나 악한 것으로 보는 것은 창조 신앙과는 거리가 멀다.

창조 신앙은 물질세계를 소중히 여기지만, 물질주의나 우상숭배에 빠지지 않는다. 물질세계는 하나님의 피조물이지 하나님 자신은 아니다. 우상숭배란 무엇이냐? 피조물을 하나님처럼 섬기는 것이 우상숭배다. 큰 바위·큰 나무·호랑이·곰을 숭배하던 시대, 하늘의 별들을 숭배하던 시대가 있었다. 그 시절에는 이런 것들이 신적인 능력을 가지고 있어서 인간의 길흉화복을 지배한다고 믿었다. 이렇게 미신적인 생각에 빠지게 되면, 과학이 발달할 수 없다. 이 모든 것들이 하나님의 피조물이며 인간의 친구고 인간을 위해 주어진 선물이라고 믿을 때, 인간은 삼라만상에 대해 자유롭게 된다. 이제 그런 것들을 두려워하거나 숭배하지 않고, 그것들을 관찰하고 탐구하며 그것들과 교류할 수 있다. 창조 신앙은 이러한 미신적인 우상숭배에서 벗어나 과학적인 생각을 하게 하고 자유로운 생각을 하게 했다.

고대의 인류는 흔히 하늘의 별들이 인간의 운명을 지배하는 신적 존재라고 굳게 믿었다. 그러나 「창세기」 1장에 의하면 하나님은 인간들의 생활에 유익하도록 별들을 등불처럼 하늘에 걸어 놓았다. 고대인들이 신으로 숭상하던 별들은 창조 신앙에 의하면 한갓 등불에 불과하다. 인간은 결코 이런 피조물의 노예가 되어서는 안 된다. 돈이나 섹스나 권력의 노예가 되는 것도 하나님의 창조 질서를 거스르는 것이다. 이 모든 것은 하나님의 피조물이며 하나님의 것이다. 이런 피조물의 노예가 되는 것은 창조자 하나님을 거부하는 것이다.

모든 생명을 하나님이 창조하였다. 하나님이 생명의 근원이다. 이 사실을 믿는 사람은 생명에 대한 애정과 외경을 갖게 된다. 그러나 생명 자체를 절대화하거나 미화하지 않는다. 생명도 하나님의 피조물이요 하나님의 손안에 있기 때문이다. 하나님이 세상에서 살라고 명령한 모든 생명은 아름답다. 하나님의 명령에 따라 죽음의 벽을 뚫고 생명이 잉태되고 생명이 살아가는 것을 보면 참 아름답고 경이롭다.

내가 교도소에서 절망을 느낄 때가 있었다. 전두환 정권 시절에 국가보안법과 계엄법 위반으로 반국가단체를 구성했다는 죄목으로 일심에서 2년 6개월의 징역형을 선고받았다. 서울고등법원에서 일심 판결이 그대로 확정되어 다시 대전 교도소로 돌아왔을 때, 몸은 아프고 앞길은 막막하다는 생각이 들었다. 아직 추운 겨울이었다. 교도소에서는 4월까지 추우니까 2월이면 한창 겨울인 셈이었다. 절망에 빠져 낙심하고 있다가 철창 밖에서 파란 싹이 돋는 것을 보고 진한 감동을 받았다. 저 딱딱하고 차가운 땅을 뚫고 추운 바람 속에 고개를 내밀고 있는 풀잎이 그렇게 장해 보일 수가 없었다. 길고 혹독했던 겨울을 견뎌 낸 후 모두 죽어 있고 잠들어 있는 두꺼운 땅을 비집고 혼자 고개를 쳐든 풀잎의 부드러우면서도 강인한 생명력을 보면서, 나는 하나님의 위로의 말을 들을 수 있었다. 모든 생명은 살라는 명령을 하나님으로부터 받았다. '생명'(生命)은 살라는 명령이다. 어떤 처지에 있든지 온 힘을 다해 살아야 한다. 하나님의 창조를 믿는 사람은 아름답고 창조적으로 살아야 한다.

창조 신앙은 인간 자신도 하나님의 피조물이라는 사실을 분명히 밝힌다. 이것은 그리스도교적 인간관의 중요한 내용 중의 하나다. 인간은 하나님에게 의존하는 존재다. 하나님을 중심으로 하나님과 더불어 살 때, 인간은 참으로 인간일 수 있고 참으로 자유를 누릴 수 있다. 하나님을 떠나 내 멋대로 살려고 할 때, 인간은 자유로운 것 같으나 자유를 잃게 되고 본성과 목적, 존재 이유와 사명을 잃게 된다. 참된 자유와 참된 생명은 하나님에게서 얻을 수 있다. 인간이 하나님을 떠나서는 죄와 죽음, 허무와 무의미에 빠질 수밖에 없다.

아담과 하와가 하나님처럼 되려고 선악과를 따먹은 것은 하나님과의 관계를 끊고 제멋대로 살려 한 것이다. 그들은 선악과를 먹고 자유와 생명을 얻은 것이 아니라 죄·죽음·증오·수치에 빠지게 되었다. 자신이 하나님에 의해 창조된 존재라는 것을 인정하고 하나님을 중심으로 살 때 비로소 인간은 하나님의 은혜를 누릴 수 있다. 인간은 항상 하나님의 은혜를 사모하고 하나님의 사랑을 갈구해야 한다. 하나님의 은혜 속에서 인간은 생명과 자유를 얻는다.

내가 내 것이 아니라 하나님의 것이라고 성경은 말한다. 나의 생명도 내 것이기 전에 하나님의 것이다. 내가 가진 모든 재산과 지위도 내 것이기 전에 하나님의 것이다. 그래서 나 자신을 내 마음대로 못하며, 내 재산과 내 지위와 내 능력도 내 마음대로 못한다. 만일 그것들을 내 마음대로 하면, 하나님의 권리를 침해하게 된다. 이 모든 것은 하나님이 나에게 맡겨 준 것이다. 우리는 이 모든 것을 하나님 뜻대로 써야 한다.

구약성경에 서술된 하나님의 창조는 고대 중동 지역의 창조 신화들처럼 우주 발생론이 아니라 인류 역사의 시작을 나타낸다. 하나님의 창조에 의해서 역사의 시작과 끝이 주어진다. 시작도 끝도 없이 그저 흘러가는 역사라면, 역사에는 목적도 없고 의미도 없을 것이다. "한 처음"에 하나님이 천지를 창조함으로써 역사는 의미가 있고, 방향이 있고, 목적이 있게 되었다. 「요한계시록」에 그리스도는 알파와 오메가라는 말이 거듭 나온다. 하나님의 아들 예수 그리스도는 역사의 시작과 끝이다. 역사를 주관하는 분, 역사를 이끌어 가는 분이란 말이다. 하나님의 사랑 속에서 모든 인간이 서로 화해하고, 하나님과의 영원한 친교 속에서 자유와 생명을 누리도록 역사를 이끌어 간다.

성경의 창조신앙은 하나님이 역사를 주관한다는 신앙이다. 실제로 성경의 창조신앙은 강대국에 의해 짓밟히고 나라마저 잃은 약소 민족의 신앙이다. 억눌리고 짓밟히고 수탈당하는 힘없는 백성은, 죽을 수밖에 없고 절망에 빠질 수밖에 없는 백성은 그들의 하나님이 천지를 창조했다고 고백한다. 세상 역사를 시작한 분은 선하고 의로운 하나님이라는 것이다. 선하고 의로운 하나님이 천지를 창조하고 세상 역사를 시작했기 때문에, 지금의 현실이 아무리 암울하더라도 희망이 있고 정의가 승리하게 될 것이라고 믿었다. 이스라엘 백성에게 창조 신앙은 역사적인 질곡으로부터의 해방에 대한 신앙이요, 역사적인 정의에 대한 신앙이다.

바빌론이나 이집트 같은 강대국들의 창조 설화에서는 창조신이 다른 신들과 전쟁을 해서 승리를 거두고 그 힘을 가지고 세상을 창조한다. 바빌론의 마르둑 신은 싸워서 죽인 신의 시체를 가지고 천지를 창조했다. 어떤 신이 힘을 가지고 다른 신들의 세력을 제압한 후 세상에 질서를 수립했다는 것이다. 강대국들의 창조 신화들은 왕국의 통치에 근거를 부여하는 역할을 한다. 성경의 창조신앙은 강대국들의 창조 신화와 정반대의 역할을 한다.

성경의 창조신앙은 인류의 화해와 해방을 약속한다. 하나님과의 영원한 사귐 속에서 자유와 생명을 누리게 될 것을 믿는다. 인생의 목적은 화해와 해방을 실현하고 하나님과 더불어 참된 자유와 생명을 누리는 것이다. 이것이 바로 하나님의 역사 경륜이요 창조의 목적이다. 이 목적을 아는 사람은 어떤 일을 하든지 그 일을 통해서 하나님의 창조 사업에 동참할 수 있다.

무(無)에서의 창조

하나님은 아무것도 없는 데서 천지를 창조했다. 어떤 재료를 가지고 가공하거나 제작한 것이 아니라 말씀으로 천지를 창조했다. 아무것도 없는 데서 하나님이 세상을 창조했다는 신앙을 가진 사람은 아무리 절망적인 상황에서도 창조자 하나님에게 희망을 걸 수 있다. '무'(無)에서 천지를 창조한 하나님이 우리의 형편과 사정을 바꿔 줄 수 있다고 믿는다. '무'(無)에서의 창조가 가장 극적으로 일어난 것은 십자가에 달려 죽은 그리스도의 부활, 죽어서 사흘 동안 돌무덤 속에 갇혀 있던 예수 그리스도의 부활이다. 십자가의 죽음은 모든 것이 끝나 버린 상태며 돌이킬 수 없는 좌절과 실패의 늪이다. 십자가의 죽음은 허무며 '무'(無)의 심연이다. 창조자 하나님이 이러한 십자가의 죽음으로부터 예수 그리스도를 살렸다.

우리는 창조자 하나님에게 우리의 삶을 맡기고 살아야 한다. 나의 삶과 나의 마음이 내 것이기 전에 하나님의 것이므로 맡기고 살아야 한다. 그뿐 아니라 나는 내 삶과 내 마음을 내 마음대로 할 능력이 없다.

아, 나는 비참한 사람입니다. 누가 이 죽음의 몸에서 나를 건져 주겠습니까? 우리

> 주 예수 그리스도를 통하여 나를 건져 주신 하나님께 감사를 드립니다. 그러니 나 자신은, 마음으로는 하나님의 법을 섬기고, 육신으로는 죄의 법을 섬기고 있습니다. (롬 7: 24~25)

사도 바울의 이와 같은 탄식은 우리의 탄식이다. 날마다 우리의 마음과 생활을 하나님에게 맡길 때, 하나님은 우리 마음과 생활을 바르고 깨끗하게 새로 창조해 준다. 우리는 끊임없이 하나님의 손에 삶을 맡기면서 살아야 한다. 마지막 죽는 순간까지 하나님의 손에 맡겨야 한다. 죽음은 모든 것을 '무'(無)의 심연으로 빠뜨린다. 죽음은 허무로 통하는 관문이다. 그러나 우리가 죽음으로써 우리의 생명을 허무에 내맡길 때, 창조자 하나님은 우리의 생명을 새로 창조해 준다. 창조자 하나님을 믿음으로써 죽음은 허무와 절망으로 끝나지 않고, 우리를 하나님과의 영원한 친교로 인도한다.

2. 공허와 혼돈을 넘어서 창조된 자연생명의 세계

> 땅이 혼돈하고 공허하며, 어둠이 깊음 위에 있고, 하나님의 영은 물 위에 움직이고 계셨다. 하나님이 말씀하시기를 "빛이 생겨라" 하시니, 빛이 생겼다. 그 빛이 하나님 보시기에 좋았다. (창 1: 2~4)

"태초에 하나님이 천지를 창조하시니라." 성경 첫머리에 나오는 말씀이다. 머리로는 하나님의 천지창조를 이해할 수 없다. 우주기원에 관한 과학자들의 설명도 이해하기 어렵기는 마찬가지다. 과학자들의 말로는 맨 처음에 한 점이 폭발해서 수천 억조 분의 1초 만에 우주가 펼쳐졌다고 한다. 백 분의 1초도 생각하기 어려운데 수천 억조 분의 1초는 생각할 수도 없는 짧은 순간이다. 이 짧은 순간에 이 큰 우주세계가 펼쳐졌다니 마술도 이런 마술이 없고 기적도 이런 기적이 없다.

성경의 창조신앙은 과학자들이 말하는 우주기원론이나 생명진화론과는 차원이 다른 것이다. 우주기원론이나 생명진화론은 물질이나 생명이 어떤 상태에서 다른 상태로 변화되는 것을 원인과 결과 관계로 설명하는 것이다. 하나님의 창조는 하나님이 살아계셔서 온 우주와 천지만물을 지으셨다는 것이다. 하나님의 의지와 말씀에 따라 없던 것이 생겨나는 것이다. "빛이 있어라!"고 하시니 "빛이 있었다." 하늘의 해와 달과 별이 있어라! 하셔서 있게 되었다는 것이다. 산과 바다, 호수와 나무, 꽃과 새, 천지만물을 하나님이 생겨나게 하셨다. 하나님의 창조는 무(無)에서의 창조이다. 없는 데서 있는 것을 창조했다는 것은 어떤 재료를 가지고 창조한 것이 아니라 말씀과 영으로 창조한 것을 뜻한다. 창조신앙은 과학자들의 우주기원론이나 생명진화론과 차원이 다르니까 같은 차원에서 경쟁할 필요가 없다. 과학자들의 설명으로는 우주와 인생의 근원과 목적, 뜻과 신비를 드러낼 수 없다는 것을 알아야 한다. 인생이 어디서 와서 어디로 가는지, 인생의 뜻과 보람이 무엇인지를 과학은 말해주지 않는다.

하나님의 존재와 생명을 나누기 위해 창조하셨다

창조자 하나님은 누구신가? 하나님은 물건이나 세상적 존재가 아니기 때문에 우리는 하나님을 알 수 없다. 다만 하나님이 사랑과 의의 하나님이라는 것만은 성경을 통해서 알 수 있다. 하나님이 말씀으로 천지만물을 지으셨다는 것은 하나님의 의지와 뜻으로 지으셨다는 것이다. 하나님의 의지와 뜻은 하나님의 사랑과 의를 나타낸다. 하나님은 사랑과 의로써 천지만물을 지으셨다. 우주만물에는 하나님의 사랑과 의가 새겨 있다. 왜 창조하셨나? 하나님의 존재와 생명을 나누기 위해서 아낌없이 주기 위해서 창조하셨다. 하나님의 창조는 생명 나눔의 사건이고 창조세계는 생명공동체다.

톨스토이는 하나님이 없다고 하면 온 우주가 삭막하고 캄캄해져서 죽은 것 같은데 하나님이 살아 계시다고 믿으면 온 우주가 환해지고 나의 몸과 마음에도 생명이 충만해진다고 했다. 하나님이 천지만물을 지으셨다고 믿는 순간 우주가 산 것이 되고 나의 몸과 영혼도 살아난다. 우주만물에 하나님의 사랑과 의가 깃들어 있음을 알게 된다. 하나님의 사랑과 의가 우주와 인생을 지배한다. 개인적으로는 하나님의 사랑을 위해 힘쓰다가 쓰라린 고통을 당하기도 하고 하나님의 의를 따라 살다가 손해를 입기도 하지만, 전체의 자리에서 보면 역사를 길게 보면 하나님의 사랑과 의가 다스림을 알 수 있다.

한국 기독교의 토착적 영성가 이세종이 있다. 어려서 부모를 잃고 머슴을 살면서 가난에 한이 맺혀서 남부럽지 않게 사는 것이 소원이었다. 그래서 지독하게 돈을 모아서 부자가 되었다. 그러나 40이 넘어서도 자식이 없었다. 무당을 찾아가니 산당을 지으라고 해서 무당이 잡아준 터에 산당을 지었다. 산당을 짓던 목수가 기독교 신자였다. 목수는 일하면서 찬송을 불렀고 쉬는 시간에 성경을 보았다. 이를 지켜보던 이세종은 어느날 목수에게 성경을 빌렸다. 까

막눈이라서 글 아는 사람에게 성경 첫 줄을 읽어달라고 했다. "태초에 하나님이 천지를 창조하시니라." 이 한 구절을 새기며 산길을 가던 이세종은 호수와 산과 나무와 풀 천지 만물이 나와 다름없이 하나님이 창조하신 나의 형제이고 천지가 우리의 집이라는 깨달음이 왔다. 하나님의 사랑과 뜻이 우주만물에 깃들어 있음을 깨달았다. 나와 내 것에만 집착하던 어리석음에서 벗어나 하나님 안에서 천지만물이 나와 하나임을 깨닫고 춤을 추었다고 한다. 글을 깨우치고 성경을 밤새워 읽어서 영원히 사는 길을 알게 된 그는 빚문서를 불태우고 거지와 가난한 자들에게 재산을 나누어주기 시작했다. 모든 것을 버리고 비운 이세종은 이름을 빌 공(空)자를 써서 이공이라 하고 아내와도 부부관계를 떠나 누이로 친구로 지내기로 했다. 젊은 아내가 견디다 못해 다른 남자를 만나서 따로 살게 되자 아내의 살림을 실어다 주고 말했다. "잘 사시오. 살다가 어려우면 언제나 돌아오시오." 아내는 후에 이세종을 스승으로 모시고 함께 믿음 생활을 했다.

하나님이 창조하신 생명세계를 극진히 사랑했던 이세종은 풀 한 포기, 벌레 하나도 마음을 다해서 사랑했다. 자기를 문 지네를 풀 섶에 살려 보냈다고 한다. 이런 그의 삶은 많은 제자를 낳았다. '맨발의 성자' 이현필, 성녀 수락기댁, 소록도를 세운 나환자들의 아버지 최흥종 목사, 걸인들의 아버지 강순명 목사 등 수많은 제자들의 '삶' 속에서 살아서 숨쉬고 있었다.

창조신앙을 따라서 성 프란시스도 해와 달, 꽃과 새를 형제, 자매라고 했다. 이세종이나 프란시스처럼 깊고 철저한 영성에 이르지 못해도 우리가 하나님이 우주만물을 지으셨다는 것을 믿는다면 우리도 하나님이 지으신 우주만물에 하나님의 뜻과 말씀이 새겨져 있고 우주만물이 우리의 몸과 마음과 통하고 있음을 느끼고 살아야 한다. 우리 몸과 마음에도, 하늘과 땅과 만물에도 하나님의 뜻과 말씀이 새겨져 있다는 것을 믿고 산다면 우리의 삶이 보다 힘있고 보람 있게 될 것이다.

혼돈과 공허를 딛고 창조한 세상

창세기 1장 2절의 말씀이다. "땅이 혼돈하고 공허하며 흑암이 깊음 위에 있고 하나님의 영은 수면 위에 운행하시니라." 하나님이 창조하시기 전에 혼돈과 공허, 깊은 어둠이 있었다. 이세종이 창조 신앙을 깨닫고 나서 자신의 이름을 공이라고 했는데 참으로 만물과 생명의 바탕에는 혼돈과 공허가 있다. 과학자들도 원자와 전자의 미시세계로 들어가면 물체들의 존재는 99.99%가 비어 있다고 말한다. 우주만물이 텅 비어 있다. 원자와 전자가 빠르게 움직이니까 딱딱하게 느껴질 뿐이다. 우주 안에 있는 모든 것은 있다가 없어질 것들이고 없다가 생겨날 것이다. 늘 언제나 있는 것은 아무것도 없다. 하나님과 하나님의 말씀만이 늘 영원히 있다. 생명체는 더욱 허망하다. 다치기 쉽고 병들기 쉽고 죽기 쉽다. 언젠가는 죽게 되어 있다. 우주 세계가 인생과 역사가 혼돈과 공허, 깊은 어둠 속에 싸여 있다.

창세기 1장 2절에 나오는 혼돈은 단순한 무질서가 아니라 혼돈을 일으키는 악한 힘, 악마와 같은 괴물을 뜻한다. 혼돈을 나타내는 말은 토후(tohu)인데 바벨론 신화의 티아맛(tiamat)을 나타낸다. 마르둑 신이 악신인 티아맛을 죽이고 바벨론 제국을 건설했다는 것이다. 이 괴물을 시편과 예언서에는 바다 깊은 곳에 있는 용, 리바이어던이라고도 한다. 하나님께서 혼돈과 공허 위에 깊은 물 속에 있는 악마와 같은 힘을 누르고 말씀으로 천지만물과 인생을 지으셨다. 우리는 혼돈과 공허를 딛고 살아간다. 악마와 같은 괴물이 꿈틀거리는 물 위를 걷듯이 살아간다. 그래서 우리는 하나님의 말씀을 붙잡고 믿음으로 살 수밖에 없다. 천지만물을 지으신 말씀이 없으면 혼돈과 공허의 나락으로 깊은 어둠 속으로 빠져들 수밖에 없다.

며칠 전에 일본에 다녀온 사람에게 들은 이야기이다. 일본 사회는 모든 것을 아름답고 깨끗하고 질서 있게 가꾸어 놓았다고 한다. 쓰레기나 휴지조각을 찾아볼 수 없게 빈틈없이 예쁘게 다듬어 놓았다. 이것을 보고 감탄하니까 일본사람이 "이것이 무서운 것이다. 이래서 사람이 엽기적으로 되고 괴물이 되고 있다."고 말했다. 자연환경과 도시환경을 완벽하고 예쁘게 꾸며 놓으니까 사람 속에서 혼돈과 공허, 악마적인 괴물이 살아나는 것이다. 얼마 전에 일본에서 한 할머니가 서너 살 먹은 손주를 데리고 다리 위를 지나가는데 지나가던 40대 남성이 갑자기 어린애를 집어서 다리 밑으로 던져서 죽였다. 경찰이 "왜 그런 짓을 했느냐?"고 물으니까 이 사내는

"하는 일이 힘들고 일이 잘 안 풀려서 그랬다."고 했다. 이혼이 급증하고 가족 사이에 살인이 일어난다. 겉으로 멀쩡한데 속에는 혼돈과 공허가 있고 악마적인 힘이 꿈틀거린다.

1990년에 미국 뉴욕에서 지낼 때 들은 이야기다. 지하철에서 전차가 들어오는데 앞 사람을 밀어 떨어뜨려서 죽게 했다. 미국사회가 이 문제를 놓고 토론을 많이 했는데 심리학자가 "뒤에 있는 사람이 밀어 떨어뜨리고 싶은 충동을 느끼게 할 수 있으니까 난간 가까이에 서지 말라."고 충고했다. 난간에 가까이 서면 밀어 떨어뜨리고 싶은 충동을 유발한다는 말을 나는 당시에는 전혀 이해할 수 없었다. 사람 속에서 무엇이 튀어나올지 모르는 세상에서 우리는 살고 있다. 어떻게 혼돈과 공허, 악마적인 괴물을 이기고 살 수 있나? 하나님의 말씀을 굳게 잡고 믿음으로 살 수밖에 없다.

허무와 혼돈의 나락으로 떨어지지 않고 참 생명에 이르는 길, 영원한 삶에 이르는 길을 가려면 말씀 날개를 타고 하나님을 향해 솟아오르는 수밖에 없다. 하나님을 향해 올라가고 나아가야 한다. 성공할 때나 실패할 때나 혼돈과 공허의 나락이 있음을 잊지 말고 믿음으로 하나님께 나가야 한다. 바울이 말했다. "우는 자들은 울지 않는 자같이, 기쁜 자들은 기쁘지 않은 자같이, 세상 물건을 쓰는 자들은 다 쓰지 못하는 자같이 하라. 이 세상의 외형은 다 지나감이니라."(고전 7: 30) 다 지나가고 사라질 것을 알면 세상에서 우리는 너그럽고 넉넉하고 자유로울 수 있다. 아무리 고통스러운 일도 지나가고 아무리 자랑하고 싶은 기쁜 일도 지나간다. 지나가지 않는 것은 하나님뿐이다. 하나님의 말씀만이 변함없다. 하나님을 붙잡고 하나님께 매달려야 영원한 삶에 이른다. 하나님을 어떻게 붙잡고 어떻게 하나님께 나갈 수 있나? 우리는 직접 하나님을 볼 수 없고 직접 만날 수 없다. 하나님은 사랑과 의의 하나님이다. 하나님의 사랑과 의를 통해서 하나님을 느끼고 하나님께 다가갈 수 있을 뿐이다. 사랑과 의의 말씀을 잡고 말씀에 따라 나가야 한다.

성공할 때 우리는 혼돈과 공허 속에서 소멸할 것에 안주하고 하나님을 잊기 쉽다. 일이 잘 풀리고 돈이 잘 벌리고 승진이 잘 될 때가 혼돈과 공허에 빠지기 쉬운 때이고, 이때가 바로 믿음이 필요하고 말씀을 사모할 때이다. 실패하고 고통 속에 있을 때도 우리는 믿음을 굳게 붙잡아야 한다. 하나님이 말씀으로 천지 만물을 지으셨으니 아무리 고통스럽고 힘들어도 목숨이 붙어 있는 한 영원한 생명에 이르는 믿음의 줄을 든든히 붙잡아야 한다. 십자가에 달린 예수님을 생각하면 살거나 죽거나 생명 길로 가는 수밖에 없다. 사랑과 의의 말씀 날개를 타고 날마다 솟아올라 앞으로 나가는 삶을 살아야 한다.

하나님이 인간을 하나님의 모습대로 지은 것은 하나님의 아들과 딸로서 세상에서 주인 노릇을 하라는 것이다. 잘났든지 못났든지, 일이 잘되든지 안 되든지 우리는 이 세상의 주인이지 종이 아니다. 우리는 하나님의 딸과 아들로서 하나님의 사랑으로써, 하나님의 의로써 이기는 삶을 살아야 한다.

3. 없이 계신 하나님; 신의 죽음과 부활

이 약속은…죽은 사람들을 살리시며 없는 것들을 불러내어 있는 것이 되게 하시는 하나님께서 보장하신 것입니다. (롬 4:17)

더럽혀진 말-하나님

하나님이라는 말처럼 더럽혀지고 잘못 쓰이는 말이 없다. 하나님을 내세워 전쟁과 살인을 하고 억압하고 착취하고 거짓말하고 갈라졌다. 특히 서구역사에서는 탐욕과 폭력과 독선으로 가득한 종교전쟁과 정복 전쟁을 하나님의 이름으로 치렀다. 본래 한국에서는 하나님을 내세워서 전쟁을 하거나 백성을 억압하고 수탈한 일이 없다. "하늘이 내려다보신다." "하늘이 무심치 않을 것이다."라고 하여 하늘의 하나님은 감응하는 하나님, 의로운 하나님으로 여겨졌다. 민중들은 어렵고 힘들 때 하나님을 부르며 하나님께 매달렸다. 큰 재난이 닥치거나 어려운 일이 생기면 왕도 목욕재계하고 하늘에 제사 지냈다. 한국의 하나님은 인간의 고통과 정성에 감응하는 신이지만, 개인의 삶에 인격적으로 깊이 개입하는 신은 아니었다. 히브리의 신처럼 엄격하고 철저한 정의의 신도 아니었다. 그러나 따뜻하고 선하고 의로운 신으로 여겨졌다. '하나님'이란 말이 얼마나 깊고 소중한 말인가? '하나'와 '님'이라는 말은 인간 영혼의 중심을 울리는 말이다. 서양의 'God'에는 특별한 의미가 담겨 있지 않다.

한국에 기독교가 들어오면서 개인의 삶에 깊이 개입하는 인격신, 거룩하고 의로운 준엄한 신에 대한 생각이 생겨났다. 신관이 보다 깊고, 철저해진 것이다. 그러나 한국교회에서 하나님이란 말은 더럽혀지고 남용되고 있다. 오늘 하나님의 이름을 내세워 얼마나 많은 만행이 이루어지는가? 하나님은 기독교인들에 의해서 모독당하고 조롱당하고 있다.

하나님이 죽었다는 말이 나온 지 오래되었다. 오늘 한국교회는 하나님 없는 교회로 되었다. 하나님이 있다면 하나님은 누구보다 힘 있고 두려운 존재이고 무엇보다 소중한 존재이다. 하나님보다 권력과 죽음이 더 두려우면 하나님은 죽은 것이다. 하나님보다 돈이 더 소중하고 존귀하면 하나님은 없는 것이다. 오늘 이 세상에서 하나님이 살아 있다는 증거를 찾을 수 없다. 유영모와 함석헌의 삶과 글을 보면 하나님이 살아 있는 것 같은데 현실에서는 하나님이 살아 있다는 증거도 없고 실감도 없고 감격도 일어나지 않는다.

어디서 하나님이 살아 있음을 확인할 수 있는가? 하나님이 살아 있다면 공동체가 생겨나고 공동체를 향한 꿈틀거림이 일어나야 한다. 하나님이 계시면 어떻게 우리가 가만히 있을 수 있겠는가? 새로운 일이, 변화가 일어나야 한다. 내 뜻대로 살지 않고 하나님의 뜻대로 살려는 꿈틀거림이 일어나야 한다. 내 뜻대로만 살지 않고 하나님의 뜻대로 살려는 꿈틀거림이 공동체 운동이다.

다른 종교, 다른 경전도 마찬가지지만 성경과 기독교는 한 마디로 공동체를 이루자는 것이다. 하늘나라가 무엇인가? 하나님 안에서 이루어지는 공동체다. 하나님은 어디 계신가? 공동체 안에 살아 있다. 사실은 교회가 이런 공동체를 이루자는 것인데 공동체를 이루지 못하고 있다. 교회에서 하나님의 말씀을 전하고 세례를 베풀고 성만찬을 행한다. 세례는 낡은 '나'는 죽고 예수의 생명으로 다시 살아나는 예식이다. 성만찬은 예수의 살과 피를 먹고 마셔서 예수의 생명과 정신으로 공동체를 이루자는 것이다. 하나님의 말씀을 듣고 하나님의 뜻대로 살자는 것이다. 그런데 교회에서 예수도 하나님도 없다는 말이 나오는 것은 공동체가 이루어지지 않는다는 것을 뜻한다.

없음과 있음, 삶과 죽음을 넘어선 하나님

하나님은 있다 없다고 할 수 없고, 살았다 죽었다고 할 수도 없다. 하나님은 있다면 영원히 계시는 분이고 없다면 그저 없는 것이다. 참 하나님은 '있음과 없음, 삶과 죽음'을 넘어선 존재이다. 그러나 인생살이와 세상살이에서 하나님은 영원히 있는 존재라고 할 수 없다. 하나님의 존재가 느껴지지도 않고 존중되지도 않으면 하나님은 없는 것이고 죽은 것이다. 그러나 공동체가 살아나면 하나님이 살아나는 것이다. 그런데 공동체가 살아나려면 하나님에 대한 믿음이 살아나야 한다.

성경에서 말하는 창조, 부활, 재림도 물질적 과학적 세계관으로는 이해할 수 없다. 신학적으로는 아주 기초적인 개념인데 바로 이해하는 사람이 드물다. 그냥 문자적으로 신화적으로 이해하거나 유치한 신화로 여기고 무시해 버린다. 여기에는 묘하고 깊은 의미가 있다. 이것을 제대로 이해하지 못하면 기독교 신앙을 이해하지 못한 것이고 기독교가 한국에 뿌리내렸다고 할 수 없다.

하나님이 세상을 창조했다는 것은 무엇을 뜻하는가? 이것은 우주의 물질적 기원을 말하는 빅뱅이론이나 생명진화론과는 다른 것이다. 빅뱅이론이나 진화론은 물질에서 물질세계가 생겨나는 과정이나 물질에서 생명이 진화·발전해 가는 과정을 설명하는 것이다. 창조는 물질 아닌 것, 물질 없는 데서 물질이 시작된 것을 말한다. 우주론이나 진화론은 물질이나 물질적 생명에 대한 이론이라면 창조는 물질 아닌 것, 물질이 없는 것에서 물질이 나온 것임을 말한다. 창조론은 우주 기원론이나 진화론과 경쟁하는 것이 아니다. 요새 유행하는 지적 설계론은 진화론과 경쟁하는 사이비 과학이지 진정한 창조론이 아니다. 창조론은 우주의 물질적 기원론이 아니다. 창조론은 우주만물과 역사를 보는 신앙적 관점을 말한다. 우주

만물과 역사의 뜻과 목적을 말한다.

창조론은 무엇을 뜻하는가? **첫째** 창조론은 우주만물이 하나님의 뜻에 따라 무(無)에서 창조되었다는 것을 의미한다. 하나님은 아무 것도 없는 데서 선하고 아름다운 뜻을 가지고 만물을 창조했다. 창조된 만물에는 실체가 없고 뜻이 있다. 만물은 그 자체로서는 허망하고 뜻이 이루어질 때 보람이 있고 완성되고 풍성해진다. 없음과 빔에서만 하나님을 만날 수 있고 만물의 보람과 완성에 이를 수 있다.

하나님이 세상을 창조한 태초는 아무것도 없는 무(無)의 세계다. 물질의 빛이나 이성의 빛이 닿을 수 없는 자리이고, 인간의 생각이나 말, 논리나 추리가 끊어진 자리이다. 세상도 '나'도 없는 자리다. 절대 침묵의 자리다. 선불교는 인간의 생각이나 말이 끊어진 자리에서 깨달음을 얻고 참된 삶에 이르려 했다. 숭산 스님이 미국의 지식인 학자들에게 "나는 생각하지 않는다. 그러므로 나는 없다."고 하여 큰 충격을 주었다. 서양철학에서는 "생각하지 않는다."는 것을 생각할 수 없고, '내'가 없다는 것을 생각할 수 없다. 서양인들은 하나님의 창조와 태초를 이해하기 어렵다. 무와 공에 익숙한 동양사람은 하나님의 창조와 태초를 더 잘 이해할 수 있다.

20세기 기독교 최고의 영성가로 일컬어지는 토머스 머튼은 절대 침묵의 자리를 잘 이해했다. 로마 교황청에서 영성수련을 위한 지혜를 달라고 했을 때 이렇게 말했다. "당신이 자신의 침묵 속으로 들어갈 용기를 낸다면, 두려움 없이 당신 마음의 홀로있음 속으로 나아갈 용기를 가진다면, 그리고 외로운 이들과 더불어 그 고독을 나누는 위험을 감수할 수 있다면, 당신과 하나님은 모든 진리 가운데서 한 영이라는 것을 이해할 수 있는 능력과 빛을 되찾게 될 것입니다." 절대 침묵의 고독 속에서 모든 것이 창조되고 시작된다. 절대 침묵이 이루어지는 고독이 창조가 이루어지는 태초이다.

토머스 머튼은 오직 한 가지 사실을 두려워했다. "내가 아무것도 아니라는 사실을 잊지 않는 한, 위험이 내게서 빼어 갈 수 있는 것은 아무것도 없다. 나는 두렵다. 내가 아무것도 아니라는 사실을 잊을까봐." 창조신앙이란 내가 아무것도 아니라는 것을 깨닫는 것이다. 만물도 시간도 덧없는 것, 아무것도 아니라는 것을 깨닫는 것이다. 그럴 때 자유롭고 깨끗한 영혼이 될 수 있다.

유영모는 내 마음에 없음이 있다고 하였다. 내 마음에 없음이 있을 때 나는 진정 자유로운 주체가 된다. 매임없고 거리낌없는 자유인이 된다. 우리 마음에 없음이 있을 때, 우리 자신이 아무것도 아니라는 것을 알 때 서로 통할 수 있고 공동체를 시작할 수 있다. 마음에 없음이 있을 때 비로소 모든 물질과 일에서 벗어나 홀로 침묵 속으로 들어갈 수 있다. 홀로 침묵 속에서 하나님과 더불어 있을 수 있다. 마음의 없음에서 나와 세계가 아무것도 아님을 깨닫고, 홀로 침묵할 수 있을 때 나 자신과 세계를 버릴 수도 있고 줄 수도 있고 이룰 수도 있다. 모든 일과 모든 관계는 빈 마음에서 시작된다.

관상이나 심상보다 크고 깊은 하나님의 형상

태초의 무(無)속에 계신 창조자 하나님은 절대 주체이다. 모세가 하나님을 만나 하나님의 이름을 물었을 때 하나님은 "나는 나다!" 라고 대답했다. 하나님은 이름 없는 분이고 그저 '나'로서 있는 분이다. "나는 나다!"라고 말한 것은 절대 자유로운 주체임을 선언한 것이다. 절대 자유로운 주체가 아니면 창조자가 될 수 없다. 세상과 역사를 창조하려면 절대 자유로운 주체 '나'에 이르러야 한다. 하나님이 사람을 당신의 형상대로 지었다고 성경은 말한다. 하나님의 형상이 무엇인가? "나는 나다!"라고 하는 절대 자유의 주체가 하나님의 형상, 참 모습이다. 사람에게 관상과 심상이 있다고 하는데 관상과 심상보다 더 깊은 곳이 하나님의 형상이 깃들어 있다.

하나님의 형상은 관상이나 심상보다 한없이 크고 깊다. 들여다볼 수 없다. 『장자』에 나오는 이야기다. 도가 높은 선생님이 있었는데 제자들이 와서 말했다. "이 고을에 아주 신통한 이가 왔는데, 사람들의 얼굴만 보면 사람들의 운명을 귀신처럼 알아맞춥니다." 제자들이 관상쟁이에게 미혹당하자 선생님이 "그 관상쟁이를 불러와서 내 관상을 보게 하라"고 했다. 관상쟁이가 선생님의 관상을 보더니 아무 말 않고 근심에 차서 나갔다. 제자들이 따라가서 "왜 그러냐? 우리 선생님의 관상이 어떠냐?"고 물었다. 그러니 관상쟁이가 "큰일 났다. 너희 선생님은 사흘 안에 죽는다."고 했다. 제자들이 "선생님 큰일 났습니다. 선생님이 사흘 안에 돌아가신답니다."고 하자 선생님은 "그 관상쟁이한테 내 관상을 다시 보라고 해라."고 말했다. 관상쟁이가 다시 보고는 기뻐하며 "너희 선생님이 돌아가시지는 않겠다."고 했다. 이 말을 듣고 선생님이 또다시 관상을 보게 했더니 관상쟁이가 이번에는 당황해하면서 달아났다. 제자들이 쫓아가서 "이번에는 왜 그러시오?"하고 물었더니 관상쟁이가 이렇게 말했다. "너희 선생님은 도대체 관상을 볼 수가 없다. 볼 때마다 관상이 달라진다. 처음에는 얼굴에 죽음의 기운이 가득해서 곧 죽겠다고 했고 두 번째는 죽음의 기운이 휘도는 가운데 생기가 살아 움직여서 살겠다고 했는데 이번에 다시 보니 죽음의 기운과 생기가 뒤죽박죽으로 휘돌고 있어서 관상을 볼 수가 없다." 제자들이 선생님께 와서 관상쟁이의 말을 전하니 선생님이 이렇게 말했다. "관상이라는 것은 얼굴에 나타난 기의 흐름을 보는 것인데 나는 내 속의 기를 마음대로 움직일 수 있는 경지에 이르렀다. 처음에는 죽음의 기운을 펼쳐 보였고 다음에는 생기가 조금 움직이게 했고 그 다음에는 죽음의 기운과 생기가 함께 휘돌게 했다." 관상보다 깊고 큰 것이 심상이라고 한다. 관상이 아무리 나빠도 심상이 좋으면 좋다고 한다. 심상보다 더 깊고 큰 것이 하나님의 형상이다.

사람의 속에는 물질의 세계를 초월한 태초의 깊이가 있고 그 무한한 깊음 속에 하나님의 형상이 있다. 만일 사람의 속을 다 들여다보고 다 알았다고 하면 우정이나 사랑은 불가능해진다. 유영모는 "사람의 얼굴이 한없이 깊다. 우주보다 깊다."고 했다. "나는 나다!"라고 하는 하나님의 형상은 '없음'에서만 드러나고 완성된다. 우리가 아무것도 아니라는 것을 깨달을 때 비로소 자유로운 '나', 하나님의 형상이 될 수 있다.

"나는 나다!"하는 하나님의 형상을 지닌 것이 공동체의 첫 조건이다. 나와 너와 그가 저마다 하나님의 형상을 지녔기에 공동체를 할 수 있다. 새 하늘과 새 땅을 지을 수 있고 새 역사를 창조할 수 있다. 하나님이 무에서 세상을 창조하셨듯이 하나님의 형상을 지닌 우리도 무에서부터 공동체 운동을 시작한다. 하나님은 지금도 아무것도 없는 데서 세상을 창조한다. 바울은 로마서 4장 17절에서 "하나님은 죽은 자를 살리시며 없는 것을 있는 것같이 부르시는 이"라고 했다. 또 고린도전서 1장 28절에서 "하나님께서는 세상에서 비천한 것들과 멸시받는 것들을 택하셨으니 곧 잘났다고 하는 것들을 없애시려고 아무것도 아닌 것들을 택하셨습니다."고 했다. 돈이나 권세나 조건이나 환경에 의지해서 공동체 운동을 하는 게 아니라 아무것도 없는 데서 아무것도 아닌 자로서 꿈틀거리는 운동을 시작한다.

둘째 하나님의 창조는 하나님이 세상 만물에 내재하면서 초월한다는 것을 말한다. 하나님은 세상 만물의 속의 속에 깃들어 있으면서 한없이 초월해 있다. 세상을 초월한 하나님은 세상 안에는 없는 이다. 그러나 세상 속에 깊이 깃들어 있으면서 세상을 품고 있다. 따라서 유영모는 하나님을 '없이 계신 이'라고 했다. 유(有)의 세계와 무(無)의 세계를 아우르고 유와 무를 서로 통하게 하는 절대 하나의 존재라고 했다. 창조자 하나님은 모든 것의 모든 것이므로 '온통 하나', '절대 하나'라고 할 수밖에 없다. 절대 하나 속에 유와 무가 다 들어 있다. 하나님은 개별자로서는 없으나 우주 전체를 생동하게 하는 이로서는 있다.

'하나'(절대 하나인 하나님)는 우주 만물의 존재 근거이면서 초월자이다. '하나'는 없음과 빔의 차원에 있다. 없음과 빔만이 절대 하나이다. 단일허공이다. 상대적인 물질세계는 나누고 헤아리고 비교할 수 있다. 복잡하고 다양하고 많은 것이다. 그러나 '하나'는 물질의 빛이나 이성의 빛이 들어갈 수 없는 캄캄한 어둠의 세계, 모름의 세계이다. 나누거나 헤아리거나 비교할 수 없는 절대 초월이다. 그러나 우주 만물도 생명체도 인간도 모두 내적 통일성을 갖지 못하면 존재할 수 없다. 인간의 인격은 내적 통일성에서 생겨난다. 몸과 마음이 통일되고 마음의 갈등과 복잡한 감정들이 통일될 때 인격과 영혼, '나'라는 주체가 생겨난다. '하나'에 이르지 못하면 주체인 '나'는 없다. 하나님이 있어서 주체인 나와 전체인 하나가 일치된다. 유영모와 함석헌은 하나님을 '하나, 한 나, 큰 나'라고 한다. 하나님은 '나'이면서 전체 하나이다.

나이면서 전체 하나인 하나님이 계시므로, 공동체를 할 수 있고 공동체를 하는 것이 우주 생명과 인간의 사명이다. 하나님을 믿는다는 것은 내적으로 통일된 초점을 가진다는 것을 뜻한다. 내적으로 통일되어 초점이 생길 때, 불이 붙고 힘이 나며, 서로 다른 것이 하나로 융합될 때 엄청난 힘이 나온다. 서로 다른 것들이 깨져서 죽어서 하나로 되면 수소폭탄과 같은 엄청난 영적인 힘이 나온다. 모든 생명과 정신은 하나 됨을 열망하고 하나 됨에서 완성된다.

지금 여기의 태초

셋째 하나님이 시간과 공간과 만물을 창조했다는 것은 시간과 공간과 만물의 존재가 하나님에게 의존한다는 것을 뜻하고 하나님이 시간과 공간과 만물의 중심에 있다는 것을 뜻한다. 하나님이 태초에 맨 처음에 세상을 창조했다고 할 때 태초는 시간의 맨 처음이 아니라 모든 시간과 때의 근원과 중심을 뜻한다. '지금 여기'의 태초이다. 무(無) 속에 계시는 하나님 자신이 태초이다. 태초는 모든 것이 시작되는 근원적인 중심이다. 지금 여기의 가운데이다. 이 가운데는 상대적 물질세계보다 높고 깊은 데이다. 이 우주 가운데 어디가 가장 높고 깊은 데인가? 사람의 마음보다 더 깊고 높은 데가 우주 안에는 없다. 마음의 깊고 깊은 데, 없음과 빔 속에서 하나님을 만난다.

그러나 사람 마음의 가운데는 욕심과 분노, 편견과 고집으로 막혀 있다. 바위덩어리보다 굳게 암세포보다 억세게 마음의 가운데를 막고 있다. 이것을 뚫어야 참된 만남과 소통이 이루어진다. 유영모는 마음을 줄곧 뚫어서 위로 하나님과 통하고 옆으로 이웃, 만물과 통해야 산다고 했다. 마음이 줄곧 뚫리는 것이 성령 받는 것이고 하나님과 소통하는 것이다. 마음의 가운데가 줄곧 뚫려서, 텅 비고 아무것도 없어서 위로 옆으로 잘 통하는 것이 자유인이고 온전한 인간이고 공동체를 이루는 것이다.

하나님은 세상의 가운데이다. 현대 산업문명에는 가운데가 없다. 가운데를 잃었다. 가운데가 꽉 막힌 것이다. 다 욕심을 부리며 제 주장대로 살면서 제가 가운데가 되려고 하니까, 세상의 평면에서 부딪치고 상처받고 있다. 현대문명에서 살길은 가운데를 드러내는 것이다. 가운데로 솟아오를 길을 찾는 것이다. 유영모는 "예수는 믿은 이, 높고 낮음, 잘하고 못함, 살고 죽음 가운데로 솟아오를 길 있음 믿은 이"라고 했다. 예수는 높고 낮고 잘하고 못하고 살고 죽는 평면적 인생에서 가운데로 솟아오를 길 있음을 믿고 가운데로 솟아오른 이다. 예수와 함께 온 인류와 함께 가운데 길을 찾아가는 것이 공동체이다.

우리는 창조자의 형상을 지닌 창조적 주체로서 마음에 불타는 초점을 얻고 가운데 길로 가야 한다. 가운데 길은 공동체 세상을 여는 길이다. 우리는 세상을 새롭게 창조할 수 있다. 반공동체적이고 반생명적인 도시 산업문명을 공동체적이고 생명 친화적인 문명으로 바꿀 수 있다. 몸과 마음, 정신과 영혼을 더럽히고 죽이는 대도시 문명을 해체하고 몸과 마음을 정화하고 정신과 영혼을 살리는 새 문명공동체를 창조할 수 있다. 새 시대 새 문명을 창조하는 씨올로서 새 시대와 새 문명에 대한 과감하고 구체적인 꿈과 계획을 펼치고 새 공동체를 향해 꿈틀거릴 수 있다.

4 사람; 흙과 숨

주 하나님이 땅의 흙으로 사람을 지으시고, 그의 코에 생명의 기운을 불어 넣으시니, 사람이 생명체가 되었다. (창 2:7)

하나님이 땅의 흙으로 사람을 지으셨다. 히브리어로 땅의 흙은 '아다마'이고 사람은 '아담'이다. 흙과 사람이 하나다. 사람은 아담이고 아담은 흙이다. 아담은 그저 사람을 나타낸다. 아담은 인류의 첫 인물이 아니라 인류 전체를 대표한다. 사람은 개체이면서 전체이다. 중세 때까지는 사람들이 인간을 생각할 때 전체(부족, 국가) 속에서 인간을 생각했다. 그러다가 근세에 이르러 인간을 개인과 실존으로 보기 시작했다. 개체와 전체를 구분하지 않는 사고를 신화라 미신이라 하여 폐기했다. 그러다가 다시 인간을 전체 속에서 보게 되었다. 사회학, 심리학, 생태학, 우주물리학에서 인간을 사회 전체, 인류 전체, 자연 생명 전체, 우주 전체와의 긴밀한 관련 속에서 보게 되었다. 신화 속에 진리가 담겨 있다고 보게 되었다.

오늘 읽은 성경도 문자대로 하면 신화지만 그 속에 진리가 담겨 있다. 사람은 몸을 가진 존재이고 몸은 우주 만물, 자연 생명, 사회 생활과 이어져 있다. 우리가 먹는 밥 한 그릇 속에 우주와 자연과 사회가 담겨 있다. 사람의 이성과 영은 개체를 넘어서 인류와 우주 전체를 품고 있다. 사람은 우주보다 깊고 높은 존재이다. 사람은 단순한 개체가 아니라 인류 전체, 우주 전체를 아우른다.

하나님이 사람을 흙으로 지었다는 말을 문자적으로 옛날에 일어난 일이라고 보면 신화가 된다. 성경의 말씀은 단순히 신화가 아니다. 여기에는 인간과 생명과 역사에 대한 깊은 진리가 들어 있다. 사람의 몸은 역사적으로 과학적으로 보아도 흙으로 빚은 것이다. 우주의 생명 진화과정은 흙에서 사람 몸을 빚어내는 과정이다. 흙에서 원시 생명체가 나오고 원시 생명체를 흙으로 빚고 또 빚어서 사람의 몸이 되었다. 사람의 몸은 흙으로만 빚은 것이 아니라 하나님의 사랑과 말씀으로 빚어서 이루어진 것이다. 진리와 사랑으로 흙을 빚어서 사람의 몸을 지은 것이다.

지금도 흙으로 빚어지는 몸

사람의 몸은 지금도 흙으로 빚어지고 있다. 사람이 먹는 밥, 나물, 고기는 다 흙에서 나온 것이다. 유영모는 사람이 밥 먹고 소화시키는 것을 "흙으로 흙을 빚는다."고 했다. 밥도 흙이고 몸도 흙이니까, 밥 먹는 것은 흙으로 흙을 빚는 것이다. 몸과 흙은 서로 순환하고 교류한다. 몸과 흙은 생태학적 순환 속에 있다. 어떤 농촌교회 목사가 "제 똥 3년 안 먹으면 죽는다."고 했다. 땅에서 난 것을 먹고 배설한 것이 땅을 기름지게 하고 기름진 땅에서 곡식과 나물이 나오고 열매가 열린다. 신토불이, 몸과 흙은 둘이 아니다. 흙을 떠나 몸은 건강할 수 없고 흙을 버린 영혼은 시들고 만다. 몸이 편치 않고 맘이 황폐한 것은 흙과 단절되었기 때문이다. 흙을 떠난 도시 문명이 허영과 노여움, 탐욕과 폭력으로 시드는 것은 당연하다. 흙을 가슴에 품지 않으면 사람이 될 수 없다.

하나님은 흙으로 빚은 몸에 생기, 하나님의 숨을 불어넣었다. 고대인들은 숨과 생명과 영이 하나라고 보았다. 동양에서도 정기신(精氣神), 몸의 정력과 생기와 정신이 하나라고 했다. 서양의 언어들에서 숨(바람)과 영을 같은 말로 썼다. 그리스어 프뉴마, 프쉬케, 라틴어 스프리투스, 산스크리트어 아트만, 히브리어 루앗흐는 숨과 영을 함께 나타낸다. 성경에서도 숨은 하나님에게서 왔다고 한다. 숨은 하나님과 이어져 있다. 숨을 바르고 깊게 쉬면 하나님께 이를 수 있다.

내가 지금 쉬는 숨은 수 억 년 이어온 숨이고 영원히 이어질 숨이다. 숨은 살려는 열망을 담고 있다. 숨은 영원한 생명의 꿈을 담고 있다. 숨을 쉬는 것은 살려는, 영원히 살려는 열망을 가진 것이다. 숨을 쉬는 한 희망을 가질 수 있다. 숨은 그립고 얼은 울린다. 참 생명, 영원한 생명을 그리워하는 숨을 쉬면 참 생명, 영원한 생명인 얼이 울린다.

이 우주는 흙이기도 하지만 숨이기도 하다. 물질이면서 생명이다. 흙으로 빚은 몸은 연약하고 부서지기 쉽고 숨은 가늘고 약하다. 그러나 흙으로 빚은 몸은 우주와 하나로 이어져 있고 몸으로 쉬는 숨은 우주 만물과 소통한다. 유영모는 우리가 쉬는 숨이 우주에 영향을 준다고 했다. 숨은 서로에게 영향을 준다. 숨으로 이루어진 생활이 서로 영향을 준다.

오늘 우리 사회는 흙냄새 나는 구수한 삶을 잃었다. 숨을 제대로 쉴 수 없는 사회가 되었다. 오늘의 도시 산업문명은 우리의 삶과 흙을 분리시키고 숨을 쉴 수 없게, 숨이 막히게 한다. 돈과 권력, 기계와 기술, 인터넷 공간에는 흙이 없고 흙으로 지어진 몸이 없다. 여기에는 흙 속에서 쉬는 생명의 숨, 영혼의 숨이 없다. 이 사회는 병든 사회이고 이 문명은 죽음이 선고된 문명이다. 오늘 우리 사회가 얼마나 무정하고 잔인하며 비열한가! 얼마나 계산적이고 냉혹한가! 얼마나 피상적이고 형식적인가! 살인을 밥 먹듯 하는 병든 사회, 돈을 위해서라면 아내와 남편, 부모와 형제를 서슴없이 죽이는 세상에서 구수한 흙냄새를 맡을 수 없다. 생명의 깊은 울림을 느낄 수 없다. 흙 속에 있는 생명의 숨소리를 들을 수 없다.

2009년에 흙냄새를 느끼게 하는 이야기 두 개가 있다. 예산을 조금 들인 다큐멘타리 영화 하나가 돌풍을 일으킨다. '워낭소리'라는 영화가 사람들의 가슴을 사로잡고 있다. 소의 목에 달린 방울이 워낭이다. 이제까지 이런 영화로는 22만 명의 관객을 동원한 것이 최고 기록이라는데, '워낭소리'는 100만 명이 넘게 보았다. 평생 흙밭에서 땅을 갈며 살아온 80 넘은 늙은 농부와 40세 된 늙은 소가 왜 도시인들을 감동시키는가? 영화를 보지 않았지만, 그 감동을 느낄 수 있다.

늙고 병든 할아버지와 힘이 빠져가는 늙은 소는 흙과 하나로 살았다. 흙 속에서 힘든 농사일 속에서 함께 숨 쉬며 살아온 늙은 농부와 늙은 소의 깊은 사랑과 정이 사람들을 감동시켰을 것이다. 늙은 농부와 늙은 소는 흙 속에서 하나의 생명을 살았을 것이다. 흙 속에서 함께 숨 쉬고 함께 일하면서 서로 보살피고 도우면서 가족과 같은 친구와 같은 관계를 맺었을 것이다. 아니 늙은 소는 늙은 농부의 삶의 일부가 되고 늙은 농부는 늙은 소의 삶의 일부가 되었을 것이다. 아니 삶의 일부가 아니라 서로가 서로에게 삶의 전부가 되었을 것이다. 말은 없지만 늙은 농부와 늙은 소는 온 몸과 맘으로 하나인 삶을 살았을 것이다.

알게 모르게 도시의 사람들은 사람들의 가슴속에서 흙냄새와 흙 속에서 나는 생명의 숨소리를 듣고 싶었을 것이다. 그래서 '워낭소리'라는 영화를 통해서라도 흙냄새를 맡고 생명의 숨소리를 듣고 싶어서 이 영화로 몰려드는 것이다. 영화를 보는 것도 좋지만 영화 보는 것으로는 문제가 해결되지 않는다. 내 몸이 흙임을 깨닫고 마음에 하늘의 숨이 가득 차게 해야 한다. 우리 몸과 마음속에서 워낭소리를 들어야 한다.

다른 하나는 김수환 추기경의 죽음을 애도하는 열기가 높다. 추운 날씨 가운데 50만명이 조문을 하고 애도했으며 텔레비전에서 생중계를 했는데 시청율이 19%를 넘었다고 한다. 왜 한 종교인의 죽음에 이렇게 많은 사람들이 함께 슬퍼하고 가슴 아파하는가?

왜 김수환 추기경을 그렇게 존경하고 그리워하는가? 가톨릭국가이고 9명의 추기경을 가진 프랑스에서는 이런 추모와 애도의 행렬을 상상할 수도 없다고 한다. 물론 김 추기경은 큰 인물이고 존경할 만한 인생을 살았다. 그러나 그의 위대함과 업적만으로 이런 국민적인 애도와 조문 행렬을 설명할 수 없다. 국민의 가슴속에는 무엇인가를 그리워하고 아쉬워하는 절실한 마음이 있다.

우리 사회는 갈라지고 쪼개지고 흩어져 있다. 아무도 남의 말에 귀를 기울이지 않고 아무도 남의 생각과 말을 존중하지 않는다. 국민의 마음을 하나로 묶어줄 구심점과 가운데가 없다. 또 우리사회는 인간에 대한 존중과 배려를 잃었다. 인간에 대한 신뢰와 따뜻한 품을 잃었다. 막히고 닫힌 사회가 되었다. 서로 멸시하고 불신하는 사회가 되었다. 그래서 김 추기경의 죽음에 사람들이 마음을 쏟고 함께 슬퍼하며 고인에 대한 존경과 신뢰를 보이는 것이다. 김 추기경은 1970~80년대에 민주와 정의를 위해 앞장섰고 약자에 대한 사랑과 배려를 보여주었다. 우리 사회에 없는 구심점과 따뜻한 배려를 보여준 것이다.

오늘 우리사회는 상처받고 힘없는 사람에 대한 따뜻한 사랑과 배려가 그리운 것이다. 정의롭고 민주적인 구심점과 중심이 필요한 것이다. 구심점과 중심이 있어야 서로 만날 수 있고 소통할 수 있다. 그러나 죽은 김 추기경을 애도하고 존경한다고 해서 구심점이 생기고 사람에 대한 따뜻한 배려와 존중하는 심정이 생기지 않는다. 결국 우리 마음속에서 우리 삶 속에서 상처받은 삶에 대한 따뜻한 사랑과 배려가 생겨야 하고, 서로 만나고 소통할 수 있는 구심점이 생겨나야 한다. 한 마디로 공동체가 이루어지고 공동체를 향한 꿈틀거림이 일어나야 한다.

도(道)란 코로 숨 쉬고 흙으로 흙을 빚는 것

어떻게 하면 흙 가슴을 가지고 편히 숨을 쉬는 세상을 만들 수 있을까? 아파트의 콘크리트 담벼락 같고 아스팔트, 시멘트 길바닥 같은 마음이 어떻게 흙 가슴으로 바뀔까? 어떻게 이 황막한 도시에 하늘의 바람이 불고 흙 가슴과 생명 동산이 세워질까?

어떻게 이 도시 산업문명에서 공동체를 이룰 수 있을까? 흙을 회복하고 숨을 회복해야 한다.

숨은 살림의 근본이다. 살림을 내세우면서 살림이스트를 자처하는 여성신학자도 있다. 살림을 잘 하려면 숨을 잘 쉬어야 한다. 살림은 먹고 입는 것이 주다. 살림은 농사, 길쌈, 집짓기 같은 경제활동을 하는 것이고 그런 경제활동을 위해 애쓰는 것이다. 그러나 숨은 살림보다 깊고 근원적인 생명 활동이다. 숨은 하늘과 땅의 바른 기운(天地正氣), 하늘의 무한한 기운에 힘입는 것이다. 숨은 하늘을 턱 믿고 숨을 쉴 때 잘 쉬어지지 억지로 쉬려고 하면 잘 안 된다. 숨은 하늘의 은혜로 고마운 마음으로 쉬는 것이다.

사람은 흙이고 숨이다. 유영모는 "도(道)란 코로 숨 쉬고 흙으로 흙을 빚는 것"이라고 했다. 밥먹고 숨쉬는 것이 도라는 것이다. 인생 공부, 마음공부는 밥 먹고 숨 쉬는데 있다. 밥먹는 것이 예배이고 숨쉬는 것이 기도이고 찬양이다. 숨을 잘 쉬어서 건강한 맥박 소리가 들리면 이것이 하나님에 대한 감사찬양이라는 것이다.

밥을 알맞게 먹어야 한다. 너무 많이 먹거나 적게 먹고 굶주리거나 비만으로 고생한다. 밥을 알맞게 먹는 사람이 철인이고 숨을 잘 쉬는 사람이 도인이다. 밥을 잘 먹고 숨을 잘 쉬어 우숨, 얼숨을 쉬는 이가 하나님의 자녀이고 성인이다. 숨을 편히 잘 쉬려면 몸과 맘이 곧아야 하고 몸과 맘이 곧으면 삶이 편안하고 깊어진다. 몸이 건강하지 않으면 숨을 잘 쉴 수 없고 마음이 편치 않으면 숨을 깊고 편하게 쉴 수 없다. 어린이는 배로 숨을 쉬다가 어른이 되면 가슴으로 쉬다가 죽을 때 되면 목구멍으로 쉬다 죽는다고 한다. 마음이 갈라져 있거나 눌려 있으면 숨을 잘 쉴 수 없다. 밥 잘 먹고 숨 잘 쉬는 것이 삶의 근본이고 공동체의 시작이다. 밥은 같이 먹어야 하고 숨은 함께 쉬어야 한다는 것을 알면 공동체가 시작된다.

5. 성육신과 지천태(地天泰)

태초에 '말씀'이 계셨다. 그 '말씀'은 하나님과 함께 계셨다. 그 '말씀'은 하나님이셨다. 그는 태초에 하나님과 함께 계셨다. 모든 것이 그로 말미암아 창조되었으니, 그가 없이 창조된 것은 하나도 없다. 창조된 것은 그에게서 생명을 얻었으니, 그 생명은 사람의 빛이었다.…그 말씀은 육신이 되어 우리 가운데 사셨다. 우리는 그의 영광을 보았다. 그것은 아버지께서 주신, 외아들의 영광이었다. 그는 은혜와 진리가 충만하였다. (요 1:1~4, 14)

사람이 흙과 숨으로 이루어진 존재라는 것은 사람이 속에 하늘의 숨과 말씀을 품은 존재라는 것이다. 흙 속에 숨이 있다. 몸속에 하늘의 기운, 숨과 얼이 들어 있다. 흙 속에 하늘 숨이 들어와 있다. 숨은 명(命)인데 명은 목숨, 말씀, 뜻, 명령이다. 하늘의 말씀이 사람의 몸속에, 흙 속에 들어온 것이다. 하늘이 흙 속으로 들어오는 것, 몸으로 하늘 숨을 쉬는 것, 이것이 천명(天命)이고 사명(使命)이고 혁명(革命)이다. 이것이 하늘나라이고 구원이고 해방이고 깨달음이다. 이것이 예수 그리스도이고 성육신(成肉身, Incarnation)이다.

이미 태초에 성육신, 인카네이션이 이루어졌다. 태초에 말씀이 계셨고 그 말씀으로 말미암아 모든 것이 창조되었고 창조된 모든 것은 그 말씀에게서 생명을 얻었으며 그 생명은 사람의 빛이었다. 요한복음 1장 14절에서 예수 그리스도를 가리켜 "말씀이 육신이 되어 우리 가운데 사셨다."고 했다. 하늘의 뜻, 말씀, 명령이 사람의 몸을 입고 세상에 왔다는 것이다. 말씀이 육신이 된 것은 이미 창세기 2장 7절에서 사람을 흙으로 빚고 하나님의 생기를 불어넣었다고 했을 때 이미 이루어졌다. 하나님의 생기, 숨, 영, 말씀이 이미 흙 속에 들어온 것이다. 이미 그리스도 사건이 일어난 것이다. 하늘의 말씀, 영이 흙 속에 들어온 것이 하늘나라이고 복음이다. 몸으로 하늘 숨 쉬는 것이 바로 하늘나라의 시작이고 복음을 전하는 것이다. 예수 그리스도는 이것을 우리에게 생생히 보여주고 실현한 분이다. 땅의 흙과 하늘의 숨으로 지어진 인간은 이미 성육신한 것이다.

흙은 평화의 산물

흙과 숨으로 이루어진 인간은 평화로운 존재이다. 생명의 바탕을 이루는 흙도 숨도 다 평화로운 것이다. 흙은 땅을 나타내고 숨은 하늘을 나타낸다. 주역에서 하늘이 땅 위에 높이 있음을 나타내는 천지비(天地否)는 하늘과 땅이 막힘을 나타내는 흉한 괘이고, 하늘이 땅 아래 있음을 나타내는 지천태(地天泰)는 하늘과 땅이 잘 소통하는, 크게 길하고 평화로운 괘이다. 하늘의 숨이 땅의 흙 속으로 들어온 것은 지천태의 평화를 나타낸다. 흙과 숨으로 된 사람은 이미 그 자체가 지천태의 평화이다.

천지비나 지천태가 현실에서 하나의 이념으로 고착되면 안 된다. 하늘은 왕이나 지배 엘리트를 나타내고 땅은 민중, 노동자, 농민을 나타낸다. 노동자혁명이 일어나서 하늘과 땅이 뒤집어져서 노동자가 위에 서고 기존의 지배층이 바닥에 서는 것이 좋은 것이다. 그러나 그것이 단순한 자리 바뀜이 되고 그것으로 고착되면 다시 천지비가 되어 하늘과 땅 사이가 막혀서 쇠퇴와 몰락의 길에 들어서게 된다. 지배층이 민중 위에 군림하는 것이 나쁘고 흉한 것이지만 그런 낡은 체제는 결국 새로운 체제로 바뀌게 된다.

하늘과 땅, 지배층과 민중의 위치를 바꾸는 것이 중요한 게 아니라 민중이 주체가 되어 자신 속에서 하늘과 땅이 하나로 소통하고 교류하는 것이 중요하다. 민중이 하늘과 땅의 주체가 되는 것이 중요하다. 민중이 사회와 역사의 주체가 된다는 것은 민중의 삶 속에 하늘이 들어오는 것이다. 땅의 흙바닥에서 사는 민중의 삶 속에 하늘이 들어오면, 민중의 삶 속에서 흙과 하늘 기운이 끊임없이 교류하고 소통한다. 그러면 민중의 삶이 깊고 높고 아름답고 풍부해진다.

사람은 흙으로 지어진 존재이므로 흙의 품성을 배워야 하고 흙과 같은 존재가 되어야 한다. 흙은 이미 땅 속에 하늘 기운이 들어

온 것이다. 하늘 기운으로 흙이 생겨난 것이다. 흙은 평화로운 것이다. 함석헌은 흙의 평화적 성격을 이렇게 말한다. "흙, 씨올의 바탕인 흙이 무엇입니까? 바위가 부서진 것입니다. 바위를 부순 것 누구입니까? 비와 바람입니다. 비와 바람은 폭력으로 바위를 부순 것이 아닙니다. 부드러운 손으로 쓸고 쓸어서, 따뜻한 입김으로 불고 불어서 그것을 했습니다. 흙이야말로 평화의 산물입니다. 평화의 산물이기에 거기서 또 평화가 옵니다." 하늘의 비와 바람이 바위를 어루만지고 하늘의 기운을 불어넣어서 흙이 평화롭게 생겨난 것이다.

바위는 민중의 굳은 마음, 바람과 빗방울은 민중 운동자의 마음이다. 바람과 빗방울 같은 정성과 평화의 심정으로 민중을 이끌어야 한다. 바위는 학생의 마음이고 바람과 빗방울은 교사의 마음이다. 바위는 자녀의 마음이고 바람과 빗방울은 부모의 마음이다. 바람과 빗방울이 바위를 어루만지고 불어서 흙으로 만들듯이 정성과 평화의 심정으로 이끌어야 한다.

흙은 소박하고 겸허하다. 스스로 가루가 되어 부서지고 남의 발에 밟히면서 남을 세워준다. 남을 세워주고 높여주지만, 자신은 발밑에 밟히고 깔린다. 흙은 두텁고 깊은 것이지만 언제나 바닥에 선다. 진리를 추구하는 사람은 늘 진리 앞에서 자기를 버릴 준비를 하고, 밟힐 각오를 해야 한다. 아무리 못나고 어린 사람이 진리를 말해도 진리 앞에 무릎 꿇을 태세가 되어 있지 않으면 구도자가 아니다. 나는 한 개 흙덩어리라는 생각을 잊지 말아야 한다.

흙덩어리가 생명의 기적을 일으킨다. 흙은 어리석고 바보같아

보여도 놀라운 생명의 기적과 감동을 일으킨다. 흙은 늘 깨지고 부서짐으로써 생명을 창조할 수 있다. 부드러운 고운 흙이 곡식이 되고 꽃이 되고 열매가 되는 것이 생명의 기적이고 예술이다. 이보다 더 큰 기적이 어디 있고 이보다 더 위대한 예술이 어디 있는가? 사람의 마음속을 막은 바윗덩어리 같은 탐욕과 편견, 집착과 감정이 흙처럼 깨지고 부서지면 흙 가슴이 되어 아름다운 생명 동산을 지을 수 있다. 사랑과 신뢰의 생명공동체가 이루어지고, 존경과 배려의 생명 나무가 풍성하게 자라날 것이다.

숨은 생명과 정신을 태우는 불

사람은 숨이다. 내가 숨이라는 것을 잊지 말고 숨으로 살아야 한다. 숨은 몸을 흐르고 움직이는 기운이다. 사람의 몸과 맘에서 정기신(精氣神)이 하나로 뚫려 있듯이, 흙(몸)과 숨(바람), 정기(精氣)와 정신(精神)이 하나로 뚫려 있다. 우주가 한 큰 숨이다. 유영모에 따르면 우주가 숨이고 나는 숨쉬는 、(點)이고 하나님은 숨님이다. 나라는 것은 지금 여기서 숨을 쉬는 한 점에 지나지 않는다.

사람은 숨님인 신과 통할 때 비로소 사람이 되고 힘이 난다. "내 정신과 신이 통할 때 눈에 정기가 있고 말에 힘이 있다." 신과 통하는 사람의 숨은 우주 대자연의 생명과 통하고 초월과 무한의 하늘과 통한다. "마음 문이 열리고 코가 뚫리고 귀가 띄며, 큰 기운이 온 몸의 세포들을 꿰뚫고, 땅과 바다와 온 우주를 하나로 꿰뚫는

다."(유영모)

숨은 목숨 불, 밥태우는 불, 몸 태우는 불, 피 태우는 불이다. 나는 목숨불이다. 물질을 생명으로 생명을 정신으로 바꾸는 불이다. 숨은 생명과 정신의 불이다. 나의 숨만 타는 게 아니라 만물이 불타고 있다. 하늘의 별들이 해들이 불탄다. 모든 물질, 모든 생명, 모든 정신은 중심과 초점이 있어야 하고 중심과 초점이 있을 때 불이 붙고 불이 탄다. 우리 말 '사람'이나 '살다'는 '사르다'(불사르다)에서 온 말 같다. 생명은 물질과 생기를 태워서 사는 것이고 사람은 생명을 불사르는 존재이다.

목숨은 생명의 풀무질이고 숨을 태우고 피를 태워서 사는 존재이다. 숨이 잘 통할 때 잘 탄다. 허파와 염통이 숨과 피를 잘 사를 때 숨과 피가 잘 통한다. 숨이 잘 통하고 피가 잘 돌 때 목구멍과 밥통과 창자가 막힘없이 잘 통한다. 잘 뚫리고 잘 통할 때 건강하고 힘이 있는 것이다. 밥을 먹고 숨을 쉬고 피가 돌고 소화하고 흡수하며 배설한다는 것은 들숨과 날숨, 삶과 죽음(生死), 인간과 우주, 나와 타자와의 소통이다.

우리의 정신과 마음은 생각과 말씀으로 불탄다. 생각한다는 것은 자신을 열고, 남과 통하는 것이다. 마음이 닫혀서 막혀 있으면 생각은 독이 된다. 세상에 홀로 있는 사람의 말을 들어줄 귀가 있어야 하고 세상에 홀로 있는 사람에게 말을 걸어줄 입이 있어야 한다. 이런 귀와 입이 천사이고 복음이고 구원이다.

마음과 정신이 뚫려 있지 않으면 말라 죽고, 마음의 감옥 속에 갇힌 생각과 감정은 흉기가 되고 독이 되어 자신과 남을 해친다. 생각의 숨, 말씀의 숨을 쉬어야 한다. 익지 않은 지식과 다듬어지지 않은 생각을 토해내면 쓰레기가 되고 공해가 된다. 생각과 말씀을 통하고 숨을 쉬려면 마음이 뚫리고 통해야 한다.

우리 영혼은 사랑으로 불탄다. 사랑은 영혼의 숨이다. 하나님을 그리워하여 하나님과 소통하고 연락하는 것이 얼의 숨이다. 얼 숨은 하나님의 영원한 생명에 드는 것이다. 내 몸과 맘이 하나님의 집이 되는 것이다. 내 몸과 맘이 영원한 생명의 고치가 되는 것이다.

숨을 깊고 평안히 쉬면 생명이 영, 얼에 든다. 숨은 신께로 가는 것이고, 신이 주신 것이다. 인간 생활의 근본은 숨이다. 인간의 숨, 생활이 영향을 미친다. 그러니까 숨만 잘 쉬어도 남을 돕는 것이다. 남을 돕는다고 너무 나대는 것보다 조용히 숨을 깊고 편하게 쉬는 것이 세상을 편안하게 하는 것이다. 말을 많이 하는 것보다 침묵을 지키며 남의 말에 귀를 기울이는 것이 남을 잘 이끄는 것이 된다.

1981년 봄에 한울회 사건으로 잡혀가서 여러 날 서대전경찰서 유치장에 갇혀 지냈다. 광주 민주화 사건이 나고 아직 세상이 뒤숭숭할 때였다. 간수들이 처음 들어오는 사람들은 무조건 몽둥이질을 해서 기를 꺾어놓았다. 음담패설이나 하고 속물근성을 드러내며 잘난 척도 하는 간수가 있었다. 유치장에 흑백 텔레비전이 하나 있었는데 어느 날 밤에 카르멜 수녀원 이야기가 나왔다. 수녀들이 평생 수녀원에 갇혀서 자신과 세상 사람들을 위해서 기도하며 지낸다는 말을 듣고 이 간수는 크게 감동했다. “저게 정말이여, 정말 저렇게 하는 거여. 정말 그런다면 나도 믿지. 나도 믿지.” 좀 못되고 속물스러운 간수가 감동하는 것을 보고 조용히 기도만 해도 세상을 움직일 수 있다는 것을 알게 되었다.

공동체를 한다고 크고 어려운 일을 하려고 생각하지 말고 먼저 숨 쉬는 운동부터 하자. 숨을 함께 쉬자. 우리 인류는 모두 우주의 정기(正氣)를 함께 쉬는 동포들이다. 인류뿐 아니라 중생은 모두 함께 숨 쉬는 동생(同生)들이다. 가난한 이와 부자가 함께 숨을 쉬고 사람과 소와 새들이 함께 숨을 쉬고 나무와 꽃과 풀들이 함께 숨을 쉰다. 우리는 함께 숨 쉬는 동포이고 동생들이다. 숨을 바로 쉬면 나와 남을 바로 볼 수 있고 남과 더불어 있는 것이 편안해진다. 숨은 우주 생명 세계를 움직이고 숨님인 하나님과 통하게 한다.

유영모는 세 가지 숨이 있다고 했다. 목으로 쉬는 목숨, 말과 생각으로 쉬는 말숨, 하늘의 얼로 쉬는 우숨. 숨에는 세 겹, 세 층이 있다. 목숨이 말숨으로 말숨이 우숨으로 승화되어야 한다. 목숨을 잘 쉬면 몸이 편하고 힘 있어지고, 말숨을 잘 쉬면 맘이 깊고 시원해지며, 하늘의 얼을 숨 쉬면 두루 통하여 기쁨이 넘친다.

숨을 명(命)이라고 한다. 명은 명령, 말씀을 뜻하는데 생명(生命)이라고 하고 천명이라고 한다. 생명은 삶의 명령, 살라는 명령이다. 숨을 쉴까 말까 망설이는 이는 없다. 숨 쉬는데 무슨 이유와 까닭이 따로 없다. 숨은 이유 없이 조건 없이 쉬는 것이다. 생명은 숨을 쉬라는 절대명령을 받은 것이다. 천명은 하늘의 명령, 말씀인데 인간은 천명, 하늘의 명령, 뜻, 하늘 숨을 따라 살도록 사명(使命)을 받은 존재이다. 운명(運命), 숙명(宿命)은 삶의 정해진 분수와 한계를 뜻한다. 삶에는 조건과 제약이 있다. 그러나 결정된 것은 아니다. 사람의 목숨은 천명이 될 수도 있고 숙명이 될 수도 있다. 누구나 죽을 숙명과 운명을 타고났지만, 삶과 죽음의 이해관계에서 벗어나 편안한 마음으로 하늘 숨을 쉬면 천명 하늘 뜻을 이루게 된다. 이것을 안심입명(安心立命)이라고 한다. 생사와 이해관계에서 벗어나 편안한 마음에 이르러 목숨을 바로 세우고 숨을 바로 쉬면 천명을 이루는 사명을 다하게 된다. 숨을 세우는 것이 천명을 이루는 것이고, 인간의 사명을 다하는 것이다. 숨을 세우면 운명이나 숙명에서 벗어날 수 있다. 안심입명, 마음을 편하고 자유롭게 해서 숨을 바로 세운다. 숨을 세운다는 것은 목숨을 말숨으로 세우고 말숨을 우숨으로 높이는 것이다. 하늘의 숨, 위의 숨을 쉬면 하늘의 기운이 뿜어져 나오고 하늘 기운이 뿜어져 나오면 기쁜 것이다.

6. 선과 악의 피안

"동산 안에 있는 모든 나무의 열매는 네가 먹고 싶은 대로 먹어라. 그러나 선과 악을 알게 하는 나무의 열매만은 먹어서는 안 된다. 그것을 먹는 날에는 너는 반드시 죽는다."(창 2:16~17)

모든 나무의 열매를 먹고 싶은 대로 먹으라고 했으니 인간에게 자유롭고 넉넉한 삶이 허락되었다. 그런데 왜 선악을 알게 하는 나무 열매만은 먹지 못하게 했을까? 왜 그것을 먹으면 반드시 죽는다고 했을까? 사람 노릇을 하고 사회가 유지되려면, 선과 악, 옳음과 그름을 분별해야 하지 않을까? 선악을 모르면 사람이 못되고 옳고 그름이 없으면 사회가 무너진다.

선과 악에는 도리와 법칙이 있다. 선에서는 선한 결과가 나오고 악에서는 악한 결과가 나온다. 콩 심으면 콩이 나고 팥 심으면 팥이 난다. 이것은 생명과 도덕의 법칙이다. 선한 업을 쌓으면 선이 오고 악한 업을 쌓으면 악이 온다. 그래서 부처도 업은 못 면한다고 하였다.

삶은 선과 악의 피안에 있어

그러나 선과 악에 대한 분별과 판단은 분별하고 판단하는 그 자체가 목적이 아니라 선하고 아름답고 진실한 삶을 위한 것이다. 선과 악에 대한 판단은 삶을 위한 것이다. 더욱 풍성한 삶을 위해서 선하고 좋고 아름다운 삶을 살기 위해서 선과 악, 옳음과 그름을 분별하는 것이다. 삶은 선악 판단의 목적이지 대상이 아니다. 생명의 근본인 숨을 선하다, 악하다, 옳다, 그르다 분별할 수 없다. 숨은 선과 악의 피안에 있다. 숨 쉬는데 선하고 악한 게 있을 수 없다. 죄를 지은 이나 의로운 일을 한 이나 숨은 다 같은 숨이다. "누구의 숨은 선하고, 누구의 숨은 악하다."고 할 수 없다. 좋은 숨, 나쁜 숨이 따로 없다. 무슨 판단을 하기 전에 숨은 그저 쉬는 것이다. 쉴까 말까 망설이거나 주저하지 말고 숨을 쉬어야 한다.

생명, 인격, 영혼은 선악 판단의 목적이고 선과 악의 피안에 있다. 선과 악을 구별하고 판단하는 것은 생명과 인격과 영혼이 선하고 옳고 힘차게 살기 위한 것이다. 사람이 먹고 입고 자는 기본 생활에 대해서는 선과 악의 판단, 옳고 그름의 판단을 해서는 안 된다. 누구나 먹고 입고 자는 것은 허락되고 보장되어야 한다. 사회생활을 위해서 필요한 교육을 받는 일도 조건 없이 허락되고 보장되어야 한다. 가난의 늪에 빠져 허덕이는 사람들의 삶을 보고 선과 악, 더러움과 깨끗함, 옳고 그름을 따져서는 안 된다. 삶의 나락에서 허우적거리는 사람의 삶은 절대 긍정되고, 존중되어야 한다. 사회와 정부, 교회와 시민단체는 가난과 병으로 허덕이는 이들을 조건 없이 살리고 돌보아야지 무능하다, 게으르다고 비난해서는 안 된다. 짓밟히고 고통당하는 삶은 선과 악의 피안에 있다.

선악과를 따 먹었다는 것은 무엇을 뜻하는가? 선과 악을 나타내는 히브리말은 '토브와 라'인데 도덕적 선·악뿐 아니라 좋고 나쁨을 뜻한다. 선악과를 따먹은 것은 선악, 좋고 나쁨을 판단하는 기준을 사유화하고 독점한 것을 뜻한다. 선악판단의 기준을 사유화하고 독점하면 내게 이롭고 좋은 것이 선하고 좋은 것이고 내게 해롭고 나쁜 것이 악하고 나쁜 것이 된다. 사람마다 자신이 선악 판단의 기준과 목적이 되면 세상에는 선악의 기준이 없어진다. 선악 판단의 결과, 선악 판단의 열매를 직접 따먹으려 하면 공동체의 토대가 사라진다.

선과 악의 판단은 공정한 기준에 따라 이루어져야 한다. 선악 판단의 공정한 기준, 가운데가 진리이고 하나님이다. 선과 악의 판단이 절대로 공정해야 하는데 공정을 잃고 개인이나 집단의 욕심이나 이익에 따라 선과 악을 판단하면 파국에 이른다는 것이다. 선악 판단의 열매를 개인이나 집단이 따먹으면 안 된다는 것이다. 그리되면 내게 이로운 것이 선이고 해로운 것이 악이 된다. 나의 이로움을 위해 남을 해치고 내가 살기 위해 남을 죽인다. 서로가 자기의 이익과 선을 위해 남을 해치고 죽이면 결국 서로 죽이는 길에 들어서게 된다. 그렇게 되면 반드시 죽는다. 선악 판단의 열매는 모두가 함께 누리도록 가운데 놓아두어야 한다. 서로에게 유익이 되게 서로를 살리게 해야 한다. 선과 악을 분별하고 판단하는 데서 나오는 열매를 내가 직접 따먹으려고 하면 서로를 해치고 죽이는 길에 들어선다.

사람이 선악 판단의 목적이라는 것은 사람이 선악 판단의 결과, 열매라는 것을 뜻한다. 사람은 선악의 열매를 직접 따먹을 것이 아니라 스스로 선악의 열매가 되어야 한다. 씨올정신은 열매를 따먹자는 것이 아니라 스스로 열매가 되자는 것이다. 인류는 선악과를 따먹고 타락했다. 그래서 전쟁과 파멸의 길로 가게 되었다. 국가를 중심으로 형성된 인류문명은 처음부터 선악과를 따먹자는 것이지만, 자본주의사회는 선악과를 따먹는 일을 극대화한 사회다. 자본주의 사회의 인간들은 선과 악, 좋음과 나쁨에 대한 지식과 판단에서 나오는 열매를 효과적으로 최대한 따먹으려 한다. 땀 흘려 일해서 열매를 지어내기보다는 남이 만든 열매를 따 먹자는 것이 자본주의다. 잘하고 못하고 좋고 나쁜 기준을 정해 놓고 젊은이들에게 무한경쟁을 시킨다. 경쟁에서 이긴 사람만이 살고 진 사람은 낙오자가 되어 삶의 권리를 박탈한다. 공부를 잘하고 발명을 잘하고, 물건을 잘 만드는 것은 잘살기 위한 것인데 잘하기 위한 경쟁이 많은 사람을 낙오시키고 희생시킨다.

삶 자체가 선악 판단의 피안에 있다. 삶 자체가 선악 판단의 기준이다. 삶은 경쟁의 대상이 아니라 목적이고 열매다. 제대로 바르게 살려면 선악 판단의 목적, 경쟁하는 목적을 찾아야 한다. 삶이 바로 그것이다. 삶의 주인은 하나님이다. 하나님만이 선악 판단의 기준이다. 하나님은 어디 계신가? 삶의 한가운데, 삶의 속의 속에 있다. 선악을 아는 지식의 열매를 따 먹지 마라! 선과 악을 분별하고 판단하는 열매를 따먹는 것은 선과 악을 분별하고 판단하는 기준과 중심을 사유화하고 독점하는 것이다. 그것은 생명의 창조적 근원이고 중심인 하나님을 부정하고 무시하는 것이며 짓밟고 버리는 것이다. 그러므로 개인이나 집단이 선악과를 따먹으면 반드시 죽는다. 사법부나 검찰, 경찰이 선악 지식의 열매를 따 먹으면 사회는 결딴난다. 선악 판단의 열매가 내게 돌아오게 해서는 안 된다. 판사가 자기 유익과 편의를 위해서 판결을 구부리면 그 나라는 망한다. 누구를 선하다, 악하다고 말한 것이 내게 조금이라도 이익이 되면 선악 지식의 열매를 따 먹은 것이다. "그 인간 나쁜 놈이야!"라고 해서 내 마음에 위안이 된다면 역시 선악과를 따먹은 것이다.

선과 악, 옳고 그름을 분별하고 판단하는 비평가나 평론가는 잘못되기가 쉽다. 비평이나 평론으로는 세상을 구할 수 없다. 비평이나 평론은 남의 잘못을 지적할 뿐 그 잘못을 바로 잡지는 못한다. 왜냐하면 잘못을 저지른 당사자가 스스로 잘못을 고치지 않으면 잘못은 고쳐질 수 없기 때문이다. 사람이 저지르는 잘못이 무엇인가? 선악과를 따먹고 스스로 가운데가 되고 하늘이 되는 것이다. 자기 생각을 고집하는 것이고 절대화하고 거기 집착하는 것이다. 비평은 절대화된 생각이나 주장을 상대화하는 것이다. 하늘에 있는 것들을 땅으로 끌어내리는 일이다. 그런데 남을 비평하다 보면 자기 생각과 주장이 절대적인 기준으로 고착되기 쉽다. 비평이란 남을 다 땅으로 끌어 내리고, 저 자신은 망측하게 하늘 꼭대기에 앉게 된다.

판단을 하다가도 어느 단계에 가면 판단과 시비를 중지하는 게 좋다. 모든 선악, 옳고 그름에 대한 시비(是非) 판단은 실상을 드러내기보다 주관적인 생각이 지어낸 망상에 빠지기 쉽다. 텔레비전에서 파탄 지경에 이른 두 부부 이야기를 보았다. 한 부부는 명절날 시댁에서 오래 머무는 것 때문에 끊임 없이 싸우다가 파경에 이르렀다. 싸우는 것을 보면 너무 한심하다. 명절날 시댁에서 조금 일찍 오거나 조금 더 있다 오거나 목숨을 걸 일은 아닌 것 같은데 부부는 목숨을 걸고 시비를 따지며 싸운다. 다른 부부는 감정의 교류가 없어서 낯설고 서먹해서 함께 있는 것이 불편하다고 했다. 서로 말은 안 하지만 속으로는 상대에 대한 원망과 불평이 가득하다. 아내는 남편에게 자상한 남편이 되기를 바라고 남편은 아내에게 부드러운 아내가 되기를 바랬다. 대화는 하지 않고 서로에 대한 불평과 비난이 맘속에 가득 쌓였다. 아내와 남편의 공통점은 자기에게 부드럽고 친절한 사람이 되기를 바라는 것이다. 누구든지 먼저 부드럽고 친절하게 대하면 문제가 풀릴 것 같은데 상대가 무뚝뚝하고 냉정하다는 고정관념에서 벗어나지 못한다.

이 두 부부의 해결책은 시비선악판단을 중지하는 것이다. 시비판단은 사람의 마음이 지어낸 망상이다. 본래 삶의 자리에는 선악시비가 없다. 꽃에게 시비를 걸까? 소에게 선악을 말할까? 삶은 생각과 말 이전에 시비 판단의 이전에 있다. 숭산스님은 선악 시비 판단을 중지하면 삶의 진상이 드러난다고 하였다. "산은 푸르고 강물은 흘러가고, 개는 짖고 설탕은 달고 소금은 짜다." 산이 푸르고 강물이 흘러가는 것에 대해서 시비 걸고 비평할 필요가 없다. 개가 짖고 설탕이 달고 소금이 짠 것을 있는 그대로 인정하고 받아들이면 된다. 있는 그대로 보고 받아들이는 것이 삶의 진실이다. 선과 악, 시와 비의 판단과 집착에서 벗어나면 대부분의 싸움은 그칠 수 있다. 시비 판단을 그치면 삶의 진실이 드러난다.

삶은 아름답고 거룩한 것

삶은 아름답고 거룩한 것이다. 시비선악에서 벗어난 것이다. 함석헌은 이렇게 말한다. "맹꽁이의 음악 너 못 들었구나. 구데기의 춤 너 못 보았구나. 살무사와 악수 너 못해 보았구나. 파리에게는 똥이 향기롭고 박테리아에게는 햇빛이 무서운 거다. 도둑놈의 도둑질처럼 참 행동이 어디 있느냐? 거짓말쟁이의 거짓말처럼 속임 없는 말이 어디 있느냐? 거지의 빌어먹음처럼 점잖은 것이 어디 있느냐? 그것은 정치가의 정의보다 훨씬 더 높은 것이고, 군인의 애국보다 한층 더 믿을 만한 것이고 종교가의 설교보다 비길 수 없이 거룩한 것이다." (함석헌전집 6 수평선 너머. 6쪽.)

삶의 진실과 역설에 대한 통찰이다. 삶 전체의 자리에서 그리고 삶의 속에서 보면 삶의 꿈틀거림과 몸부림은 진실하고 아름다운 것이다. 살기 위해서 도둑질하고 거짓말하고 빌어먹는 일은 그것대로 진실하고 떳떳한 것이다. 삶은 아무리 추하다 해도 삶에서 떠난 정치, 전쟁, 종교보다 고귀하고 거룩한 것이다.

남의 삶을 대신 살아줄 수 없다. 나라와 사회는 교회와 시민은 모든 사람이 신의 자녀로서, 나라의 주인으로서 스스로 인간답게 살도록 환경과 조건을 만들어가야 한다. 먹고 입고 자고, 교육을 받는 것은 누구에게나 보장되고 허락되어야 한다. 예수는 선악 시비의 판단에 빠지지 않고, 밥상 잔치를 벌이고 병을 고치면서 생명을 살리는 하나님 나라 운동을 펼쳤다. 예수는 선악 시비 판단의 열매를 따 먹으려 하지 않고 스스로 선악 판단의 열매가 되었다.

7. 선악과와 타락; 열매를 따 먹는 삶과 열매가 되는 삶

여자가 뱀에게 대답하였다. "우리는 동산 안에 있는 나무의 열매를 먹을 수 있다. 그러나 하나님은, 동산 한가운데 있는 나무의 열매는, 먹지도 말고 만지지도 말라고 하셨다. 어기면 우리가 죽는다고 하셨다." 뱀이 여자에게 말하였다. "너희는 절대로 죽지 않는다. 하나님은, 너희가 그 나무 열매를 먹으면, 너희의 눈이 밝아지고, 하나님처럼 되어서, 선과 악을 알게 된다는 것을 아시고, 그렇게 말씀하신 것이다."
여자가 그 나무의 열매를 보니, 먹음직도 하고, 보암직도 하였다. 그뿐만 아니라, 사람을 슬기롭게 할 만큼 탐스럽기도 한 나무였다. 여자가 그 열매를 따서 먹고, 함께 있는 남편에게도 주니, 그도 그것을 먹었다. 그러자 두 사람의 눈이 밝아져서, 자기들이 벗은 몸인 것을 알고, 무화과나무 잎으로 치마를 엮어서, 몸을 가렸다.
남자에게는 이렇게 말씀하셨다. "네가 아내의 말을 듣고서, 내가 너에게 먹지 말라고 한 그 나무의 열매를 먹었으니, 이제, 땅이 너 때문에 저주를 받을 것이다. 너는, 죽는 날까지 수고를 하여야만, 땅에서 나는 것을 먹을 수 있을 것이다. 땅은 너에게 가시덤불과 엉겅퀴를 낼 것이다. 너는 들에서 자라는 푸성귀를 먹을 것이다. (창 3:2~7, 17~18)

인간은 생명의 씨알

현대의 과학적 발견과 성찰에 따르면 인간은 우주와 자연 생명과 인류 역사의 씨올이다. 별들의 물질적 성분과 인간 몸의 물질적 성분이 일치한다는 것을 확인한 천문 물리학자들은 우주의 나이테가 사람의 몸에 새겨져 있다고 한다. 생명 진화론에 따르면 자연 생명의 역사가 인간의 몸과 맘에 압축되어 있다. 사회 문화와 무의식을 다루는 현대 심리학에 따르면 인류 사회와 민족의 정신사가 인간의 몸과 맘과 얼 속에 축적되어 있고, 살아 있다. 인간은 우주와 자연 생명과 인류 정신의 역사가 이룬 열매이고 씨알이다. 우주와 자연 생명과 인류 정신은 인간의 삶을 통해서 보람과 의미를 얻는다. 인간의 삶이 썩고 멸망하면 우주와 생명과 인류는 보람과 의미를 잃고 망하게 된다.

인간 속에 10억 년 생명 진화의 속알이 담겨 있다. 생명 진화의 속알을 이어가는 인간은 생명의 불씨다. 생명의 불씨를 꺼트리지 않고 이어가기 위해 인간은 생명 진화와 인류 역사의 열매가 열게 하고 스스로 열매가 되는 사명과 목적을 가지고 있다. 생명의 씨알로서 인간의 존재와 활동은 열매를 따먹자는 것이 아니라 땅바닥에 떨어져 흙 속에 묻혀 깨지고 죽어서 열매가 열게 하고 스스로 열매가 되자는 것이다. 열매가 열게 하고 열매가 되는 것이 생명과 역사의 씨알인 인간의 본분이고 의무다.

열매가 열리게 하고 열매가 되는 것이 사람의 본분

성경의 창세기 3장에 따르면 선악을 알게 하는 열매를 따 먹고 인류가 타락했다. 하나님은 선악을 알게 하는 나무 열매를 따 먹으면 반드시 죽는다고 했다. 이것은 이해하기 어려운 말씀이다. 인간이 지성을 가지고 도덕적 주체로서 살려면 선악을 분별하고 판단하는 능력을 지녀야 한다. 선악을 분별하는 목적은 생명을 풍성하고 진실하고 아름답게 하자는 것이다. 선악 판단의 목적은 생명의 본성과 목적을 실현하고 완성하자는 것이다. 선악 분별의 목적과 표준은 생명 그 자체에 있다. 선과 악을 분별하여 생명의 풍성한 열매를 맺고 열매가 되자는 것이다. 생명의 풍성한 열매는 생명의 주체인 '나', '영혼'이 진실하고 선하고 아름답게 되는 것이며, 사랑과 정의 안에서 자유롭고 힘 있게 되는 것이다. 선악 분별과 판단의 열매는 사랑과 의의 열매, 진선미의 열매이다.

하나님은 어찌하여 선악을 알게 하는 나무 열매를 따 먹으면 반드시 죽는다고 했을까? 인생이란 선악을 분별하여 선의 열매가 열리게 하고 스스로 선의 열매가 되자는 것이지 선악을 분별하여 사욕을 취하자는 것이 아니다. 생명 자체의 자리, 생명 전체의 자리에서 선과 악의 분별과 판단이 공적으로 이루어질 때 생명이 풍성하게 된다. 개인과 집단의 이기심과 편견으로 선악의 판단이 이루어지면, 전체 생명은 파괴된다. 선악 판단의 열매를 따 먹는다는 것은 생명 전체에 속한 선악 판단의 열매를 개인과 집단이 이기적으로 갈취하는 것이다. 생명 그 자체에 속한 선악 판단의 열매를 개인과 집단의 육체적 생존과 확장을 위해 따 먹는다는 것은 선악 판단의 주체와 목적인 생명의 속알(영혼)을 육체에 종속시키는 것이다. 이것은 생명의 속알과 전체 생명에 대한 침해와 갈취이며, 인간의 자기 파괴이고 모독이다. 선악을 알게 하는 열매를 따 먹은 인류는 죽음의 길로 들어선 것이다.

생명의 길을 가는 생명의 씨알인 인간의 본분과 목적은 열매가 열리게 하고 열매가 되자는 것이지 나무에 달린 열매를 따 먹자는 것이 아니다. 열매를 맺거나 열매가 되지는 않고 열매를 따 먹기만 하면 생명은 반드시 죽는다. 자신이 이룬 삶의 열매를 내어놓지는 않고 서로 남이 이룬 삶의 열매를 따 먹으려고만 한다면 세상이 어떻게 될까? 땅은 저주를 받고 마음 밭(心田)은 흉악해진다. 이마에 땀 흘리고 땅을 파서 열매가 열리게 하는 것이 농사다. 농사는 우리말로 '여름질', '열매가 열게 하는 일'이다. 열매가 열게 하고 열매가 되는 것이 씨알의 일이고 생명의 일이다. 이마에 땀 흘리며 마음 밭을 파서 사랑과 정의의 열매, 진선미의 열매가 열리게 하고 그 열매가 되는 것이 신앙이고 철학이다.

권리만 내세우면 난장판 된다

서구사회의 역사에서는 권리를 가장 중요하게 여겼다. 그리스·로마 시대 때부터 권력투쟁과 계급투쟁과 민족 전쟁을 통해서 권리를 확보하고 확장해 왔다. 권리(權利)를 내세우는 것은 인생과 사회역사의 열매를 따 먹고 누리자는 것이다. 재물과 소유와 지위를 차지하는 것은 사회생활의 열매를 따 먹는 것이다. 서구역사는 사회의 열매를 따 먹는 역사였다. 결국 권리를 나타내는 말(right, recht)이 법(rights)과 정의(righteousness)를 나타내게 되었다. 서구 문명에서는 인권과 생존권과 소유권이 최고의 가치가 되었다.

자본주의는 인권과 소유권을 기본권으로 보고 자유경쟁을 통해서 능력껏 자신의 권리와 소유를 확장하자는 것이다. 한 마디로 능력껏 열매를 따 먹자는 것이다. 각자 자기의 권리와 소유를 위해서 경쟁하면 서로의 권리와 소유를 침해하게 된다. 약하고 무능한 사람은 권리와 소유를 잃는다. 공산주의는 권리와 소유를 국가가 공평하게 분배하자는 것이다. 공산주의는 열매를 나누어 먹자는 것이다. 개인이나 소수가 국가의 권력을 독점하고 권리와 재화를 분배해서 나누어 먹자는데 초점이 있다. 공산주의 사회에서는 스스로 열매가 열게 하고 열매가 되려는데 힘쓰는 사람이 나오기 어렵다.

권리를 최고의 가치로 보는 서구 문명에는 희망이 없다. 오늘의 학교 교육을 보라! 학생들의 인권이 침해당한다고 해서 '학생인권조례'를 제정하고 학생의 인권을 선언하고 보장하였다. 그러자 교실에서 학생과 학부모가 교사를 욕하고 때리는 일이 자주 일어나고 있다. 학생의 권리를 보장했더니 학교 교육이 난장판이 되었다. 오늘의 사회는 땀 흘려 일해서 열매가 열게 하고 열매가 되려는 사람은 적고 열매를 따 먹자는 사람만 가득하다. 그런 사람들이 세계의 경제와 정치를 주도한다. 금융자본, 투기자본, 부동산투자의 광풍, 부정과 부패는 불로소득을 얻자는 것이다. 세상이야 어찌 되었든 열매만 따 먹자는 것이다. 오늘의 경제위기와 인간 심성의 파괴는 열매만 따 먹으려는 풍조와 행태에서 나온 것이다. 현대 산업문명의 행태와 풍조는 이마에 땀 흘리며, 땅을 파고 마음 밭을 깊이 갈아서 인생과 사회의 열매를 만들지 않고, 나무에 열린 열매를 따 먹듯이 인생과 사회생활을 편하게 누리며 살자는 것이다. 하나님은 선악을 분별하여 나무 열매를 따 먹기만 하면 반드시 죽는다고 하였다. 성경의 말씀에 비추어보면 현대 산업문명은 파멸과 죽음의 선고를 받은 것이다.

삶은 권리 이전에 존재하는 것이다. 삶은 권리에 근거해서 존재하는 것이 아니라 삶 그 자체 속에 삶의 근거와 보람, 의미와 목적을 가지고 있다. 삶의 근본은 권리에 있지 않고 사명과 의무, 보람과 뜻에 있다. 권리가 있다거나 없다거나 생명(生命)은 살라는 절대명령을 가진 것이고 생명의 씨알은 생명을 싹트고 자라게 하여 열매가 열게 하고 열매가 되는 절대 사명과 의무를 가진 것이다. 예수와 석가, 공자와 노자와 같은 성인들과 철인들은 사람들을 권리주장과 권리의식 이전의 삶으로 이끌고 모두 열매를 맺고 열매가 되는 씨알의 길을 갔다. 사랑과 정의(仁義)를 사람과 생명의 본성으로 본 모든 성인과 철학자는 씨알의 길을 간다. 영원한 생명의 씨알인 사랑과 정의의 열매, 진선미의 열매가 열리고 그 열매가 되는 것이 삶의 본분과 보람이며 의무와 사명이다. 이것이 참된 삶, 영원한 생명에 이르고 영생을 누리게 되는 길이다.

8. 결혼은 하나님의 선물

주 하나님이 말씀하셨다. "남자가 혼자 있는 것이 좋지 않으니, 그를 돕는 사람, 곧 그에게 알맞은 짝을 만들어 주겠다." 주 하나님이 들의 모든 짐승과 공중의 모든 새를 흙으로 빚어서 만드시고, 그 사람에게로 이끌고 오셔서, 그 사람이 그것들을 무엇이라고 하는지를 보셨다. 그 사람이 살아 있는 동물 하나하나를 이르는 것이 그대로 동물들의 이름이 되었다. 그 사람이 모든 집짐승과 공중의 새와 들의 모든 짐승에게 이름을 붙여 주었다. 그러나 그 남자를 돕는 사람 곧 그의 짝이 없었다.
그래서 주 하나님이 그 남자를 깊이 잠들게 하셨다. 그가 잠든 사이에, 주 하나님이 그 남자의 갈빗대 하나를 뽑고, 그 자리는 살로 메우셨다. 주 하나님이 남자에게서 뽑아 낸 갈빗대로 여자를 만드시고, 여자를 남자에게로 데리고 오셨다. 그때에 그 남자가 말하였다. "이제야 나타났구나, 이 사람! 뼈도 나의 뼈, 살도 나의 살, 남자에게서 나왔으니 여자라고 부를 것이다." 그러므로 남자는 아버지와 어머니를 떠나, 아내와 결합하여 한 몸을 이루는 것이다. 남자와 그 아내가 둘 다 벌거벗고 있었으나, 부끄러워하지 않았다. (창 2:18~25)

사람은 누구나 자신이 완전히 받아들여지고 상대를 온전히 받아들이기를 원한다. 모든 사람의 삶의 밑바닥에는 근원적인 합일에의 갈망이 있다. 모든 종교는 이런 갈망을 충족시켜 주려 한다. 닫혀진 자신의 벽을 깨뜨리고 몰아적인 상태에서 무당들은 다른 혼백들과 한데 어우러진다. 불교는 자신의 욕망·분노·어리석음에서 해탈하여 무아의 경지에 이르려 한다. 자신에게서 벗어나 거침없이 만물과 하나가 되려 한다. 도교는 인위적인 생활에서 벗어나 자연과 합일하고 동화되는 생활을 하려 한다. 그리스도교도 진정한 합일을 추구한다. 인간과 하나님 사이에 가로막힌 벽을 헐고, 인간과 인간 사이에 가로막힌 담을 헐고 일치와 화해를 이루려 한다.

그리스도교가 무교(巫敎)나 다른 신비주의 종교들과 다른 것은 자아를 잃지 않고 화해와 일치에 이르려 한다는 것이다. 황홀한 상태나 무아지경에서 합일에 이르려는 게 아니라 나와 하나님, 나와 다른 인간 사이의 관계와 사귐 속에서 합일을 이루려 한다. 굳이 종교가 아니라 하더라도 인간은 본능적으로 합일을 추구한다. 하나님은 인간의 생명 속에 성적인 욕망을 주었다. 성적 욕망은 남자와 여자가 서로 하나 되려는 갈망이다. 이 갈망은 자녀를 낳음으로써 실현된다. 자녀 속에서 남자와 여자가 하나로 결합 된다. 남녀에게 서로 하나 되려는 갈망을 주고 결혼을 통해서 함께 살도록 한 것은 하나님의 창조의 선물이다. 위에 인용된 성경 구절에는 남녀의 사랑과 결혼이 하나님의 축복이며 선물이라는 사실이 잘 나타나 있다.

일을 거들어줄 짝을 아담에게 만들어 주려고 하나님은 들짐승과 공중의 새와 집짐승을 지었다. 아담은 짐승들에게 각기 이름을 지어주었다. 이름을 짓고 이름을 부른다는 것은 서로 관계를 맺고 생각과 감정을 나눈다는 것을 의미한다. 서로 이름을 부르는 것은 서로 대화하고 사귀는 것이다. 그러나 아담은 이 짐승들에게서 짝을 찾지 못했다. 아무리 짐승의 이름을 부르고 짐승에게 애정을 쏟아도 짐승은 인간의 짝이 되지 못한다. 서로 깊은 속을 이해하고 온 몸과 맘을 다해 사랑을 주고받는 관계가 아담과 짐승 사이에는 형성될 수 없었다.

짐승들은 아담의 반려자가 될 수 없었기 때문에 하나님은 아담의 갈빗대를 뽑아서 여자를 만들어 주었다. 어떤 사람들은 여자는 남자의 갈빗대로 만들었으니 남자에게 예속된 존재고 남자보다 열등한 존재라고 말한다. 그러나 아담의 갈빗대로 여자를 만들었다는 것은 달리 해석할 수도 있다. 모든 짐승들은 흙을 빚어서 만들어졌고, 아담조차도 흙을 빚어서 만들어졌다. 하와만은 흙을 빚어서 만들지 않고 아담의 갈빗대로 만들었다는 것은 아담과 똑같은 인간으로 만들었음을 뜻한다. 그리고 발가락이나 엉덩이 살로 만들어지지 않고 가슴에 있는 갈빗대로 만들어졌다는 것은 아담과 동등한 인간으로 만들어졌음을 의미한다.

하나님이 만든 여자를 처음 보자 아담은 이렇게 외쳤다.

이제야 나타났구나, 이 사람! 뼈도 나의 뼈, 살도 나의 살.

짐승들에게서는 발견할 수 없는 짝을 여자에게서 비로소 발견했다는 말이다. 나와 똑같은 존재, 참으로 대화가 통하고 서로 이해할 수 있고 공감하고 하나가 될 수 있는 인간을 하와에게서 찾았다는 말이다. 다른 짐승들은 아무래도 거리가 있고 다른 존재들이었다. 그런데 여자만은 "내 살 중의 살이요 뼈 중의 뼈"(개역 번역본)라고 할 만큼 그렇게 나와 꼭 들어맞는 존재란 말이다. 갈빗대로 만들었다는 말은 내 가슴속에 꼭 맞는 존재요, 내 마음에 꼭 드는 인간으로 만들었다는 말이다.

남녀 사이의 깊은 갈망, 본능적인 그리움은 개인적으로는 쾌락의 충족일는지 모르지만, 인류의 종족을 유지하는 방편이며 인류의 생명을 보존하는 수단이다. 남녀의 애정은 죽음보다 더 깊다. 모든 젊은이들이 서로 만나 사랑하고 결혼하여 자녀를 낳으므로 죽음을 넘어서서 인류의 생명을 실어 나르고 있다. 남녀의 사랑은 선하고 아름다운 것이며 창조의 섭리에 속한 것이다. 그것은 결코 부끄러운 게 아니다.

그러나 인류의 타락 이후에, 지배욕과 소유욕의 노예가 된 이후에 남녀의 사랑은 부끄러운 것, 추한 것으로 되었다. 타락하기 전에는 알몸으로 지냈어도 부끄러운 줄 몰랐으나, 타락한 후에는 부끄러워서 무화과 나뭇잎으로 앞을 가렸다고 한다. 인간과 인간 사이에 적대 관계가 수립되고 남녀 사이에도 지배·피지배의 종속 관계가 성립되었기 때문에, 순수하고 천진난만한 마음은 사라지고 긴장·대립·불안·갈등이 생겨난 것이다. 자신을 전폭적으로 내맡기고 상대를 온전히 받아들이는 게 아니라, 상대를 평가하고 비교하고 의심하고 자신을 숨긴다.

일편단심은 사라지고 내 마음은 깊은 분열에 빠진다. 자신에 대한 깊은 열등감과 터무니없는 자만에 빠지고, 상대를 독점하고 지배하려는 난폭한 욕망과 집착에 빠지거나 상대에 대한 불신·분노·증오·무관심에 빠진다. 그리하여 남녀 관계를 오래 뜨겁게 유지하기가 어려워진다. 결혼은 삶을 온전하고 풍성하게 해주는 것이지만, 결혼 생활을 아름답고 온전하게 유지하기란 어려운 일이다. 오늘과 같이 삶의 터전과 일터가 분리되고 복잡하게 서로 얽혀 돌아가는 산업 사회에서는 결혼 생활을 충실히 지속하기가 더욱 어려워졌다.

옛날 봉건 시대에는 한 번 부부가 되면, 죽음에 의해 갈라지기 전에는 헤어지는 일이 거의 없었다. 조선왕조 시대만 해도 이혼은 아주 드문 일이었다. 여자가 잘못을 저질렀다고 해서 소박맞고 쫓겨나는 일은 있어도 합의해서 이혼하는 일은 찾아보기 어려웠다. 그 까닭은 옛날 농경 시대에는 부부가 완전한 생활 공동체였기 때문이다. 논농사·밭농사 짓느라고 부부는 하루종일 땀 흘리며 함께 일해야 했다. 아내는 길쌈하고 바느질해서 남편과 자녀의 옷을 지어야 했고 밥을 해야 했다. 남편은 지붕을 이어야 했고 나무를 해와야 했다. 이렇게 부부는 생존을 위해 평생 함께 일해야 할 생활 공동체였다. 먹고 살기 위해서 서로 없어서는 안 되는 소중한 존재였다. 한쪽이 없으면 생활이 거의 불가능했다. 그리고 한 마을에서 평생을 살아야 했다. 낯선 사람을 만나는 일도 드물었으므로 다른 상대를 만날 기회도 드물었다. 검은 머리 파뿌리 되도록 백 년 해로한다는 말이 아주 자연스럽고 당연했다.

그러나 오늘처럼 산업화 된 사회에서는 사정이 전혀 다르다. 남자도 여자도 얼마든지 경제적으로 독립해서 살 수 있게 되었다. 먹고 자고 입는 생활이 돈만 있으면 쉽게 해결된다. 돈만 있으면, 아내나 남편에게 의존하지 않고 얼마든지 살 수 있다. 그리고 남자든 여자든 돈을 벌 수 있는 길은 있다. 이제는 남자와 여자가 서로의 생존을 위해 필수적인 존재가 아니다. 옛날에는 부부가 하루종일 함께 일하고 함께 지내야 했지만, 현대 사회에서는 부부가 함께 지내는 시간이 아주 짧아졌다. 하루종일 다른 사람들과 생활하다가 밤에만 잠깐 얼굴을 마주 대할 수 있을 뿐이다. 사회가 매우 유동적이기 때문에 낯선 상대를 만날 기회가 아주 많아졌다. 게다가 옛날에는 종교나 도덕이 강력히 가정을 지켜 주었으나 오늘에는 종교나 도덕의 힘이 무력해졌다. 그러다 보니 이혼이 너무 쉽게 이루어진다. 유럽에서는 결혼하는 사람들보다 결혼하지 않는 사람들이 더 많다. 한국 사회에서도 결혼은 필수가 아니라 선택이 되었고 이혼율이 급증하고 있다.

결혼은 창조 시에 하나님이 인류에게 준 선물이며 축복인데, 가정은 인간 생활의 가장 기초적인 토대인데, 이것이 지금 흔들리고 깨지고 있다. 그래도 인간이 사랑을 배울 수 있는 곳은 가정이다. 부모의 사랑을 대신할 만한 지극한 사랑이 아직 인류 사회에는 없다. 자신의 약점과 비밀을 스스럼없이 드러낼 수 있는 곳도 가정밖에 없다. 자신을 내놓고 맡길 수 있는 곳, 한 사람을 온전히 받아들이고 사랑할 수 있는 곳은 가정이다. 경제적인 필요를 떠나서 정신적으로 근원적인 합일, 온전한 일치를 이룰 수 있는 가정은 하나님의 축복이며 선물이다.

그런데 가정을 지키기가 어려워진 요인이 또 하나 있다. 이전의 가부장제 사회에서는 부창부수니 삼종지도니 해서 아내는 절대적으로 남편에게 복중하고 남편을 따라야 했다. 남편의 권위가 절대적이었기 때문에 가정은 평온을 유지할 수 있었다. 그런데 이제 여권 신장이니 여성 해방이니 해서 남자들에 대한 여자들의 도전이 만만치 않게 되었다. 남자들의 일방통행이 불가능해진 것이다. 생활의 리듬이나 생각 또는 느낌을 서로 조정하고 맞춰야 가정의 평화가 이루어질 수 있게 되었다. 그런데 대부분의 경우에 상대방을 나 자신에게 맞추기보다는 나 자신을 상대방에게 맞추어야 한다.

어떤 신혼부부의 이야기가 있다. 신랑·신부는 서로 사랑하고 아끼는, 흠잡을 데 없는 부부였다. 그런데 신랑에게는 어려서부터 수저나 젓가락으로 상을 톡톡 치고 나서 밥을 먹는 버릇이 있었다. 반면에 신부는 어려서부터 밥상을 두드리는 것은 제사 지낼 때나 하는 짓이라 하여 그런 짓을 못 하도록 엄격한 교육을 받고 자랐다. 신혼 초부터 이 같은 사소한 일로 다툼이 일어났다. 신부는 제사상이 아니니까 제발 밥상을 두드리지 말아 달라고 호소했다. 처음에는 신랑도 신부 말대로 밥상을 두드리지 않으려고 애를 썼다. 그러나 30여 년 동안이나 길들여진 버릇이기 때문에 신랑은 저도 모르게 밥상을 두드리게 되었다. 그래서 신부는 깊은 피해 의식을 갖게 되었다. 밥 먹을 때마다 밥상을 두드려서 나를 괴롭힌다. 신랑은 신랑대로 피해 의식을 갖게 되었다. 밥 먹을 때마다 미신적인 생각을 가지고 인상 쓰고 바가지를 긁어서 맘 편히 밥도 못 먹게 한다.

이렇게 자기 기준을 가지고 생각하는 한, 부부 사이에 평화가 있을 수 없다. 남녀가 동일선상에서 직접 부딪치면 공동체는 깨진다. 둘 사이를 결합시켜 줄 수 있는 제3의 자리가 요청된다. 실존주의 철학자 키에르케고르는 자신에게 평생 한 여인을 사랑할 능력이 없음을 통감하고 약혼녀 레기네 올첸과 파혼했다. 그가 도달한 결론은 인간과 인간 사이에 그리스도(하나님)가 중보자(中保者)가 될 경우에만 참된 사랑이 가능하다는 것이다. 여자와 남자 사이에는 건너기 어려운 깊고 넓은 강물이 흐른다. 이 강물을 넘을 수 있는 다리가 있어야 한다. 그것이 하나님이든 그리스도이든 남자와 여자가 함께 만날 수 있는 자리가 마련되어야 한다. 다 큰 남녀가 직접 마주 보고 영원을 기약할 수는 없다. 서로 손을 잡고 눈길을 한데 모을 수 있는 제3의 자리가 있어야 한다. 제3의 자리는 신앙일 수도 있고, 공동의 목적일 수도 있고, 자녀일 수도 있다. 제3의 자리는 가정의 사명과 목적을 의미한다.

오늘 가정의 기초가 흔들리는 것은 가정의 사명과 목적이 잘못 설정되었기 때문이다. 옛날에는 자식을 낳아 가문을 잇는 것이 가정의 중요한 사명이었다. 종족 보존, 인류의 생명 보존이 중요한 일이었다. 오늘 가문을 잇기 위해 아기를 낳으려는 젊은이는 찾아보기 어렵다. 오늘의 젊은이들은 결혼도 하지 않고 아기도 낳지 않으려 한다. 잘먹고 잘사는 것도 가정의 목적이 될 수 없다. 옛날에는 먹고 살기 위해 온 가족이 함께 피땀 흘려 일해야 했지만, 오늘에는 먹고 사는 일을 각자 해결할 수 있게 되었다. 돈만 있으면 먹고 사는 일이 해결되기 때문에, 굳이 가정에 매달릴 필요가 없게 되었다. 자식을 낳거나 잘먹고 잘사는 것이 가정의 목적이 되던 시대는 지났다.

오늘 가정은 하나님의 뜻과 하나님의 나라를 이 땅에 실천하는 공동체가 되어야 한다. 자식을 잘 교육시켜서 출세시키는 게 아니라, 바르고 정의로운 삶을 살도록 자녀들을 이끄는 것이 인류와 사회의 삶을 풍부하게 한다. 굶주린 사람이나 돈이 없어서 고통당하는 사람들이 잘 먹고 잘 살 수 있도록 힘쓰는 가정이 하나님이 기뻐하는 가정이다. 이런 가정이야말로 그리스도 십자가에 나타난 하나님의 영원한 사랑에 근거한 가정, 하나님의 약속을 받은 가정, 반석 위에 세운 가정이다.

9. 행복의 조건; 소통과 일치

주 하나님이 들의 모든 짐승과 공중의 모든 새를 흙으로 빚어서 만드시고, 그 사람에게로 이끌고 오셔서, 그 사람이 그것들을 무엇이라고 하는지를 보셨다. 그 사람이 살아 있는 동물 하나하나를 이르는 것이 그대로 동물들의 이름이 되었다. 그 사람이 모든 집짐승과 공중의 새와 들의 모든 짐승에게 이름을 붙여 주었다. 그러나 그 남자를 돕는 사람 곧 그의 짝이 없었다. 주 하나님이 남자에게서 뽑아낸 갈빗대로 여자를 만드시고, 여자를 남자에게로 데리고 오셨다. 그 때에 그 남자가 말하였다. "이제야 나타났구나, 이 사람! 뼈도 나의 뼈, 살도 나의 살, 남자에게서 나왔으니 여자라고 부를 것이다." (창 2:19~20, 22~23)

사람은 하늘과 땅 사이에 스스로 선 존재다. 하늘에 머리를 두고 곧게 선 사람은 아무것에도 의존하지 않고 홀로 서 있다. 그래서 사람은 외롭다. 땅에 뿌리박고 사는 나무나 꽃은 사람처럼 외롭지 않을 것이다. 땅에 의지해서 땅과 얽혀서 사니까. 네 발로 기는 짐승들도 덜 외로울 것이다. 땅에 기대어 무리들과 어울려 살고 다른 짐승들과 늘 부딪치며 사니까. 사람은 하늘을 향해 홀로 섰으니까 외로울 수밖에 없다. 외롭지만 하늘에 머리를 두고 마음에 하늘을 품었으니 하늘 위, 하늘 아래 홀로 존귀하다.

하늘은 활짝 열려서 두루 통한다. 사람이 하늘에 머리를 둔 것은 하늘처럼 서로 통하는 존재가 되자는 것이다. 그런데 소통할 존재가 없으니 얼마나 외로운가. 사람은 사무치게 외로운 존재이다. 외롭기 때문에 짝이 필요하다. 사람은 홀로 선 존재이나 더불어 소통하며 살아야 할 존재이다.

하나님은 사람이 "홀로 있는 것이 좋지 않으니, 그를 돕는 사람, 곧 그에게 알맞은 짝을 만들어 주겠다."고 하셨다. 흙으로 짐승들과 새들을 만드시고 사람에게 이끌어 오셨다. 사람이 식물들과 동물들에게 이름을 지어주었다. 꽃이라, 새라 나무라, 소, 호랑이…. 이름을 부르는 것은 친구가 되는 것이다. 서로 관계 속에 들어가는 것이다. 김춘수 시인은 꽃이라는 시에서 이렇게 말한다. "내가 그의 이름을 불러 주기 전에는, 그는 다만 하나의 몸짓에 지나지 않았다. 내가 그의 이름을 불러 주었을 때, 그는 나에게로 와서 꽃이 되었다." 예전에 이 땅의 평민들과 천민들, 여인들에게는 이름이 없었다. 아무렇게나 불렀다. 이름을 불러준다는 것은 존재를 인정하고 관계를 갖게 되는 것을 뜻한다.

이름을 부르는 것은 중요하지만 이름만으로 소통과 일치에 이르는 것은 아니다. 꽃을 꽃이라 부르고 새를 새라고 부르지만, 꽃은 나를 무어라고 부를까? 새는 나를 어떻게 부를까? 이름은 서로

부를 수 있어야 하는데 사람만 이름을 부르고 꽃이나 새는 사람의 이름을 부를 줄 모른다. 사람과 꽃, 사람과 짐승은 서로 성품이 다르고 기질이 달라서 참된 우정을 나누고 소통하기가 어렵다. 서로의 혼을 나눌 수 없다. 서로 일방적이다. 사람이 꽃이라고 부를 때 꽃은 뭐라 할까? "그래 내가 꽃이다." 그럴까? 아니면 "나는 꽃이 아니니 꽃이라 부르지 말라."고 할까? 사람이 일방적으로 꽃이라고 하는 것이지 꽃으로서는 터무니없는 소리라고 할 것이다. 꽃이나 짐승은 사람과 달라서 참된 친구가 되기 어렵고 짝이 될 수 없다.

하나님은 사람, 남자에게 알맞은 짝을 주기 위해 사람과 꼭 같은 다른 사람을 만들기로 했다. 사람이 잠들었을 때 갈빗대를 뽑아서 사람 여자를 만들었다. 사람의 가슴은 마음과 심정을 나타낸다. 가슴의 뼈를 뽑아 여자를 만들었다는 것은 가슴의 가장 중요한 것으로 여자를 만들었다는 것이다. 서로 친구가 될 수 있고 마음을 나눌 수 있는 존재가 만들어진 것이다. 서로의 마음속으로 들어갈 수 있는 짝이 주어진 것이다.

이 사람, 뼈도 나의 뼈, 살도 나의 살!

첫 남자 아담이 첫 여자 하와가 나타났을 때 이렇게 말했다. "이제야 나타났구나, 이 사람! 뼈도 나의 뼈, 살도 나의 살, 남자에게서 나왔으니 여자라고 부를 것이다." 히브리어로 남자는 이쉬, 여자는 잇샤라고 한다. 이쉬에서 잇샤가 나온 것이다. 이렇게 남자 중심으로 이야기하는 것은 남성중심의 사회였기 때문이다. 여성인 어머니의 몸에서 남성이 태어났으니까 남자가 여자에게서 나왔다고 해야 옳은데 남자에게서 여자가 나왔다니 여성의 입장에서는 억울한 일이다.

여기서 중요한 것은 사람과 사람, 남자와 여자 사이에 뼈와 살의 일치를 말하고 있다는 것이다. 이것은 몸의 일치를 뜻하고, 몸의 일치는 마음과 영혼의 일치를 나타낸다. 아담이 하와를 향해서 살과 뼈의 일치를 선언하였다. 이것은 얼마나 절절한 고백인가? 최고의 행복 선언이다. 소통을 넘어서 일치에 이른 것이다. 그러나 하와를 향한 아담의 고백과 선언은 거짓으로 드러난다. 남자는 거짓말쟁이다. 선악과를 따먹고 하나님이 두렵고 부끄러워서 숨었다. 하나님이 선악과 따먹은 것을 추궁하자 "하나님께서 저와 함께 살라고 짝지어 주신 여자, 그 여자가 그 나무의 열매를 저에게 주기에, 제가 그것을 먹었습니다."(창 3:12) 제 책임을 면하려고 비겁하게 아내에게 죄를 뒤집어씌운다. 남자는 배신자다.

두 사람이 공범이건만 일치는 깨졌다. 남자의 사랑 고백이 얼마나 덧없는가 보여준다. 예수가 성만찬에서 자신의 살과 피를 나누어주고 십자가에서 살과 피와 뼈를 내어준 것은 아담의 고백을 실행한 것이다. 아담이 배신한 것을 예수가 회복하였다. 인류 역사란 아담이 배신하여, 잃어버린 짝을 찾는 것이다. 남자와 여자 사이만 아니라 모든 사람과 사람 사이에 소통과 일치를 이루는 것이 인생과 역사의 보람이고 목적이다.

사람은 언제 행복한가? 서로 통할 때 행복을 느낀다. 통해서 하나임을 느낄 때 더욱 행복하다. 본래 생명은 서로 다른 존재가 통해서 더욱 높은 존재로 진화해 온 것이다. 40억 년 전에 세균이나 박테리아 같은 생명체가 생겨서 20억 년을 아무 변화도 발전도 없이 지냈다. 20억 년 전쯤 다른 세균을 잡아먹는 세균이 나왔다. 잡아먹고 잡아먹히는 상황에서 약한 세균(혐기성 세균)들이 막을 형성하고 강한 세균(호기성 세균)이 약한 세균들의 막 속으로 들어가 미토콘드리아가 되어 공생하면서 세포를 형성하게 되었다. 그 후 오늘과 같은 놀라운 생명 진화가 이루어졌다. 생명은 서로 다른 물질들이 서로 통해서 생겼고 서로 죽고 죽이는 원수가 서로 통하고 하나로 되어서 생명 진화가 이루어졌다.

생명은 통할 때 기쁘고 힘이 나

생명은 통할 때 기쁘고 힘이 난다. 생명의 근본인 '숨'은 안과 밖이 통하는 것이다. 숨에는 영원한 생명에 대한 그리움이 담겨 있다. 영원히 소통하려는 열망이 숨 속에 들어 있다. 서로 통할 때 기쁘고 행복하다. 서로 통해서 하나임을 느낄 때 행복과 환희를 느낀다. 사람은 통해야 산다. 입에서 항문까지 확 뚫려야 한다. 막히면 죽는다. 생각과 지식도 다른 사람과 통해야 한다. 내 속에만 갇힌 생각과 지식은 독이 된다. 숨이 막히면 죽는다. 숨이 잘 통해야 산다. 숨이 잘 통하면 피가 잘 돈다. 돈이나 생각과 지식, 문화가 잘 통하고 잘 돌아가야 한다. 그래야 사회가 건전하고 건강해진다.

오늘 우리 사회는 동맥경화증에 걸린 것처럼 막혀 있다. 부자와 가난한 자 사이가 막혀 있다. 돈이 돌지만, 부자들 사이에서만 돌아간다. 대학조차도 가능하면 돈 많고 유력한 집안의 자녀들을 많이 뽑으려고 한다. 그래야 사회를 이끌어가는 일류학교가 된다고 생각하는 것이다. 가능하면 가난하고 어려운 학생들을 뽑아서 훌륭하게 교육해야 고른 사회가 될 것이다. 대교협에서 대학입시안을 발표하면서 "학교별 학업성취도를 고려하고 대학별 필답고사와 논술을 실시하겠다."고 했다. 과학교육부는 이것이 고교등급제나 본고사는 아니라고 말했다. 이에 대해서 교육단체와 시민단체 그리고 교사들은 그런 것이 바로 고교등급제이고 본고사라고 항의했다. 똑같은 것을 가지고 전혀 생각이 다르다. 말이 안 통하는 막힌 사회다. 높고 편한 자리에서 잘먹고 잘사는 사람들과 고통스러운 바닥에서 신음하는 사람들 사이에 소통과 교류가 꽉 막힌 천지비(天地否)의 상태다. 오늘날 우리의 마음이 얼마나 막혀 있는지 인터넷을 보면 알 수 있다. 보수와 진보 사이에 전혀 소통이 안 된다. 자기 생각으로 꽉 막혀 있다.

어떻게 하면 잘 통할까? 서양에서는 이성적인 대화와 토론을 통해서 소통할 수 있다고 보았다. 그러나 욕심과 편견과 감정이 쌓이면 이성적인 대화와 토론이 이루어지지 않는다. 욕심과 편견과 감정, 두려움에서 벗어나지 않으면 대화를 통해 소통하는 것이 불가능하다. 심층심리학자 프로이드는 인간의 갈등과 다툼은 죽음에 대한 두려움에 뿌리를 두고 있기 때문에 문화와 도덕만으로는 해결될 수 없다고 했다. 하늘의 없음(無)과 빔(空)에 이르러, 하나님께 이르러 죽음에 대한 두려움에서 벗어나야 대화와 소통이 된다. 욕심과 편견에서 벗어나야 대화가 된다.

입장 바꾸어 생각해야

남의 자리에 서서 남을 이해하고 남과 소통하려면 나의 맘이 비워지고 가운데가 열리고 통하고 뚫려야 한다. 내 속이 꽉 막혀 있으면 남의 자리가 보이지 않고 남의 자리에 설 여유가 없다. 내 마음이 뚫려야 남의 자리가 보이고 남의 자리에 설 마음이 생긴다. 그래서 동양에서는 마음을 놓아버리라고 했다. 그러나 마음을 놓는다고, 마음이 뚫렸다고 소통이 바로 되지는 않는다. 서로 입장을 바꾸어놓고 보는 역지사지(易地思之)가 소통에 도움이 될 수 있다. 그러나 이것도 생각에 그친다면 소통이 이루어지지 않는다. 정말 소통을 하려면 그 사람의 자리에 직접 서 보아야 한다. 인디안 속담에 어떤 사람을 이해하려면 그 사람의 신을 신고 10리를 걸어보라는 말이 있다. 그 사람의 자리에서 살아보면서 그 사람과 소통할 수 있다. 앞을 못 보는 사람과 소통하려면, 눈을 가리고 걸어보고, 걷지 못하는 사람과 소통하려면 휠체어를 타고 길거리를 다녀보면 안다.

세상에 사람으로 나서 나와 전혀 다른 사람, 아무 관계도 없는 사람의 아픔과 슬픔을 함께 느끼고 하나로 된다면 그것이 사람 된 보람이 아닐까? 그보다 더 큰 보람이 어디 있을까? 그것이 사랑이고 자유 아닌가? 인터넷의 진보와 보수, 대학과 교육과학부의 관료들이 흙 속에 묻힌 씨올의 자리에 설 때 소통의 길이 열리지 않을까? 씨올, 민중의 자리는 역사와 사회의 밑바닥이다. 거기가 바로 빈들이고 하나님이 계시는 하늘이다. 원효가 무애박을 두드리며 씨올의 자리로 내려가 씨올들과 함께 어울릴 때 대통합의 사상에 이르렀다. 최제우가 삶의 고통 속에서 신음하는 백성의 심정과 처지를 가지고 생각하니까 유불도를 회통하는 민중종교철학이 나왔다.

오늘 세계는 교통도 발달하고 인터넷에서 세계가 하나로 통하고 돈이면 다 통하는 세상이 되었다. 그러나 지금처럼 마음이 막히고 공동체가 깨지고 친구가 없는 세상은 일찍이 없었다. 지금은 다 깨지고 조각나고 제 속에 우렁이처럼 갇혀 있다. 오늘날 세상을 구원한다면 그것은 소통이 이루어지게 하는 것이다. 통하게 하는 사람이 세상을 이끌고 구원할 것이다. 두루 통하게 하는 이가 메시아, 그리스도이다.

한국인의 마음, 통심(通心)

한국인처럼 통하는 것을 좋아하는 백성이 없다. 또 서로 잘 통한다. 한국 사람은 함께 어울려 너울너울 춤을 추고 노래할 수 있다. 한국말은 교류와 교감의 언어라고 한다. 주어와 술어를 빼고도 말이 통할 수 있다. 예를 들어 "왔어?"하고 말해도 말이 통한다. 다른 나라 말에는 이런 말이 없다. 교토포럼의 김태창 박사가 한국인의 마음을 통심(通心), 중국인의 마음을 도심(道心), 일본인의 마음을 성심(誠心)이라고 했다. 일본인의 성실한 마음은 성실하나 좁고 중국인의 마음은 도를 추구하나 중화사상에 빠졌고 한국인의 마음은 통하지만 끼리끼리 통한다는 것이다.

어쨌든 한국인은 통하는 것을 좋아하고 통하는 능력이 있다. 잘 통하는 한국인은 새 문명, 새 역사를 이끌 지도자가 될 수 있다. 통하는 사람이 되자, 어디서나 통하게 하는 사람이 되자. 줄곧 뚫리고, 깨끗이 비워져서 내 속이 먼저 뚫린 사람이 되자. 하나님과 통하면 온 세상과 통한다. 유영모는 믿음을 '밑틈'이라고 했다. 우리의 밑(밑바닥 본성)을 터서 하나님과 통하는 것이 믿음이라는 것이다. 하나님과 통하면 다 통한다. 밑, 본성을 튼다는 것은 무엇을 뜻하나? 사람의 본성은 감성, 지성, 영성이다. 감성을 트면 감성이 발현되어 예술이 발달하고 지성을 트면 학문·철학이 발달하고 영성을 트면 종교·신학이 발달한다. 유영모는 수학도 신통하고, 물리도 신통하다고 했다. 신통하면 다 통한다. 숨이 통하고 말이 통하고 생각이 통하면 통하는 세상을 만들 수 있다.

어떻게 서로 통하는 세상에 이를 수 있나? 첫째 알맞게 살아야 서로 통하는 세상이 온다. 무리하게 지나치게 생각하고 행동하면 통할 수 없다. 서로 통하는 세상은 서로 알맞은 삶을 사는 세상이다. 유영모는 철학을 '알맞이'라고 했다. 알맞이는 앎에 맞게, 알(속알, 가운데)에 맞게를 뜻한다. 알맞다는 것은 알짬, 핵심, 중심에 맞다는 것이다. 알맞게 먹고 알맞게 입고, 알맞게 자고, 알맞게 생각하고 알맞게 말하고, 알맞게 행동하면 두루 통하는 알맞은 세상이 된다. 숨을 편하게 깊이 쉬면 생명의 실줄을 잡고 알맞은 삶을 살 수 있고 알맞은 삶을 살면 영생에 이를 수 있다.

둘째 기다려야 한다. 함석헌은 말년에 젊은이들을 위한 인생 지침을 말해 달라는 부탁을 듣고 "기다릴 줄 알아야 한다."고 말했다. 험난한 인생을 거침없이 두려움 없이 살아온 함석헌이 기다림을 배워야 한다고 말한 것은 의미가 깊다. 살다 보면 억울한 일, 답답한 일이 많다. 서로 통하지 않기 때문이다. 통하지 않을 뿐 아니라 서운하고 고통스러운 경우가 많다. 온몸이 떨릴 만큼, 살고 싶지 않을 만큼 분하고 쓰린 경우가 있다. 나한테 저 사람이 저래서는 안 되는데 도저히 이해가 안 되는 방식으로 섭섭하고 불쾌하게 처신하는 때가 있다. 친구라고 생각했는데, 가깝다고 생각했는데 나한테 왜 저럴까? 하는 생각이 들 때가 있다. 화가 나고 서운하고 분할 때 어떻게 할까? 당장에 따지고 들면 속이 시원할 것 같아도 서로 관계가 풀리지 않는다. 그가 내게 한 것처럼 되갚아 주면 될까? 원망하고 짜증을 내면 될까? 그러면 관계는 회복할 수 없을 만큼 망가진다. 무언가 내가 모르는 이유와 까닭이 있겠지 하는 마음으로 인생의 쓴 약을 삼키듯이 지나가고 기다리면 문제가 풀리고 일이 잘 될 수 있다. 조금 손해 보고 참고 기다리면 보상이 뒤따르는 경우가 많다. 당사자한테서 보상이 오지 않아도 다른 데서 보상이 오는 경우가 많다. 비겁하게 굴욕을 느끼면서 참고 기다리는 것이 아니라 스스로 자유롭고 넉넉한 마음으로 스스로 억울하고 분한 마음, 밉고 짜증 나는 마음을 털어버리고 의연하고 넉넉한 마음으로 지나가고 기다리면 문제가 풀리고 다시 소통이 이루어지게 된다.

소통이 안 되는 것을 소통하려고 애쓸수록 소통은 더욱 어려워진다. 일치가 안 되는데 일치하려고 안간힘을 쓰면 일치가 더 안 된다. 소통과 일치는 억지로 안 되는 것이다. 살아 있는 주체가 살아 있는 주체와 소통하고 일치하는 것이기 때문이다. 일방적인 소통은 소통이 아니다. 그래서 유영모는 통일(統一)은 사람의 일이 아니라고 했다. 사람은 하나(하나님)로 돌아갈 뿐 통일은 하나님의 일이라고 했다. 소통은 되어야 하는 것이지 대화와 토론을 열심히 한다고 해서 소통이 잘 되는 것이 아니다. 대화를 하되 소통은 열린 마음으로 소통이 이루어지도록 믿고 기다려야 한다. 소통을 하기 전에 소통이 되게 하는 것이 중요하다. 서로 다른 주체들 사이의 소통은 기적이고 한 차원 높은 향상이고 전진이다. 이것이 바로 진공묘유(眞空妙有)이고 무위자연(無爲自然)이고 없이 계심이다.

10. 몰라주는 마음

뱀이 여자에게 말하였다. "너희는 절대로 죽지 않는다. 하나님은, 너희가 그 나무 열매를 먹으면, 너희의 눈이 밝아지고, 하나님처럼 되어서, 선과 악을 알게 된다는 것을 아시고, 그렇게 말씀하신 것이다." 여자가 그 나무의 열매를 보니, 먹음직도 하고, 보암직도 하였다. 그뿐만 아니라, 사람을 슬기롭게 할 만큼 탐스럽기도 한 나무였다. 여자가 그 열매를 따서 먹고, 함께 있는 남편에게도 주니, 그도 그것을 먹었다. 그러자 두 사람의 눈이 밝아져서, 자기들이 벗은 몸인 것을 알고, 무화과나무 잎으로 치마를 엮어서, 몸을 가렸다. (창 3: 4~7)

왜 하나님의 창조 동산에 악이 스며들었을까? 생명과 정신이 높이 올라갈수록 파괴와 타락의 유혹이 커지기 마련이다. 높이 올라가면 떨어지기 쉽고 아름다운 꽃은 다치기 쉽듯이 하나님의 생명 동산이 아름답고 고상할수록 유혹도 커진다. 순진한 아담과 하와를 악으로 이끄는 유혹자는 뱀이다. 뱀도 하나님이 지으신 짐승

가운데 하나인데 가장 간교하다고 했다. 간교하다는 것은 꾀가 많고 잔머리를 잘 쓴다는 것을 뜻한다.

왜 뱀이 유혹자로 나올까? 실제로 뱀이 나와서 말하고 유혹했다고 생각하면 성경을 유치하게 신화적으로 보는 것이 된다. 뱀이 나오는 데는 무슨 뜻이 있을 것이다. 뱀은 파충류의 일종인데 공룡과 같은 거대한 파충류들이 급격한 기후변동으로 멸종될 때 살아남았다. 뱀은 자신의 생존에 이롭다고 여겨지는 것은 선하고 좋은 것이고 자신의 생존에 해롭다고 생각되는 것은 악하고 나쁜 것으로 생각했다. 오직 생존하기 위해서 굴속에 숨어 살며 네 다리도 없애고 뿔도 없애고 귀도 코도 없애고 몸통만으로 바닥을 구불구불 기어 다닌다. 홀로 다니며 은밀한 곳에 숨어서 먹이를 공격할 기회를 엿본다. 살아남자는 욕망의 노예 같다. 자신의 생존을 위해 모든 것을 버리고 바닥을 기며 음침한 곳에 숨어서 먹이를 찾는 뱀은 비굴하고 간교하다. 사람은 거의 본능적으로 뱀을 싫어한다.

우리나라 사람이 하는 가장 심한 욕은 개새끼다. 개의 새끼면 강아지인데 강아지가 얼마나 귀여운가! 개새끼는 그리 나쁜 욕이 아니다. 개고기를 즐겨 먹으면서 왜 개새끼라고 욕하는지 모르겠다. 이스라엘 사람은 뱀 새끼, 독사의 새끼라고 욕했다. 뱀은 혀가 갈라져서 거짓말쟁이고, 독을 품어서 잘 죽인다고 생각했다. 성경은 악마를 거짓말쟁이요 살인자라고 했다. 삶의 진실을 가리는 거짓말과 생명을 죽이는 살인이 모든 악의 근본 형태다.

사람의 길, 뱀의 길

사람은 뱀과는 정반대로 두 발로 걸으며 하늘을 향해 우뚝 서서 산다. 손과 발, 귀와 눈썹 코와 입술이 섬세하게 발달 되어 있다. 바닥을 기며 먹이만 찾는 뱀과 달리 사람은 하늘을 그리워하며 영생을 꿈꾸고 진리와 사랑을 추구한다. 뱀은 생존을 위해 모든 것을 버리는 이기적 생존본능을 상징하고 표현하며 사람은 하나님의 영원한 자유와 주권을 상징하고 표현한다. 하늘을 우러르는 사람과 땅바닥을 기는 뱀은 정반대의 길로 간다. 뱀은 뱀대로 저 살 길로 간 것이지만 사람이 뱀의 길로 가면 당장에는 살 것 같지만 결국 죽음에 이른다.

사람은 하나님의 형상을 지닌 영적 존재이며 생존을 위해 몸부림치는 육적 존재이다. 생존본능에 따를 것인가 하늘에 계시는 하나님의 명령에 따를 것인가? 하나님의 명령을 따라야 하늘의 자유를 누리는 사람이 된다. 사람에게 하나님의 명령은 영적 생명의 법칙이고 원리이며 길이다. 땅의 생존을 위해 일시적인 안락을 위해 하나님의 명령을 버리면 혼돈과 죽음의 길에 떨어진다. 생존의 본능은 강하고 생존의 현실은 혹독하므로 사람은 하나님의 준엄한 명령 앞에서 갈등한다. 갈등하는 인간에게 뱀은 유혹자가 된다.

성경에는 뱀이 여자를 유혹한 것으로 되어서 인류 타락의 원죄를 여자에게 뒤집어씌우기도 한다. 그러나 타락하기 이전의 아담과 하와는 일심동체라 분리할 수 없다. 아담이 하와에게 '내 살 중의 살이요 뼈 중의 뼈'라고 하지 않았나? 하와가 유혹당하면 아담도 유혹당하고 아담이 유혹당하면 하와도 유혹당한다. 하와가 뱀의 유혹에 넘어가 선악과를 따먹고 남편에게 주니 남편도 받아먹었다. 아담이 반대했다거나 망설였다는 흔적이 없다. 하와는 인간을 대표해서 유혹을 당한 것이다.

뱀은 폭력으로 위협하지 않고 아담과 하와의 욕망과 감성과 이성을 설득한다. 뱀은 결코 강요 하지 않고, 하와와 아담이 스스로 따먹게 한다. "선악과를 먹으면 결코 죽지 않을 뿐 아니라 눈이 밝아져 하나님처럼 위대하게 된다."고 뱀은 꼬드긴다. "먹어도 괜찮다. 먹으면 참 좋겠다."는 생각을 품게 한다. 먼저 이성이 설득 당한다. 그리고 나무 열매를 보니 "먹음직하고 보암직하다."고 했다. 선악과 열매가 먹고 싶은 욕망을 자극하고 아름답고 고운 모습으로 눈의 감성을 자극한다. 욕망과 감성과 이성이 다 유혹되어서 타락의 길, 뱀의 길로 들어간다. 욕망과 감성과 이성만으로는 악의 유혹을 이길 수 없다. 오늘 사회와 교회에서도 본능과 감성과 이성만으로는 악을 이길 수 없다. 믿음과 영만이 다툼과 분란에서 사회와 교회를 일으켜 세운다.

하나님은 에덴동산 가운데 있는 선악과나무를 먹지 못하게 하셨다. "동산 각종 나무 열매는 네가 임의로 먹되 선악을 알게 하는 나무의 열매는 먹지 말라. 네가 먹는 날에는 반드시 죽으리라."(2:16-17) 여기서 선과 악의 원어는 토브와 라인데 도덕적인 선과 악을 넘어서 일반적으로 좋고 나쁜 것을 뜻한다. 상식으로 말하면 선과 악, 좋고 나쁨을 알아야 제대로 바르게 살 수 있을 것 같은데 하나님은 선과 악을 알게 하는 나무 열매를 먹으면 반드시 죽는다고 선언하신다.

성경에서 악은 하나님의 명령을 어기는 것이다. 하나님의 명령과 뜻이 생명의 근거와 바탕이고 명령을 저버리는 것이 죄악과 죽음이다. 하나님의 명령은 절대명령이다. 선과 악을 분별하지 말고 그저 살라는 것이다. 선하고 악하고는 하나님에게서만 드러난다. 하나님만이 선하다. 사람이 제 욕심과 감정과 생각에 따라서 선과 악, 좋고 나쁜 것을 판단해서는 안 된다. 정말 무엇이 선하고 악한지는 하나님만이 아신다. 사람이 저마다 선과 악을 가르기 시작하면 세상은 온통 혼란에 빠지고 죽음과 파멸이 지배한다.

선악과를 따먹고 선·악을 분별한 사람은 자기가 선하다고 생각하는 방식으로 세상을 지배하려고 한다. 사람이 생각하는 선은 절대선, 지극한 선이 아니다. 사람이 자기가 생각한 선을 고집하면 독재가 된다. 그러면 생명은 시들고 영혼은 죽는다. 하나님만이 늘 선한 분임을 알고 우리의 선과 악이 상대적이고 불완전함을 인정해야 세상이 바르게 된다. 사회주의사회가 하나님 없이 자신의 선만을 추구하다가 망했다. 자본주의사회는 돈에 중독되고 사회주의사회는 선에 중독되었다. 사람의 선을 고집하고 강요하면 반드시 죽는다. 우리 속담에 "아는 게 병이고 모르는 게 약"이라는 말이 있다. 이 속담이 성경의 진리의 핵심을 드러낸다. 선악을 알면 죽음에 이르는 병에 걸리고 모르면 그 병이 치유되고 생명에 이른다.

어떤 사람을 선한 사람이라고 보고 그에게서 늘 선을 기대하면 실망하기 마련이다. 예수에게 누가 "선한 선생님"이라고 하자 예수는 "왜 나더러 선하다고 하느냐? 선한 이는 한 분밖에 없다."고 했다. 사람이 누구를 선하다, 악하다고 할 때 거기에는 반드시 욕심과 감정과 편견이 들어가 있다. 하나님이 보시기에 늘 선한 사람, 늘 악한 사람은 없다. 어떤 때 어떤 상황에서 선하고 어떤 때 어떤 상황에서 악한 것뿐이다. 나는 선하고 남은 악하고 우리 편은 좋고 상대편은 나쁘다는 것은 편견일 뿐이다.

바리새파는 좋은 사람, 나쁜 놈을 가리며 살았다. 사람에게 죄인과 의인의 딱지를 붙여놓았다. 바리새파 같은 인간들이 많으면 겉보기에 도덕적이고 경건하고 의로운 것처럼 보이고 세상을 바로잡기 위해 애쓰는 것처럼 보여도 세상은 더 나빠지기만 한다. 생명은 고갈되고 영혼은 죽어간다. 남에게서 선하다고 칭찬받는 사람은 자기가 늘 선한 사람이 아닌 것을 알고 더욱 겸허해져야 하고 남에게서 나쁜 놈이라고 지탄받는 사람은 자기가 하나님의 자녀임을 알아야 한다.

살리는 것이 옳으냐, 죽이는 것이 옳으냐?

예수는 아무도 선하다거나 악하다고 단정하지 않았다. 예수는 이른바 의로운 사람, 선한 사람을 상대하지 않고 세상에서 죄인이라고 지탄받는 사람을 찾아가서 하나님의 자녀임을 일깨웠다. 바리새파가 예수를 선과 악, 죄인과 의인에 대한 시비 판단과 토론에 끌어들일 때 예수는 그런 토론에 말려들지 않고 삶의 현장으로 바리새파를 끌어들였다. 예수는 "생명을 살리는 것과 죽이는 것 어떤 것이 옳으냐?"(마가 3,4)고 물었다. 생명을 살리는 것이 선이고 정의이며, 생명을 죽이는 것이 악이고 죄다.

삶의 깊이를 알 수 없고 사람을 속을 들여다볼 수 없다. 사람의 앞날을 헤아릴 수 없다. 자연 생명 세계와 인생의 창조자이고 주인이신 하나님을 알 수 없는 것처럼 그가 지은 생명의 깊이와 인생의 변화를 알 수 없다. 남의 생각을 다 헤아릴 수 없다. 모름을 인정하고 고백하는 데서 참된 삶이 시작된다. 남편을 모르고 아내를 모르는 줄 알아야 남편과 아내에게 조심하고 존중하며 알뜰살뜰한 부부관계를 이어갈 수 있다. 부모를 모르고 자녀를 모르고 형제자매를 모른다는 것을 알아야 관심을 가지고 살펴주는 가족이 된다. 다 안다고 생각하면 관심도 없고 존경심도 없어진다. 몰라주는 마음이 알아주는 마음보다 크고 깊다.

오늘날 가족이 쉽게 해체되고 부부관계가 깨지는 것은 경제적인 이유도 있지만 서로 사랑할 줄만 알고 존경할 줄 모르기 때문이다. 참 사랑에는 존경이 포함되지만, 오늘날 사랑은 좋아하는 마음뿐이지 존경하는 마음은 없다. "네 속을 다 안다."고 생각하면 존경할 수 없고 사랑할 수 없다. 유교에서는 부부유별(夫婦有別)이라고 해서 부부 사이에 구별이 있다고 했다. 구별이 있다는 것은 차별이 있다는 것이 아니라 서로 삼가고 조심하는 예의가 있어야 한다는 것을 뜻하고 서로 존경하는 것을 뜻한다. 사랑한다고 해서 다 하는 것처럼 함부로 하면 사랑이 오래 못 간다. 아내를 존경할 수 있고 남편을 존경할 수 있어야 한다. 우리 집 사람은 존경할 구석이 하나도 없다고 생각하는 것은 잘못이다. 나와 같이 있어 주는 것만으로도 존경하고 고마워하고 사랑할 이유가 된다. 이 광막한 우주에서 이 장구한 시간 속에서 바로 이 시대 이곳에서 두 사람이 함께 사는 것이 얼마나 신기하고 아름다운 일인가!

김재준과 한경직의 사귐

친구 사이에도 "속을 다 알고 사람 됨됨이를 다 안다."고 생각하면 우정은 사라진다. 가까운 사람일수록 어려워하고 모르는 게 있음을 알아야 가까이 지낼 수 있다. 함석헌 선생과 송두용 선생은 친구인데 만나면 서로 큰절하고 문안 인사를 나눈 다음에, 대화를 했다고 한다. 김재준 목사와 한경직 목사는 젊어서 가까운 친구였고 동지였으나 장로교가 신학적 입장의 차이로 분열되어 싸웠을 때 서로 다른 진영에 있었다. 또 두 사람은 1960년대에서 1980년대에 이르는 정치적 격변기에 서로 입장과 행동이 너무 달랐다. 그래서 두 사람이 원수는 아니어도 사이가 나빴을 것으로 생각하기 쉽다. 김재준의 사위인 이상철 목사는 김목사와 한목사가 죽을 때까지 깊은 우정을 지켰다면서 그분 세대의 우정이 너무나 부럽다고 했다.

김재준은 1970년대 중반에서 1980년대 초반까지 캐나다에 머물면서 해외에서 한국의 민주화와 통일을 위한 운동을 이끌었다. 이상철은 캐나다 연합교회 총회장과 빅토리아대 명예총장을 지낸

지도자였다. 한목사가 미국에 오면 맨 먼저 이상철에게 전화해서 "영감 어떻게 지내시냐?"고 묻고 서로 만나서 깊은 대화와 정을 나누었다고 한다. 김재준이 한경직에게 "독재자 박정희를 위해서 조찬기도회나 열고 축복기도나 하면 어떻게 하냐."고 나무라면 "목사가 축복하지 저주할까?"하고 받아넘기고 "한국교회가 앞으로 어떻게 되려고 저 모양이냐?"고 걱정하면 한목사는 "나는 전도는 잘 하는 데 가르치는 것은 잘 못해. 임자가 가르치는 것은 잘 하잖아. 어서 와서 한국교회를 가르쳐요." 했다. 헤어질 때는 손을 잡고 "이제 우리 언제 또 만나지?"하며 아쉬워했다는 것이다.

이런 우정은 서로를 함부로 판단하지 않고 존중할 때 가능하다. 알아주는 것보다 몰라주는 것이 더 큰 사랑이다. 말썽부리는 망나니 같은 자식도 왜 그러는지 내가 모르는 무엇이 있어서 그런다고 생각하고 믿어줄 때 바로 되는 길이 열린다. 못된 짓만 하는 사람도 내가 모르는 무슨 까닭이 있을 것이라고 여기고 하나님만이 아시는 무엇이 있어서 저러는 것이라고 여기면 서로 파국에 이르는 것은 피할 수 있다. 다른 사람이 다 손가락질하는 세리와 창녀를 예수는 덮어주고 친구가 되었다. 바리새파 서기관들은 성경도 잘 알고 사람의 속도 잘 아는 것처럼 큰소리치고 살았지만, 예수는 아무것도 모르는 어린이처럼 죄인을 사랑하고 품어주고 살려 주었다. 예수의 마음은 몰라주는 마음이다. 몰라줌이 알아줌이다. 사람들이 나를 몰라준다고 서운해할 것 없다. 나도 나를 모르는데 남이 나를 어떻게 알겠는가? 남이 나를 몰라줄수록 남에게 의지하지 않고 나 자신에게 의지하지도 않고 오직 하나님만을 찾고 하나님만을 붙잡게 된다. 그러면 어떤 어려움도 이겨내고 살아날 수 있다.

세상에서 높고, 낮은 것이 어디 있나? 높은 것은 좋고 낮은 것은 나쁘다는 생각은 세상의 속된 생각, 뱀의 생각이다. 하나님에게는 높고 낮은 게 없다. 하늘이 땅속으로 들어오고 하나님의 아들이 낮고 낮은 십자가에 달리셨다. 잘나고 못나고 잘하고 못하고 선하고 악한 것이 어디 있나? 잘난 것 속에 못남이 있는 줄 알아야 사람 노릇 하지 저 잘난 줄만 알고 살면 사람이 못 된다. 못남 속에 잘남이 있는 것을 알아야 사랑하고 가르칠 수 있다. 못난 것을 못난 것으로만 아는 사람은 사랑이 무엇인 줄 모르고 교육이 무엇인지 모른다. 세상에서 가운데와 변두리가 어디 있나? 세상에서는 가운데를 알아주고 변두리를 몰라준다. 높은 것은 선하고 낮은 것은 악하다고 생각하고, 잘난 것은 선하고 못난 것은 악하다고 생각하면, 가운데는 좋고 변두리는 나쁘다고 생각하고 살면 반드시 죽게 되고 망하게 된다.

하나님은 세상의 가운데를 알아주지 않고 변두리를 알아주신다. 세상에서 힘과 부와 명예를 누리는 가운데는 하나님이 보시기에 변두리이고 세상에서 소외된 변두리가 하나님의 사랑과 정의에 가까이 있는 가운데다. 세상의 변두리가 새 역사가 일어나는 가운데다.

하나님을 믿는 사람은 하나님만이 아신다고 믿어야 한다. 우리는 모르니까 조심하고 서로 존경해야 한다. 예수처럼 쓸데없는 토론을 그만하고 생명을 살리는 일만 해야 한다. 높고 낮고, 잘나고 못나고 가운데 있거나 변두리 있거나 하나님의 뜻이 이루어지게 해야 한다.

11. 그리스도교의 죄론

뱀은, 주 하나님이 만드신 모든 들짐승 가운데서 가장 간교하였다. 뱀이 여자에게 물었다. "하나님이 정말로 너희에게, 동산 안에 있는 모든 나무의 열매를 먹지 말라고 말씀하셨느냐?" 여자가 뱀에게 대답하였다. "우리는 동산 안에 있는 나무의 열매를 먹을 수 있다. 그러나 하나님은, 동산 한가운데 있는 나무의 열매는, 먹지도 말고 만지지도 말라고 하셨다. 어기면 우리가 죽는다고 하셨다."
뱀이 여자에게 말하였다. "너희는 절대로 죽지 않는다. 하나님은, 너희가 그 나무 열매를 먹으면, 너희의 눈이 밝아지고, 하나님처럼 되어서, 선과 악을 알게 된다는 것을 아시고, 그렇게 말씀하신 것이다."
여자가 그 나무의 열매를 보니, 먹음직도 하고, 보암직도 하였다. 그뿐만 아니라, 사람을 슬기롭게 할 만큼 탐스럽기도 한 나무였다. 여자가 그 열매를 따서 먹고, 함께 있는 남편에게도 주니, 그도 그것을 먹었다. 그러자 두 사람의 눈이 밝아져서, 자기들이 벗은 몸인 것을 알고, 무화과나무 잎으로 치마를 엮어서, 몸을 가렸다. (창 3:1~7)

성경과 그리스도교의 중요한 특징 가운데 하나는 죄의 문제를 심각하게 다룬다는 것이다. 그리스의 고대 철학이나 동양의 종교 사상에서와는 달리 죄의 문제가 심각한 이유는 성경이 사회적인 갈등 속에서 생겨났기 때문이다. 죄는 사회적인 갈등을 일으키며 또 반영하는 것이다. 성경에서 죄는 인간과 인간, 인간과 하나님 사이의 관계를 파괴하는 것이다. 죄는 자기 자신에게 저지르는 것이라기보다는 상대방에게 저지르는 것이다.

죄는 상대방에게 저지르는 것

동양 종교 특히 불교에서는 인간의 내면적인 어리석음·욕심·노여움, 다시 말해 심리적인 상태가 문제 된다. 마음의 집착과 어리석음을 깨치는 것이 최고의 과제다. 그래서 여기에서는 도를 닦고 참선을 하여 무념·무상(無念·無想)의 정신적 자유를 추구한다. 그러나 성경에서는 죄를 규정하고 방지하기 위해 율법(사회적 규범)이 제정되었으며, 율법으로 죄를 방지할 수 없었기 때문에 불의를 고발하고 비판하는 예언자가 출현하였고, 하나님 나라를 대망하게 되었다.

자신의 심리 상태를 문제 삼는 종교에서는 명상과 수행을 통한 자기 구원을 내세운다. 자신의 심리 상태는 어디까지나 자기 자신이 해결할 문제다. 그러나 죄는 혼자 해결할 수 없는 것이다. 죄는 죄를 행한 나 자신만의 문제가 아니라 죄가 저질러진 상대방과의 문제이므로 아무리 나 홀로 명상을 하고 수행을 해도 해결되지 않는다. 죄는 지배와 수탈의 적대적인 관계를 일으키므로 상대의 용서가 있어야만 화해가 이뤄지며, 화해가 이뤄져야 죄 문제가 해결된다.

죄의 인간학적 기원

그러면 이 죄악의 근원은 무엇인가? 신학적으로나 철학적인 죄악의 기원에 대한 설명은 불가능한 것으로 되어 있다. 여기서는 「창세기」 3장 1~7절을 중심으로 하여 죄의 인간학적인 신학적 기원을 더듬어 보자. 먼저 중요한 용어들을 해석해 보자.

①뱀: 여기서 뱀을 등장시킨 것은 인간적인 표현 방식이다. 뱀은 영리하다. 뱀은 용(dragon)과 통하는데, 용은 동양에서 상서로운 짐승으로서 왕을 상징하고 서양에서는 악마를 상징한다. 뱀이나 용은 인류 이전에 지구를 지배한 파충류를 나타낸다. 신화에서는 무시무시하고 낯선 탁월한 존재, 강력한 힘을 지닌 거대한 세력으로 나타난다.

②하나님처럼 된다: 이 말은 "자기를 절대화하는 자기중심적인 존재, 권력과 소유를 독점하는 존재로 된다."는 것을 의미한다.

③선·악을 알게 하는 열매: 여기서 선·악은 도덕적 개념이 아니라 유익하고 해로운 것, 소박하게 좋고 나쁜 것을 뜻한다. 선·악을 안다는 말은 좋고 나쁨에 대한 판단 기준을 자기중심적으로 설정한다는 말이다.

④눈이 밝아져 앞을 가리웠다: 부끄러움을 아는 존재, 즉 자신의 존재를 의식하고 반성할 수 있는 존재로 되었음을 의미한다. 부끄러움은 자아의 실존적 분열을 뜻한다.

위에 인용된 성경 구절을 생물학적 진화와 관련지어 생각해 보자. 인간은 고등 동물에서 인간으로 진화함으로써 위대한 비약(자신을 대상화하고 객관화·언어화할 수 있는)을 했으나 동시에 깊은 타락을 맛보았다. 동물은 본능에 지배된다. 동물에게도 지능이 있지만, 지능이 독자적인 활동을 못하고, 본능에 종속되어 있다. 본능은 종족적인 것이며 자연의 리듬을 따른다.

여기에서 하나님처럼 된다는 것은 인간이 종족적 본능에서 벗어나 자기 중심성을 확보한 것과 관련이 있다. 선·악을 알게 되었다는 것은 선·악의 기준이 더 이상 종족적 본능이 아니라 개인의 자기 중심성으로 바뀐 것을 말한다. 이제 지능은 종족적인 본능에 봉사하지 않고 자기 중심성에 봉사하게 된다. 이로써 자연 생명의 조화는 깨지고 상호 관계가 파괴되는 전락이 일어났다. 일반 동물은 욕망 자체가 자연적으로 그러고 본능적으로 규제되어 있다. 성적 욕망도 발정기에 한정되고, 소유욕도 필요한 거처와 식량에 한정된다. 그러나 인간은 자기 중심성과 지능이 결합되고 거대한 본능의 힘이 자기 자신에게 집중됨으로써 소유욕 또는 독점욕이 무한히 확대될 수 있게 되었다.

이 소유욕 또는 독점욕이 집단적으로 실현되어서 지배와 수탈의 사회관계와 구조를 형성하게 되었다. 그런데 일단 이런 사회 구조가 형성되면, 이 사회 구조는 인간의 소유욕을 상승시킬 뿐 아니라 강요한다. 이처럼 인간의 자기 중심성에 근거한 소유욕과 구조악의 관계는 상호적이다. 인간 자체는 선한데 사회가 인간을 악하게 만든 것은 아니다. 인간의 존재와 본성의 구조만이 지배와 수탈의 사회 구조를 산출할 수 있다.

그러나 인간 개인을 바로잡으면, 죄악의 문제가 해결되는 것은 아니다. 사회 구조가 인간의 소유욕을 강요하기 때문에 사회 구조가 바로잡히지 않으면, 죄악의 문제는 해결될 수 없다. 성경에서는 인간의 혁신과 사회의 혁신이 함께 문제 된다. 타원형의 두 중심점처럼 두 가지 혁신이 성경의 죄론에서 문제 된다. 요약하면 인간의 자기중심적 욕망은 다른 인간에 대한 지배와 수탈로 나타난다. 이러한 인간 집단의 왜곡된 관계 (파괴된 관계)가 구조악을 이룬다.

구조악과 인간의 자기 중심성

사회의 관계와 구조, 작용과 현상을 탐구하는 사회 과학에서는 주로 구조악이 문제 된다. 그러나 성경에서는 언제나 하나님과의 실존적 관계를 문제 삼는다. 하나님을 말할 때는 인간 자신을 배제하고 말할 수 없다. 신앙의 대상으로서 하나님은 인간의 새로운 중심이기 때문이다. 인간의 자기 중심성에 의해 파괴된 자연 생명의 조화는 하나님 안에서 새로운 중심을 얻음으로써 회복된다. 인간의 원초적인 전락은 자기 중심성에로의 전락이다. 그것은 허무와 죽음에로의 전락이다. 하나님 안에서 삶의 중심을 찾는 것은 생명에로의 돌이킴이다. 그것은 선·악의 기준을 자기중심에 두지 않고 하나님 안에 두는 것이다.

이런 진리가 예수의 삶과 죽음에서 나타났다. 그의 삶은 민중과 함께한 하나님 나라 운동이었다. 공관복음서에 나타난 예수의 삶에서는 자기 중심성(egocentricity)이란 것을 찾아볼 수 없다. 그의 삶은 언제나 하나님 나라(하나님의 뜻)를 위해 움직이고 민중과의 관련 속에서 나타난다. 가난한 사람이 주인 이 되는 하나님 나라 운동은 지배와 수탈의 체제를 극복하는 운동이었다. 그것은 지배와 수탈의 인간관계를 거부하는 민중 운동이었다. 그러나 억눌리고 가난한 민중의 해방운동을 하면서도 예수는 인간 심성의 깊은 곳을 보았다. 산상 설교에서 "노여움=살인, 음욕=간음, 맹세 금지, 원수 사랑"을 말함으로써 예수는 자기중심적인 요구나 권리 주장의 근거를 빼앗았다.

성경의 죄론은 십자가의 길로 통한다. 십자가를 지고 나를 따르라고 한 예수 자신이 십자가에 달렸다. 그리스도교는 예수의 십자가 사건에 대한 신앙에서 생겨났다. 예수의 십자가 죽음은 그리스도교 가르침의 중심에 있다. 예수의 십자가 죽음을 어떻게 이해해야 할까? 전통적으로는 속죄론으로 이해한다. 예수가 십자가 죽음을 통해 우리의 죄를 대신 속량해 주었다는 것이다. '타자에 의한 구원'의 교리가 지닌 신학적 의미는 자기 중심성으로부터 인간을 철저히 해방한다는 것이다. 요한 칼빈이나 칼 바르트와 같은 전통 신학자들의 관점에서 보면 자신의 구원을 위한 자기중심적인 노력이 불신앙의 원형이다. 구원은 나의 밖에 있다. 민중신학의 관점에서 보면 구원은 예수의 십자가 안에 다시 말해 그리스도(하나님) 안에 그리고 고난받는 민중의 고통 안에 있다. 전통적인 교리인 믿음만으로(sola fide)는 닫혀진 자기 중심성의 개방을 뜻한다. 그리고 예수의 십자가 죽음은 투쟁과 자기희생을 통해서만 하나님의 나라가 온다는 것을 말해 준다.

여기서 오른뺨 치면 왼뺨을 돌려대고, 오리 가라면 십 리 가고, 원수를 사랑하라는 예수의 말을 이해할 수 있다. 이런 맥락에서 보면 원수 사랑은 방관주의나 수동적 태도가 아니라 적극적인 태도를 의미한다. 예수와 고대의 그리스도인들은 폭력을 행사하는 원수(로마제국)의 정체와 한계를 알고 그 이상의 힘을 믿으면서, 승리를 믿으면서 폭력을 자기 몸에 받아들였다. 그리스도교 신앙은 십자가의 길을 통해, 투쟁과 자기희생의 길을 통해 하나님 나라가 반드시 온다는 신념이다. 이 신앙은 그리스도교의 죄에 대한 이해와 일치한다.

12 사람아, 네가 어디 있느냐?

그 남자와 그 아내는, 날이 저물고 바람이 서늘할 때에, 주 하나님이 동산을 거니시는 소리를 들었다. 남자와 그 아내는 주 하나님의 낯을 피하여서, 동산 나무 사이에 숨었다. 주 하나님이 그 남자를 부르시며 물으셨다. "네가 어디에 있느냐?" 그가 대답하였다. "하나님께서 동산을 거니시는 소리를, 제가 들었습니다. 저는 벗은 몸인 것이 두려워서 숨었습니다." (창 3:8~10)

아담과 하와는 선악과를 따먹고 숨었다. 자신을 선악 판단의 중심과 목적으로 삼는 인간은 자신을 드러낼 수 없다. 선악 판단을 구부려 사욕을 취하려 하므로 숨게 된다. 남을 이용해 먹고, 남을 희생시키더라도 나만 잘 살자는 것은 뱀처럼 살자는 것이다. 뱀은 생존본능에 가장 충실한 동물이다. 먹고 살기 위해 모든 것을 퇴화시키고 가느다란 몸통과 날카로운 이빨만 남겨 놓았다. 오직 저만 살면 되고, 남이야 어쨌든 저만 살고 보자는 뱀은 수풀 속에, 굴속에 숨어서 산다. 이기적이고 저밖에 모르면서 하나님처럼 행세하는 인간이 뱀처럼 자신을 숨기는 것은 당연하다.

자신을 숨기고 선악 판단의 지식에 머물면 실제의 삶에서 벗어나 자신의 생각이나 관념에 빠진다. 그럼 삶을 잃고 친구를 잃고 기쁨과 보람을 잃는다. 남을 해치고라도 나는 잘 살아야겠다는 잘못된 생각은 죄의식을 갖게 한다. 삶의 주인이 되어 맘껏 살려고 했으나 삶에서 쫓겨나 어둠 속에 살게 된다. 신처럼 자유롭게 살고 싶은데, 탐욕과 허영과 어두운 감정의 숲에서 뱀처럼 숨어 살게 되었다. 선악과를 따먹고 하나님처럼 되고 싶었는데 수풀 속에 숨어 사는 뱀처럼 살게 되었다.

선악과를 따먹은 인간은 땅에서의 생존과 이익만을 추구한다. 뱀처럼 땅바닥을 기며 산다. 본래 사람은 하늘과 땅 사이에 우뚝 서서 하늘을 향해 나아가는 삶을 살도록 창조되었다. 하늘을 품고 하늘과 사귀어 살면서 땅의 주인 노릇을 할 존재다. 선과 악을 분별하여 선과 악의 열매가 되어 하늘의 사람으로 살아야 한다. 그런데 사람이 선악과를 따먹고 뱀처럼 땅바닥에 매여 사는 존재가 되었다.

하나님이 뱀처럼 숨어서 땅바닥을 기며 사는 사람을 불러낸다. "사람아, 네가 어디 있느냐?" 하늘과 땅 사이에 서서 하늘로 올라갈 존재가 땅바닥에 떨어져 수풀 속에 숨어 있다. 흙으로 지어졌으나 하늘 숨을 쉬며 살 인간이 왜 흙 속에 코를 박고 사는가? 밝은 하늘로 솟아올라야 할 인간이 왜 탐욕과 편견과 두려움의 컴컴한 굴속에 사는가? 사람이 있을 자리가 어디인가? 생존본능, 쾌락과 탐욕, 편견과 두려움의 굴속인가? 사람이 지금 발을 딛고 선 자리가 어디인가? 생존본능과 탐욕을 충족시키고, 편견과 두려움을 달래주는 것이 오늘의 사회에서는 돈이고 지위이고 명예다. 세상에서의 삶을 보장해주는 것이 돈이고 학벌이고 직장이고 명예다. 밥이고 집이고 옷이다. 이런 것들이 다 삶의 목적이 되면 뱀처럼 사는 것이고, 하늘의 사람이 되어 하늘 숨을 쉬기 위한 수단이 되면 하늘의 사람이 되는 것이다. 지금 내가 발을 딛고 선 곳이 어디인가? 하나님이 사람에게 묻는다. "뱀이 되려느냐? 사람이 되려느냐?"

뱀이 되려느냐, 사람이 되려느냐?

사람은 본래 하나님이 세워 준 자리에서 이탈하여 뱀의 자리에 서 있다. 돈과 권력과 지식이 수단이 아니라 목적이 되면 뱀의 자리에 선 것이다. 선악과를 따 먹는다는 것은 수단이 되어야 할 돈과 권력과 지식을 목적으로 삼게 된 것을 뜻한다. 본래 사람의 자리를 잊고 뱀의 자리에 서게 된 것이다.

하나님은 사람을 본래의 자리에 돌아오도록 부른다. 사람이 서야 할 본래의 자리는 어디인가? 사람은 흙으로 된 몸을 가지고 하늘 숨을 쉬는 존재다. 하늘 숨을 쉬는 자리는 어디인가? 하늘 숨을 쉬려면 돈과 권력, 지식과 명예를 놓아야 한다. 그것을 가지고는 하늘 숨을 쉴 수 없다. 돈에 매인 사람, 권력에 묶인 사람, 지식에 잡히고 명예를 자랑하는 사람은 하늘 숨을 쉴 수 없다.

하늘 숨. 하나님의 생명 숨을 쉬는 사람은 세상에서는 자유로워야 한다. 땅에 있는 어떤 것들에도 매이지 않아야 한다. 오직 숨만 쉬어야 한다. 유영모에 따르면 사람은 숨 쉬는 점이다. 우주는 숨이고 하나님은 숨 쉬는 우주의 주인인 숨님이며, 사람은 숨 쉬는 점이다. 숨 쉬는 점인 사람에게는 자리만 있을 뿐 아무것도 없는 존재다. 위치만 있고 없는 존재다(位而無). 유영모는 사람을 '있이 없는 존재'라고 한다. 있는 것 같지만 참으로는 없는 존재다. 없다가 생긴 존재이고 잠시 있다가 없을 존재다. 있는 체 하지만 참으로는 없는 존재, 대단한 체 하지만 아무것도 아닌 존재다. 하나님은 없는 것 같지만 참으로 있는 존재다. 하나님은 없는 것 같지만 하나님이 있어서 천지만물이 있고 천지만물이 돌아간다. 하늘은 하늘하늘 없는 것 같지만 영원하고 뚜렷하게 있고, 땅은 땅땅하게 두텁게 있는 것 같지만 덧없이 무너질 것이다. 땅의 흙으로 된 것 가운데 부서지지 않고 무너지지 않을 것이 어디 있는가? 곧 덧없이 다 부서지고 스러질 것이다.

사람이 서 있는 점의 자리는 어디인가? 유영모는 '이제'라고 한다. 사람아 너는 어디에서 사는가? 유영모는 "나는 이제에서 산다."고 대답한다. 오늘 이 순간의 이제에서 산다. 생명의 순간에 산다. 과거도 미래도 아니고 돈과 권력도 아니고 오직 이 순간의 '이제'에 산다. 누구나 평등하게 저 자신의 '이제'에 산다. "사람아 너는 누구냐?"고 하나님이 물으시면 유영모는 "나는 이젭니다."고 대답한다. 이제 이 순간의 점이 나다. 이 순간의 점인 이제에서 하늘 숨을 쉬고 영원한 생명에 들어간다. 이 순간의 이제에서 하늘 숨, 하나님의 절대 생명의 숨을 쉬면 몸속에서 절대 생명, 영원한 생명이 살게 된다. 몸속에서 절대 생명, 절대정신이 터져 나오고, 절대시간과 절대공간이 생겨난다. 생명의 주인이 되어 시간과 공간의 주인이 되어 살 수 있다.

이제에서 하늘 숨을 쉬는 사람은 하늘과 땅을 아우르는 우주의 주인 노릇을 하며 살 수 있다. 몸으로는 하늘과 통하고 맘으로는 땅의 중심에 설 수 있다. 하늘의 기운이 몸에 가득하고 땅의 힘을 맘껏 쓸 수 있다. 천지인 합일의 삶을 사는 것이다.

함석헌은 천지인 합일의 삶을 살았다. 나는 1970년 봄에 강연장에서 함석헌을 처음 보았다. 70 노인의 몸은 꼿꼿하고 눈에는 불이 나오고 몸과 정신의 기운은 하늘을 뚫는 것 같았다. 함석헌은 천지인 합일을 보여주는 삶을 살았다. 함석헌은 "머리는 하늘에 두고, 발은 땅을 꽉 딛어서 하늘과 땅을 하나로 잇는 것이 믿음이라고 했다.

> 믿음엔 겨냥이 둘이 있어야 한다. 어떤 사람도 머리가 있고 또 발이 있다. 머리는 하늘을 곧추 향해야 하는 것이요 발은 땅을 꽉 디디어야 하는 것이다. 하늘에만 있고 땅을 모르는 것은 날개 돋은 천사요, 땅에만 있고 하늘을 모르는 것은 배로 기어다니는 뱀이다. 사람은 뱀도 아니요 천사도 아니다. 발로는 뱀의 대강이를 밟고 머리는 하늘을 향하는 것이 사람이다. 그리고 이 두 겨냥은 한 지팡이의 두 끝처럼 한 곧은 선을 이루어야 한다. 그 꼿꼿한 선이 믿음이다. 〈상식적인 믿음 말씀 4호 함석헌전집 5권 313〉

사람이 머리를 하늘로 곧게 세우고 두 발로 선 것은 생명의 오랜 진화과정 끝에 도달한 생명진화의 목적이요, 하나님이 창조한 인간의 형상이고 본분이다. 하늘과 땅 사이에 곧게 서서 하늘과 땅을 아우르고, 물질적 욕망과 본능을 상징하는 뱀의 대강이를 밟아버리고 하늘로 향함으로써 사람은 참으로 사람이 되고 생명의 진화는 완성되고 하나님의 뜻은 이루어진다. 하늘과 땅 사이에 곧게 선 참사람을 통해서 천지인 합일이 이루어진다. 사람의 몸 안에서 천지인 합일이 이루어지면 몸에서 얼 생명이 나온다. 시간과 공간, 역사와 사회를 새롭게 창조하는 주체가 된다. 새 생명과 정신의 역사가 시작된다.

성경은 아담 한 사람의 범죄로 온 인류가 타락했고, 그리스도 한 사람의 의로 온 인류가 구원을 받는다고 말한다. 사람은 개인이면서 전체다. 한 사람이 선악과를 먹고 뱀처럼 살면 온 인류를 뱀의 세계로 끌어내리는 것이다. 한 사람이 세상의 불의를 뚫고 하늘로 솟아올라 의로운 세계를 열면 온 인류가 의롭게 되는 것이다. 아담은 불의한 길을 열었고 그리스도는 의로운 길을 열었다. 한 사람이 하늘 숨을 버리고 돈과 권력에 코를 박고 살면 다른 사람들도 하늘 숨을 못쉬게 하는 것이다. 내가 지나치게 먹으면 남이 알맞게 먹지 못하고 내가 지나치게 입으면 남이 알맞게 입지 못한다. 내가 지나치게 화려한 집에서 살면 남이 알맞은 집에서 살지 못하게 하는 것이다. 알맞게 먹고 알맞게 입고 알맞게 자는 것은 사람의 의무이자 권리다. 오늘 누가 알맞게 먹지 못하고 알맞게 입지 못하면 그 죄와 책임은 우리 모두에게 있는 것이다. 사람에게 먹거리가 없고 입을 옷이 없고 잠자리가 없다면 사람의 생존권을 뺏은 것이고 사람을 사람으로 대접하지 않는 것이다.

13. 흙으로 돌아가라

남자에게는 이렇게 말씀하셨다. "네가 아내의 말을 듣고서, 내가 너에게 먹지 말라고 한 그 나무의 열매를 먹었으니, 이제, 땅이 너 때문에 저주를 받을 것이다. 너는, 죽는 날까지 수고를 하여야만, 땅에서 나는 것을 먹을 수 있을 것이다. 땅은 너에게 가시덤불과 엉겅퀴를 낼 것이다. 너는 들에서 자라는 푸성귀를 먹을 것이다. 너는 흙에서 나왔으니, 흙으로 돌아갈 것이다. 그 때까지, 너는 얼굴에 땀을 흘려야 낟알을 먹을 수 있을 것이다. 너는 흙이니, 흙으로 돌아갈 것이다." (창 3:17~19)

이 세상에는 열매를 따먹으려는 인간만 가득하고 열매가 열게 하는 인간, 열매가 되자는 인간은 드물다. 남을 이용하고 써먹자는 사람만 있고 세상을 위해 이로움을 만들고 남에게 쓰임새가 있는 사람이 없으면 세상은 망한다.

아담과 하와가 선악과를 따먹으니까 땅이 저주를 받았다. 땅에서 가시덤불과 엉겅퀴가 나와서 농사를 방해한다. 농사가 무엇인가? 서울대 농대 교수였던 유달영이 유영모에게 "우리말에 '농사'라는 말이 있었나요? 우리말로 '농사'를 무어라고 하면 좋을까요?" 하고 물었다. 유영모가 "농사는 여름질, 농사꾼은 여름지기라면 어떨까?" 하고 대답했다. 실제로 중세국어에는 농사를 '여름디이'라고 했다. 농사는 열매가 열게 하는 일이다. 농사꾼은 열매가 열게 하는 사람이다.

열매가 열리게 하지는 않고 열매를 따먹을 생각만 하니까 국가와 사회의 바닥에서 가시덤불과 엉겅퀴가 나와서 열매를 맺지 못하게 한다. 열매를 맺지 못하는 삶이 저주받은 것이다. 하나님은 이마에 땀을 흘려서 일해야 낟알, 열매를 먹을 수 있다고 하였다. 농사는 이마에 땀 흘리며 땅을 파서 가시덤불과 엉겅퀴를 거두어내고 땅을 고르고 부드럽게 해서 씨앗이 싹트고 열매를 맺게 하는 것이다. 땀 흘려 땅을 파는 것은 땅의 저주를 푸는 것이다.

열매를 따먹는 삶의 저주

열매를 따먹는 삶은 땅만 아니라 마음에도 저주를 내린다. 사람의 몸도 흙으로 지은 것이고 마음도 흙으로 된 것이다. 그래서 사람의 마음을 심전(心田), 마음밭이라고 한다. 마음밭을 깊이 파고 갈아서 마음밭이 기름지고 부드러워져야 영혼의 씨앗이 싹트고 자라고 열매를 맺는다. 열매를 따먹고 남을 이용해 먹을 생각만 하니까 마음밭이 메마르고 흉악하게 되었다. 연쇄살인사건, 자식들을 죽이는 부모, 부모를 죽이는 자식들, 십대들의 잔인한 폭력과 성폭행, 무정하고 잔혹한 사회풍조는 우리의 마음밭이 저주받았음을 보여준다.

오늘 우리 사회는 열매를 따먹으려는 인간들로 가득 찼다. 그래서 저주받은 사회가 되었다. 오늘의 세계경제위기는 땀 흘려 일하는 농사를 천대하고 노동하지 않고 열매만 따먹으려다가 초래된 것이다. 금융자본, 투기자본, 부동산투기가 다 불로소득을 추구하는 것이고 열매만 따먹자는 것이다. 이렇게 하다가 세계경제위기를 초래한 것이다. 불로소득으로 사는 열매만 따먹으려는 사람들에게는 부와 권력이 넘치는데, 몸으로 일해서 먹고살려는 이들은 먹고 살 길이 없어서 몸과 마음이 말라 죽어간다. 이미 천국과 지옥이 이 세상에 와 있다. 천국으로 가는 길과 지옥으로 가는 길이 환하게 열려 있는데 천국으로 가는 사람은 적고 지옥으로 가는 사람들은 넘친다.

선의 열매가 열게 해야 천국이 열린다

선악과를 따먹고 지옥으로 가는 길이 열렸다면 선악과가 열리게 해야 천국으로 가는 길이 열린다. 오늘의 경제위기를 극복하는 길도 우리 사회가 지옥에서 벗어나는 길도 열매가 열리게 하는 길밖에 없다. 열매가 열게 하려면 이마에 땀을 흘려서 땅을 파고, 몸과 마음을 다해서 애쓰고 일하는 것밖에 없다. 인생이란 이마에 땀 흘려 일하는 것이다. 땀 흘려 일해야 열매를 낟알을 먹을 수 있다.

열심히 일하느라고 땀을 뻘뻘 흘리는 사람의 얼굴을 보는 것만으로도 힘이 나고 신이 난다. 열심히 일하는 사람의 땀방울은 그 사람의 허영과 게으름, 근심과 걱정을 씻어줄 뿐 아니라 보는 사람의 마음도 깨끗하게 해준다. 톨스토이는 하루 한 시간 이상 이마에 땀 흘리며 땅을 파야 한다고 했다. 유영모는 땅을 파면 입맛이 난다고 했다. 입맛이 나면 살맛이 난다. 살맛이 없는 사람은 땅을 파 보라.

권리 주장보다 사명에 살아야

인간은 생명의 씨올이다. 씨올이 되어서 열매가 열리게 하는 것이 삶의 본분이고 인간의 사명이다. 생명은 살라는 명령을 받은 것이고 인생은 열매를 맺고 열매가 되라는 하늘의 사명을 받은 것이다. 인생이나 생명은 권리라기보다는 사명이고 의무다. 씨올은 권리 주장보다는 사명에 산다. 서구의 역사는 권리주장의 역사다. 권리라는 말이 정의, 법이라는 말과 같다. right, recht는 오른쪽을 뜻하는데, 권리, 법, 정의를 뜻한다. 그래서 인권과 생존권이라는 말이 최고의 가치를 가진다. 함석헌은 생존권이라는 말을 싫어했다. 삶은 권리보다는 더 깊은 곳에 뿌리를 두고 있다는 것이다. 삶의 깊이에는 사랑과 정의, 사명과 뜻, 보람과 기쁨이 있다. 권리주장을 최고의 가치로 삼는 문명에는 희망이 없다.

자본주의는 개인의 권리, 소유권에 기초하고, 경쟁을 조장한다. 다른 사람의 권리를 침해하지 않고 능력껏 경쟁하며 살라는 것이다. 그러나 제 권리와 소유를 챙기며 경쟁하고 싸우면 서로의 삶과 권리를 침해할 수밖에 없다. 예수는 첫째가 꼴찌가 되고 꼴찌가 첫째가 된다고 했다. 자본주의의 무한경쟁 원리를 분명히 거부한 것이다. 그러나 예수는 공산주의의 분배 원리도 거부했다. 공산주의 사회체제는 국가권력의 힘으로 모든 재화를 공평하게 나누자는 독재체제다. 국가권력을 독점한 사람과 그 권력에 가까운 사람들에게 재화가 많이 돌아가고 권력이 없는 이들에게는 조금 돌아가기 마련이다. 예수에게 어떤 사람이 부탁했다. "형이 부모의 유산을 독차지했는데 형에게 유산을 제게 나누어주라고 말씀해 주십시오."(누가 12,13~4) 예수는 "누가 나를 너희의 재판관이나 분배인으로 세웠단 말이냐?"고 거절한다. 예수는 분배를 나세운 공산주의도 거부한 것이다. 분배하여 나누어 먹는 데만 힘쓰는 공산주의 사회에서는 스스로 땀 흘려 일하며 자발적이고 창의적으로 재화를 만들어내는 사람들이 나오기 어렵다.

예수의 길은 씨알의 길이다. 선악, 옳고 그름을 판단하는 것이 예수의 일이 아니고 재산을 분배하는 것이 예수의 할 일이 아니다. 예수의 일은 무엇인가? 나와 세상을 위하여 스스로 선이 되고 옳음이 되고 스스로 생명이 되고 열매가 되고 밥이 되는 것이다. 참된 나, 하나님의 자녀가 되는 것이 영원한 생명이 되고 열매가 되고 밥이 되는 것이다. 참된 영혼, 참된 주체가 되면 참된 전체에 이르고 하늘나라로 들어가게 된다. 참된 믿음이 곧 하나님 나라다. 참된 나, 참된 영혼이 되면 하나님 나라를 이루는 참된 사랑의 행위가 나온다.

개인과 집단의 사사로운 유익을 위해 선악 분별의 열매를 따먹는 것은 전체의 자리를 버린 것이다. 전체의 자리는 생명과 사회의 중심과 목적, 보람과 의미가 드러나는 자리다. 거기가 바로 하나님이 계신 자리다. 하나님이 계신 전체의 자리를 버리면 땅이 저주를 받는다. 마음 밭이 저주를 받아 끔찍한 지옥의 일들이 일어난다. 국가사회와 인류사회가 속에서부터 썩고 무너진다.

본래 흙의 마음은 생명을 살리고 키우는 어버이 마음, 하나님의 마음을 나타낸다. 흙은 자기를 부수고 깨트리고 겸허히 남을 받아들이고 남을 세우는 발판이 된다. 흙은 씨올을 싹트고 자라게 한다. 흙은 씨올이 하늘을 향해 곧게 올라가도록 북돋아준다. 흙은 씨올이 열매를 맺고 열매가 되도록 밑거름이 된다. 우리는 흙에서 났으니 흙으로 돌아가야 한다. 우리의 마음은 흙밭이니 늘 흙밭을 깊이 파고 갈아서 영원한 생명(하나님)의 씨올이 싹트고 자라고 열매 맺게 해야 한다.

14. 인정받지 못한 사람의 분노와 시름

> 세월이 지난 뒤에, 가인은 땅에서 거둔 곡식을 주님께 제물로 바치고, 아벨은 양 떼 가운데서 맏배의 기름기를 바쳤다. 주님께서 아벨과 그가 바친 제물은 반기셨으나, 가인과 그가 바친 제물은 반기지 않으셨다. 그래서 가인은 몹시 화가 나서, 얼굴빛이 달라졌다.……가인이 아우 아벨에게 말하였다. "우리, 들로 나가자." 그들이 들에 있을 때에, 가인이 그의 아우 아벨을 쳐죽였다. (창 4:3~8)

창세기 4장 1절 이하에 나오는 이야기다. 아담과 하와가 가인과 아벨을 낳았다. 가인은 농부, 아벨은 목자가 되었다. 하나님께 가인은 곡식을 제물로 드리고, 아벨은 양 새끼를 제물로 드렸다. 하나님은 가인의 제사는 기뻐하지 않고 아벨의 제사는 기쁘게 받아들였다. 하나님께 인정받지 못한 가인은 화가 나서 동생 아벨을 쳐 죽였다.

이 짧은 이야기에 농업 문명과 유목 문명, 추수 감사제와 희생제사, 인정받은 자와 인정받지 못한 자의 문제가 압축되어 있다. 성경의 이야기는 상징이면서 역사와 사회의 현실을 반영한다. 타임머신을 타고 역사를 거슬러 올라가도 아담과 하와, 가인과 아벨이라는 이름을 가진 사람을 만날 수는 없다. 2천 년 전에 살았던 갈릴리 나사렛의 예수는 만날 수 있을 것이다. 이것이 아담과 예수의 차이다. "가인과 셋이 여인들과 결혼했다는데 여인들이 어디서 왔느냐?"고 묻는 이들이 있다. 이것은 잘못된 물음이다. 가인과 아벨은 역사 속에서 살았던 개인들을 가리키는 것이 아니라는 점에서 상징이고 문명과 역사의 현실을 반영한다는 점에서 현실이다.

농경 정착 생활에서 탈출하여 떠돌이 유목 생활을 시작한 아브라함

오늘의 주제는 인정받지 못한 사람의 분노와 시름이다. 가인은 하나님의 인정을 받지 못했기 때문에 화가 나서 동생을 때려죽였다. 왜 하나님이 가인의 제사는 기뻐하고 아벨의 제사는 기뻐하지 않았는지 성경에는 이유가 밝혀 있지 않다. 여기에는 정착 생활을 하는 농경 문명과 떠돌이 생활을 하는 유목 문명이 대조되는 것 같다. 나일강 지역의 이집트, 유프라테스강과 티그리스 강 지역의 수메르와 메소포타미아 제국은 농업 문명을 이루었다. 수메르와 메소포타미아 제국의 농업문명에서 탈출한 이스라엘 선조들은 떠돌이 유목민이었다. 후에는 농경 생활과 유목 생활을 함께 한 것으로 추정된다. 이들의 유목생활은 비교적 가난하고 평등하고 자유로웠다. 이에 반해 농경 정착 생활은 창고를 짓고 곡식과 재산을 쌓으면서 국가 문명의 토대가 되었고 국가 문명에서는 전쟁을 하고 억압과 착취가 이루어지고 신분과 계급이 생겨났다. 농업문명권에서 곡식으로 드리는 제사 뒤에는 지배계급의 불의와 폭력이 있다. 유목민이 드리는 어린양 제사 뒤에는 가난하고 힘없는 자들의 고통과 희생이 있다. 하나님은 사랑과 정의의 하나님이기 때문에 희생당한 약한 사람이 드리는 어린양 제사는 기뻐하고 폭력을 휘두르는 권력자의 곡식 제사는 기뻐하지 않았다.

하나님은 누구는 인정하고 누구는 인정하지 않는 변덕스런 존재가 아니다. 하나님은 모든 생명체, 모든 인간을 인정하고 삶과 존재를 허락하고 축복할 뿐 아니라 기쁘고 보람 있게 살라고 명령하셨다. 이 명령을 거스르고 남을 짓밟는 사람을 하나님은 싫어하고, 짓밟히고 고통당하는 사람을 위로하고 돌본다.

오늘의 이야기에는 인정받지 못한 가인이 화가 나서 살인을 저지른다. 가인이 가난하고 자유롭고 평등한 삶을 살았다면 하나님이 그의 제물을 받아들이지 않았다고 해서 아우를 돌로 쳐죽이는 형제살해를 저지르지는 않았을 것이다. 그는 자신의 존재와 행위가 인정받고 존중되지 못하는 것을 심리적으로나 사회적으로 용납할 수 없다. 그의 심리적 사회적 존재와 생활양식이 그를 형제살해라는 끔찍한 범죄로 이끌었다. 권력자의 정당성을 부정하면 권력자는 폭력을 휘두르거나 죽인다. 악을 행하고 폭력을 휘두르는 인간이 무시를 당하면 더 난폭해진다.

인정받고 싶은 욕구

인정받고 싶은 욕구는 사람의 가장 큰 욕구이다. 몸의 가장 큰 욕구는 먹고 싶은 욕구다. 이 욕구가 성욕보다 크다. 그러나 식욕은 몸이 요구하는 만큼 먹으면 충족된다. 맘의 가장 큰 욕구는 인정받고 싶은 욕구다. 인정받고 싶은 욕구는 심리적이고 정신적이어서 한이 없다. 인정받고 싶은 욕구가 성욕과 결합되면, 엄청나게 강력해진다. 인간의 무의식과 충동의 대부분을 이 욕구가 지배한다.

인정받고 싶은 욕구는 만유인력이나 중력처럼 강력하다. 나를 좋아하는 사람을 나도 좋아한다. 나를 싫어하는 사람을 좋아하는 사람은 없다. 만일 있다면 짝사랑을 하는 것인데 짝사랑도 나를 싫어하거나 인정하지 않는 사람에게서 인정받고 싶은 욕구에서 나온다. 칭찬은 고래도 춤추게 한다. 인생을 편하게 살고 싶으면 남을 인정하고 칭찬하면 된다.

인정받고 싶은 욕구는 삶의 본능이고 충동이며 살려는 의지에서 나온 것이다. 어떤 사람을 인정하지 않는 것은 그 사람의 존재와 삶을 인정하지 않는 것이다. 어려서 부모에게 학대받은 아이는 괴물이 되고 서로 인정하지 못한 부부는 파탄에 이른다. 연쇄 살인범이나 성격 파탄을 일으키는 사람들 가운데 어려서 부모의 학대를 받은 경우가 많다. 부부 사이에도 서로 인정하고 칭찬을 많이 하면 큰 문제없이 살 수 있다.

예전에 인터넷 뉴스에서 본 이야기다. 유고의 한 젊은 부부가 부부싸움을 오래 해서 더 이상 함께 살 수 없는 처지가 되었다. 서로에게 상처받고 너무 실망해서 인터넷에서 고민을 이야기하다가 서로 처지가 비슷하고 마음이 딱 맞는 사람을 만나게 되었다. 서로 이야기를 들어주고 맞장구쳐주다가 정이 들어서 사랑하는 사이가 되었다. 그래서 한 번 만나기로 하고 만나보니 원수 같은 남편과 아내였다. 너무 황당하고 창피해서 서로 외도를 했다는 이유를 내걸어 이혼을 했다. 인터넷에서는 서로 인정하니까 애인이 되고 현실에서는 서로 인정을 해주지 않으니까 원수가 된다.

권리에 의존하는 서구문명의 한계와 비극

남을 인정하고 격려하는 것은 필요한 일이다. 그러나 남의 인정에 의지해서 사는 것은 불행한 일이다. 인간의 삶이 남이 인정하면 살고 인정하지 않으면 죽는 것인가? 서구문화권에서는 생존권, 인권, 소유권을 최고의 가치로 여긴다. 권리를 나타내는 말이 법, 정의를 나타내는 말이 되었다. 권리는 남이 인정해 주어야 성립된다. 나의 인권, 소유권을 남이 인정하지 않고 짓밟으면 인권과 소유권은 박탈된다. 인권은 태어날 때부터 하늘로부터 받은 권리라고 하지만 아무리 그렇게 주장해도 남이 인정하지 않고 유린하면 박탈당한다. 권리는 남이 인정하고 존중해 줄 때 누릴 수 있다. 권리가 최고의 가치라면 남이 나의 권리를 인정하지 않으면 나는 살 수 없다. 여기에는 참된 자유와 보람이 있을 수 없다. 남이 인정하지 않으면 사라질 것이기 때문이다. 또 권리를 누리려면 권리를 확보하고 인정받기 위해, 남과 싸워야 한다. 권리에 기초한 삶은 남과 더불어 행복한 삶을 살 수 없다. 이것이 서구 문명의 한계이고 비극이다.

생명(生命)은 권리가 아니라 살라는 절대명령이고 의무이며 살아서 보람을 이루는 사명이다. 남이 인정하거나 말거나 삶은 그 자체로서 허락된 것이고 살라는 절대명령을 받은 것이다. 이미 천지만물, 우주생명의 조화와 협력으로 내가 살고 숨 쉬고 있다. 기독교 복음은 다른 게 아니다. 끔찍한 죄인조차도 하나님이 조건 없이 옳다고 의롭다고 인정하셨다는 것이다. "네가 어떤 인간이든지, 아무리 못나고 아무리 가난하고 아무리 큰 죄를 지었어도 하나님은 너를 옳다고 인정하고 선언하셨다." 이것이 예수의 가르침이고 복음이다. 권리나 법 이전에 삶이 있다. 하나님은 남이 아니라 나보다 내게 더 가까운 존재다. 하나님이, 우주 만물이 나의 생을 허락하고 인정하고 축복했기 때문에 다른 사람의 인정을 받고 살 필요가 없다. 다른 사람이 인정하면 살고 인정하지 않으면 죽을 것인가? 그렇다면 인생은 불행하고 희망이 없다. 권리만을 내세우는 인생에는 구원이 없고 희망이 없다.

선악과를 따먹은 인간은 자기가 인정받기 위해서 자기의 권리와 이익을 위해서 남을 정죄하고 비난한다. 자기를 정당화하고 남을 비판한다. 예수 시대의 바리새파가 율법의 선과 악에 대한 지식을 자랑하면서 자기를 의롭다고 하고 남을 죄인이라고 정죄했다. 나는 의롭고 저 사람은 불의하고 죄인이라는 의식에 사로잡혔다. 예수는 모두가 죄인이라고 하는 사람들의 친구가 되고 그들을 하나님의 자녀라고 하였다. 그 시대 그 사회에서 아무 정당성과 권리를 갖지 못한 세리와 창녀 같은 사람들이 하늘나라의 주인이라고 하였다. 바리새파는 잘난 척하며 자기의 의로움을 내세우려 했다. 그들은 남의 인정을 받으려고 길거리에서 종을 울리며 자선을 베풀고 큰 소리로 기도하고 금식을 할 때는 얼굴에 "나! 금식한다."고 광고를 하였다. 예수는 정반대로 골방에서 기도하고 머리에 기름 바르고 금식하며 오른손이 하는 선행을 왼손이 모르게 하라고 가르쳤다. 생명의 창조자이고 근원인 하나님이 보고 인정하시면 된다는 것이다. 다른 사람들의 인정을 받으려고 애쓸 필요가 없고 남의 인정을 받으려고 애를 써서도 안 된다는 것이다.

권리를 포기하라는 예수의 가르침

예수는 권리포기를 가르쳤다. "오른쪽 뺨을 치거든 왼쪽 뺨을 돌려대고, 속옷을 가지려는 사람에게 겉옷까지 내어주고, 악한 사람에게 맞서지 말라."고 했다. 예수의 복음은 권리포기의 복음이다. 예수는 생존권, 인권, 소유권과 같은 권리 이전의 삶으로 사람들을 초대한다. 권리에 집착한 서구 문명은 예수의 가르침을 잃어버렸다. 예수뿐 아니라 석가, 공자, 노자는 모두 권리 이전의 삶으로 사람들을 이끌었다. 빔의 세계에 이르러야 해탈을 얻는다는 석가의 가르침도 권리에 집착하면 이해할 수 없다. 인(仁)과 극기복례를 말한 공자도 권리의식에서 벗어났고, 무위자연을 말한 노자도 권리의식을 넘어섰다.

사람의 분노와 시름은 나의 존재와 권리를 인정받지 못한 데서 나온다. 권리의식과 권리주장에서 분노와 시름이 나온다. 분노와 시름이 녹는 자리는 어디인가? 권리의식과 권리주장은 자신의 삶 자체에 만족하지 못한 데서 나온 것이다. 권리의식과 권리주장을 버리고 삶 자체로 삶의 주인인 하나님께로 돌아갈 때 분노와 시름이 사라진다.

유영모는 깨달음에 이르러 "이제부터 시름없다."고 선언한다. "나는 실음 없고나, 인제부터 실음 없다. 님이 나를 차지하사 님이 나를 맡으셨네. 님이 나를 가지셨네. 몸도 낯도 다 버리네 내거라곤 다 버렸다. '죽기 전에 뭘 할까?'도 '남의 말은 어쩔까?'도 다 없어진 셈이다." 하나님이 나를 맡으시고 나를 가지셨으니, 몸도 낯도 다 버리고 내 것이라고는 다 버렸다. 이것은 모든 권리주장과 소유에서 해방된 것을 말한다. "죽기 전에 뭘 할까"는 인정받을 수 있는 업적이나 공적을 쌓으려는 마음을 뜻한다. "남의 말은 어쩔까"는 남의 인정을 받고 싶은 마음을 나타낸다. 이런 마음이 "다 없어졌다."는 것은 남에게 인정받고 싶은 마음이 없어졌다는 것을 뜻한다. 유영모는 모든 권리와 주장을 하나의 점으로 찍어버리고 하나의 점이 되어 빔과 없음의 하늘에서 자유롭게 놀이하듯 살자(빈탕한데 맞혀놀이)고 하였다. 하늘처럼 텅비고 자유로운 비움과 버림의 삶에서 서로 섬기고 돌보며 사랑과 정의를 이루며 살자는 것이다.

예수는 온몸으로 권리를 넘어선 삶을 가르쳤다. 예수는 모든 권리를 박탈당하고 온갖 모독과 수치를 다 겪으며 십자가에 달렸다. 세상의 권리를 독점한 지배자들이 예수의 모든 권리를 뺏고 정죄하고 죽였다. 세상의 죄와 비난, 미움과 분노를 혼자 뒤집어쓴 듯이 그렇게 죽었다. 예수가 부활했다는 것은 무엇인가? 세상 권력자들이 정죄하고 죽인 예수를 하나님이 옳다고 인정하고 일으켜 세운 것이다. 세상 권력자들, 정치지배자, 종교지도자, 율법 학자들의 권력과 권위와 명예를 깨트리고 그들이 예수에게 씌운 정치종교의 족쇄를 깨부수고 그들의 주장과 가르침을 다 뒤집고 예수를 살려낸 것이다. 그리하여 예수가 역사 속에 다시 살아났다. 힘없는 사람들, 정의와 사랑을 목말라 하는 사람들의 가슴과 삶 속에 부활한 것이다. 이것은 예수의 죽은 시체가 다시 살아났다는 주장과는 다른 것이다. 예수가 백번 죽고 백번 죽은 시체가 다시 살아나는 기적이 일어났다고 해도 사랑과 정의, 자유와 평화의 삶이 열리지 않으면 무슨 소용이 있는가? 살아 있는 사람들의 마음과 삶 속에서 예수의 생명이 살아나지 않으면 예수의 부활 이야기는 신화에 지나지 않는다. 예수가 살아나서 절망과 좌절에 빠진 사람들을 일으켜 세워 하늘나라를 세워가고 있다. 예수의 생명이 바울 속에 살아났고, 유영모와 함석헌의 가슴과 삶 속에 살아났다. 예수는 또 역사와 사회 속에 살아나서 역사와 사회를 이끌어 가고 있다. 예수는 하나님 안에서 살아 있다.

부활한 예수는 권리를 초월한 삶으로 우리를 이끈다. 함석헌이 제일 싫어한 말이 생존권이라는 말이었다. 생명은 권리가 아니라는 것이다. 권리를 넘어선 삶은 어디서 시작되는가? 내가 나를 먼저 긍정하고 인정해야 한다. 함석헌이 말했다. "거울에 비친 네 얼굴을 보라. 수백만 년 비바람, 재난과 전쟁, 질병과 고난을 이겨낸 얼굴이다. 이 얼굴을 존경하는 데서 나의 삶이 시작된다."

유영모는 사람의 얼굴이 우주보다 깊다고 했다. 얼굴은 얼의 굴, 얼의 골짜기이며, 얼굴에 하나님의 얼이 깃들어 있다. 못났건 잘났건, 사람의 얼굴은 수십억 년 다듬어지고 이어온 것이다. 이 얼굴을 주어진 대로 다듬고 씻고 맑히면 그리운 얼굴이 될 수 있다. 우리가 예수 그리스도를 믿는 것은 그의 얼굴이 우리의 얼굴에서 드러나게 하자는 것이다. 함석헌은 말했다. "우리가 세상에 무엇 하러 왔나? 얼굴 하나 보러 왔지." 사람다운 얼굴 보고 싶고 사람다운 얼굴 되고 싶은 것이 인생이다. 그리스도인은 그리스도의 얼굴, 하나님의 얼굴을 보기 위해 그리스도를 찾고 하나님을 찾는 것이다. 큰 바위 얼굴을 기다리면 큰 바위 얼굴을 닮게 되듯이, 참 얼굴을 그리워하고 기다리면, 우리 얼굴에서 참 얼굴이 드러나게 될 것이다.

15. 아벨의 피와 성만찬

> 가인이 아우 아벨에게 말하였다. "우리, 들로 나가자." 그들이 들에 있을 때에, 가인이 그의 아우 아벨을 쳐죽였다. 주님께서 가인에게 물으셨다. "너의 아우 아벨이 어디에 있느냐?" 그가 대답하였다. "모릅니다. 제가 아우를 지키는 사람입니까?"
> 주님께서 말씀하셨다. "네가 무슨 일을 저질렀느냐? 너의 아우의 피가 땅에서 나에게 울부짖는다. 이제 네가 땅에서 저주를 받을 것이다. 땅이 그 입을 벌려서, 너의 아우의 피를 너의 손에서 받아 마셨다. 네가 밭을 갈아도, 땅이 이제는 너에게 효력을 더 나타내지 않을 것이다. 너는 이 땅 위에서 쉬지도 못하고, 떠돌아다니게 될 것이다. (창 4: 8~12)

농부 가인은 농사 지은 곡식으로 하나님께 제사를 지냈고 목자 아벨은 어린양을 제물로 바쳤다. 하나님이 목자 아벨의 어린양 제물은 받고 농부 가인의 곡식 제물은 받지 않으셨다. 화가 난 농부 가인은 목자 아벨을 죽였다. 땅에 피를 흘리며 죽은 아벨은 그가 제물로 바친 어린양과 일치한다. 여기서 농부 가인과 그의 곡식 제물은 목자 아벨과 그의 어린양 제물이 대조를 이룬다. 가인이 아벨을 죽임으로써 농부 가인과 목자 아벨의 형제 관계는 파탄에 이른다.

추수감사제와 희생제가 결합된 예수의 성만찬

농부 가인과 목자 아벨의 파탄난 형제관계는 예수를 통해 회복된다. 예수의 성만찬에 농업문명의 추수감사제와 유목문명의 희생제가 결합 되어 있다. 신약성경 복음서에 따르면 예수는 십자가에 달려 죽기 전에 유대교 명절인 유월절에 제자들과 식사를 한다. 유월절은 이집트에서 종살이하던 이스라엘 백성이 문틀에 어린양의 피를 바르고 이집트를 탈출한 것을 기념하는 명절이다. 십자가에 달려 피를 흘리고 죽은 예수는 이스라엘 백성의 해방을 위해 피를 흘리고 죽은 어린양과 동일시된다. 예수는 제자들과 함께 유월절 식사를 하면서 빵은 '나의 몸'이고 포두주는 '나의 피'라면서 빵을 먹고 포도주를 마실 때마다 '나의 몸과 피'를 함께 먹고 마시라고 하였다.(마태 26, 17 이하, 26 이하) 빵과 포도주는 농사를 지어서 만든 것이다. 예수는 밥을 먹을 때는 언제나 하나님께 감사 기도를 드렸다. 그래서 예수의 성만찬은 감사의 식사(Eucharist)가 되었다. 유월절 어린양의 희생과 농업 문녕의 추수 감사가 결합 된 것이다. 농업 문명에 깃든 불의와 폭력, 희생자의 고통과 죽음이 성만찬에 반영되어 있다. 성만찬은 예수와 함께 하는 화해와 구원, 기쁨과 해방의 밥상공동체다.

농부 가인은 곡식으로 제사를 드리고, 떠돌이 목자 아벨은 어린양으로 제사를 드렸다. 여기에는 농업문명의 추수감사제와 유목문명의 희생제사가 반영되어 있다. 그리고 추수감사와 희생제사에는 제국주의적 불의와 폭력이 깃들어 있다. 인류문명사는 수렵채취시대, 농업과 목축시대, 공업시대, 정보화시대로 구분된다. 도구를 사용하기 시작한 인류역사가 240만 년쯤 된다. 이러한 인류역사 가운데 239만 년 동안 수렵채취시대를 지냈고 1만 년 전쯤부터 농경과 목축시대가 열렸고 300년 전쯤부터 공업시대가 시작됐고, 50년 전쯤부터 정보시대가 시작됐다.

공업과 정보의 시대는 최근의 일이고 농업과 목축은 1만 년 되었으나 사냥하고 열매를 따 먹는 생활은 200만 년이 넘는다. 수렵채취시대는 자연의 품에서 자연의 일부로 살던 때였다. 씨족 사이에 영역다툼은 있었으나 계급, 신분, 국가는 없었다. 그러나 농업문명에는 불의와 폭력이 배어 있다. 농경문명은 정착문명이며, 창고를 짓고 곡식을 쌓고 전쟁하여 곡식을 뺏고 노예를 부린다. 농업문명은 문명의 시작이고 정신의 큰 진전을 이루었으나 국가제도를 낳음으로써 신분과 계급, 왕과 군대, 성직제도와 매춘제도가 생겼다.

본래 농업은 자연을 갈고 닦아서 변화시켜서 열매를 열게 하는 생활이다. 농부는 땅을 파고 곡식을 심고 기르기 위하여 수고하고 애쓰고 땀 흘려서 일한다. 계절의 변화, 비바람, 물과 흙, 햇빛, 땅의 법칙과 변화, 질서에 순응하며, 땅을 갈고 닦음으로 사람의 마음,

인격과 본성을 갈고닦는다. 땅을 갈고 닦는 것이 cultivate(경작)이고, culture(문화)다. 톨스토이, 유영모, 함석헌은 농촌에서 농사를 지으려 했다. 이들은 국가주의 문명이 파괴한 농촌의 생활 공동체를 회복하려고 하였다. 씨올사상을 정립한 함석헌과 유영모는 공업문명과 정보문명을 거스르고 넘어서서 농사를 통해서 온전한 생명공동체에 이르려고 하였다. 갈릴리 나사렛 산골 마을의 농부이며 목수였던 예수는 농촌을 중심으로 자유롭고 평등하며 정의롭고 평화로운, 가난하지만 사랑에 넘치는 생활 공동체를 이룸으로써 하나님 나라를 이 땅에 세우려 했다.

농업은 열매가 열게 하는 여름질이다. 농업은 사람이 생명과 정신의 열매를 열게 하고 열매가 되도록 훈련시킨다. 농업 문명의 목적은 열매를 맺고 열매가 되는 씨올정신을 기르는 것이다. 그러나 농업 문명이 낳은 국가주의 사회는 남의 열매를 따 먹으려고 전쟁하고 노예를 부린다. 전쟁에서 승리하고 권력을 잡은 자들은 노예들에게 열매 맺는 일을 시키고 자신들은 열매를 따 먹는 일만 하였다. 농업은 본디 자연과 흙의 본성과 질서, 법도와 이치를 배우고 자신의 몸과 마음을 갈고, 닦는 것이어야 한다. 그러나 농경 생활에 토대를 둔 국가사회는 착취와 억압, 전쟁과 폭력, 노예제와 창녀, 군대와 성직 제도를 낳았다. 이처럼 농업 문명은 갈등과 대립, 모순과 역설을 안고 있다.

인간은 자연의 일부이면서 자연을 초월한 존재

하나님의 숨과 흙으로 창조된 인간은 자연의 일부이면서 자연을 초월한다. 인류역사의 목적은 자연과 화해하면서 자연을 넘어서 다른 인간들과 평화로운 공존에 이르는 것이다. 수렵채취 시대에 사람들은 자연의 품에서 자연의 일부로 살았다. 자연을 변경시키거나 파괴하지 않았다. 농업은 자연 질서에 순응하는 것이면서 자연을 변경하고 파괴한다. 수리 관개 시설을 만들고 산을 허물고 밭을 만든다. 이에 반해 떠돌이 유목문명은 수렵채취 시대와 연속성을 가지고 있다. 떠돌이 유목민들은 자연과 하늘에 일치하고 순응하는 삶을 살았다. 땅과 창고에 매이지 않는 자유로운 유랑생활을 했고, 하늘과 빈들의 자유를 누렸다. 하늘과 빈들의 초월적 자유에 대한 열정을 품었다.

이스라엘은 유목전통과 농업전통이 결합된 사회였다. 수메르와 메소포타미아의 농경생활에서 탈출한 이스라엘 선조들은 떠돌이 유목민으로 살았다. 아브라함, 이삭, 야곱 그리고 모세는 떠돌이 양치기였다. 이들은 가나안에 정착하면서 비로소 농경 생활을 하였다. 가나안의 산악지대에 살던 이들은 여전히 목축생활을 하였고 기름진 평야에 살던 이들은 농경생활을 하였다. 예수의 비유에도 농경생활을 나타내는 씨앗, 밀알, 농부가 자주 나오고, 어린양, 희생, 목자와 같은 이야기가 많이 나온다. 성경에 따르면 이스라엘은 농업 문명의 제국들과 맞서 싸웠다. 이스라엘과 유대왕국을 침략하고 파괴한 강대국들인 이집트, 아씨리아, 바빌론, 페르시아는 모두 농업 문명의 제국들이었다. 가나안 원주민들의 바알 신앙은 땅의 생산력을 숭배하는 종교였다. 이스라엘은 야훼 하나님 신앙을 내세워 땅의 생산력 숭배를 거부하고 땅의 정의를 요구했다.

하늘을 우러르는 한민족의 생명체험

한국 민족도 아프리카에서 유라시아 대륙을 거쳐 만주와 한반도로 이주해오면서 오랜 세월 떠돌이 유목 생활을 하였다. 땅을 밟아버리고 하늘을 우러르며 밝고 따뜻하고 환하고 아름다운 아침의 나라를 염원하며 이주하는 과정에서 고결한 하늘의 이념을 체화하고 강인한 생명력과 생명사랑을 체득하였다. 한민족은 농경정착 생활을 시작한 다음에도 하늘을 우러르는 유목전통을 간직하였다. 천지인 삼재 사상이 살아있고, 하늘을 우러르고 북두칠성과 북극성을 신앙의 대상으로 삼았다. 칠성신앙이 아직도 살아있다. 하늘을 그리워하고 영통하고 신통하려는 열망이 한민족에게 남아 있다. 한국인에게는 하나님 신앙이 강력하게 살아 있다. 하늘의 신령과 소통하여 영에 접하고 영적 감동을 누리려 했다. 한겨레는 하늘, '한님'의 자손(天孫)이다. 아시아 대륙의 중앙을 차지하고 농업문명에 바탕을 둔 중국에서는 땅의 질서에 순응하는 주역 팔괘, 음양오행설, 풍수지리설과 사주명리학이 발달했다. 한국은 하늘과 통하여 천지인 합일에 이르는 하늘 중심의 천지인 삼재 사상을 지켰다.

가인은 소유와 생산을 존중하는 농업전통에 속하고 제국을 나타낸다. 아벨은 떠돌이 목자로서 유목전통에 속하고 이스라엘을 나타낸다. 이스라엘은 땅에 매이지 않는 떠돌이 생활을 하며 하늘과 빈들에 의지해서 살았기 때문에 하늘과 빈들의 초월적 자유에 대한 신앙적 열정을 가지고 있다. 하늘과 빈들을 바라보며 사는 사람은 하나님밖에 믿을 이가 없다. 하늘을 보고 빈들을 보고 산을 보라. 도움이 어디서 오는가? 천지를 지은 하나님밖에 도울 이가 없다. 하나님만 의지한다는 믿음이 나온다. 하늘은 초월과 자유, 하나됨을 나타낸다. 한국인에게도 하늘을 그리워하고, 하나님 신앙이 깊이 들어 있다. 한국인은 하나님 신앙 때문에 기독교를 잘 받아들일 수 있었다. 한국인은 하나 되는 감정과 경험을 존중했다. 함께 몰아지경에 빠져서 춤추고 노래한다. 집단적인 몰아지경에 들어가는 것을 좋아한다. 무당의 신들림, 교회 부흥회의 집단적인 영체험을 추구한다. 하늘을 우러르는 한민족의 종교문화적 정체성과 주체성은 땅을 중시하는 중국 문명에 눌려 있었던 것 같다. 초월적인 하나님을 믿는 히브리 기독교 전통을 만나서 비로소 한민족의 정체성과 주체성이 제대로 발현되고 꽃을 피우고 정화되고 심화되고 고양되었다고 생각된다.

곡식제물을 드린 가인은 형제살해를 하고, 어린양을 제물로 드린 아벨은 저 자신이 희생양이 되었다. 곡식제사를 드리는 농업문명에는 제국주의의 불의와 억압이 깃들어 있다. 제국주의 국가권력은 땅과 밥을 독점한다. 국가주의 문명에서는 땅과 밥의 불의가 지배한다. 땅에는 불의한 악행과 희생자의 피가 배어 있다. 땅 없이 떠도는 유목민의 삶에는 억눌림과 고통이 있고, 피 흘림과 희생이 있다. 곡식제사는 살인자의 제사이고 어린양 제사는 피 흘리는 희생자의 제사다. 희생자 아벨의 제물은 십자가에 달린 예수의 제물, 민중, 씨울의 제물과 일치한다.

곡식제사는 추수감사제이고 어린양제사는 희생제사다. 곡식, 낟알은 우주의 씨알맹이이고 천지조화의 산물이다. 예수에게서 추수감사제와 희생제사가 성만찬으로 통합되었다. 친히 어린양이 된 예수와 밥(빵과 포도주)이 결합되어 성만찬이 된다. 어린양 예수의 몸, 살과 피가 빵과 포도주로 된다. 예수에게서 농업문명과 유목문명의 화해와 통합이 이루어졌다.

제국주의 농업문명과 유목문명의 화해와 통합

농업문명과 유목문명이 화해 통합되려면 불의와 폭력으로 희생당한 희생자와 먼저 화해해야 한다. 하나님이 희생당한 아벨을 가인에게서 찾는다. "너의 아우 아벨이 어디 있느냐?" 가인은 "모릅니다. 제가 아우를 지키는 자입니까?"하고 뻔뻔하게 자신의 살해 행위를 은폐 한다. 하나님이 말씀하신다. "네가 무슨 짓을 저질렀느냐? 너의 아우의 피가 땅에서 나에게 울부짖는다." 희생당한 피의 울부짖음이 있는 한 평화와 번영은 없다. 희생당한 피의 울부짖음은 하나님의 사랑과 정의에 대한 울부짖음이다. 도대체 하나님의 사랑과 정의는 어디 있느냐고 부르짖는다. 사랑과 정의가 짓밟혔는

데 하나님은 어디서 무엇 하느냐고 묻는다. 아벨의 피는 예수의 피이고, 오늘 희생당하는 민중의 피이다. 아벨의 부르짖음은 예수의 부르짖음이고 오늘 피흘리며 고통당하는 사람들의 부르짖음이다. 이것은 모두 하나님의 사랑과 정의를 향한 부르짖음이다.

오늘은 4·19혁명 64주년이 되는 날이다. 그때 독재정권과 부정선거에 맞서 싸우다가 수백 명이 피 흘리고 죽었다. 왜 그렇게 죽었을까? 그저 밥 먹고 옷 입고 잠자면서 조용히 살다 죽을 것이지 왜 그렇게 사나운 권력과 불의한 세력에 맞서 싸우다 억울한 죽음을 당했을까? 사람 노릇하려고 그런 것이다. 역사는 짐승 노릇하며 살 것인가 사람노릇하며 살 것인가 시험하는 시험대요 짐승인가 사람인가 결판나는 심판대다. 큰일이든 작은 일이든 사람은 언제나 짐승으로 머물 것인가 사람이 되어 사람 노릇을 할 것인가 시험을 받고 심판을 받는다. 사람은 사람이 못 되면 짐승 수준에도 머물 수 없다. 짐승 이하로 떨어진다. 그래서 "짐승보다 못한 놈"이라는 욕이 나온다. 함석헌은 70대 중반의 나이에도 씨올의 소리를 발행하면서 민주화운동의 중심에 서서 싸웠는데 힘들고 지칠 때마다 "내가 사람 되어야지." 하면서 벌떡 일어섰다.

오늘 우리가 사람이 되려면 4·19 때 피 흘리며 죽어간 사람들의 절규를 들을 수 있어야 한다. 자유와 정의를 위한 그들의 외침이 헛되지 않게 하는 것이 오늘을 사는 사람들의 책임이고 도리이다. 그것이 우리가 사는 길이다. 그들을 위해서가 아니라 우리 자신을 위해서 그들의 외침을 잊지 말고 똑똑히 듣고 사랑과 자유와 정의가 실현되게 해야 한다.

성만찬은 공동체의 기초이고 공동체로의 부름이다. 성만찬은 밥을 먹으면서 십자가에 달려 피를 흘리고 죽은 그리스도의 몸을 함께 먹는 것이다. 그리스도의 피의 부르짖음을 듣는 것이다. 아벨의 피와 모든 고통당하는 이웃의 피, 4·19 혁명을 위해 흘린 피를 함께 마시는 것이고 그 피의 부르짖음을 듣는 것이다. 그렇게 함으로써 사람이 되는 것이고 사랑과 정의의 공동체를 회복하는 것이다. 이 점에서 사랑과 정의의 공동체를 떠나서는 하나님도 그리스도도 없고 구원도 없고, 사람이 될 수도 없다. 성만찬을 통해서 농업 문명과 유목 문명의 통합이 이루어지고 자연과 화해하고 이웃과 더불어 사는 새 나라를 이룬다. 성만찬을 통해서 추수감사제가 회복되고 희생자의 정의가 실현된다.

오늘 우리는 다시 땅에서 쫓겨나 떠도는 생활을 한다. 스스로 땅을 버리고 멀리한다. 땅에 정착하여 농사를 짓는 사람은 얼마 되지 않는다. 인터넷에서 떠돌고 길거리에서 떠돌고 세계를 여행하면서 떠돌아다닌다. 여전히 땅 투기를 하면서 땅에 의지하는 사람들도 있지만, 땅과 깊은 결속을 가지고 살지는 못한다. 땅에는 무자비와 폭력과 불의가 가득하다. 땅에서 평화롭게 살려면 하늘의 정의와 평화에 이르러야 한다. 하늘에서만 크게 하나로 되는 길이 열린다.

씨올들의 생활 공동체는 십자가에 달린 예수의 살과 피를 통해서 부르는 생명의 소리를 듣고 하늘길을 가려고 꿈틀거리는 사람들이다. 예수의 십자가, 성만찬에서 나오는 소리는 큰 소리가 아니다. 그 소리가 너무 작아서 귀로는 안 들리고 마음을 활짝 열어야 가늘게나마 들린다. 세상살이가 너무 어렵고 세상 돌아가는 일이 너무 사납다. 형제를 살해한 가인이 지배하는 세상이다. 우리가 함께 꿈틀거림으로써 생명의 빛이 나게 하자. 하나님의 사랑과 정의가 보이게 하자. 큰일을 하고 큰 소리를 내기 전에 아주 작은 일에서 생명의 꿈틀거림을 해보자. 숨 쉬고 생각하는 데서부터 바르고 따뜻한 기운이 퍼지게 하자. 지극히 작은 일에서부터 남이 감동하게 하자. 최치원이 밝힌 한민족의 종교문화적 핵심원리는 접화군생(接化群生)이다. "만나서 사귀면 감화되어 뭇 생명이 살아난다."는 말이다. 공동체는 접화군생하는 자리다. 말하지 않음으로써 말하고 행동하지 않음으로써 행동하는 법을 배우자.

16. 네 아우의 피가 땅에서 울부짖고 있다

네가 어찌 이런 일을 저질렀느냐? 네 아우의 피가 땅에서 나에게 울부짖고 있다. 땅이 입을 벌려 네 아우의 피를 네 손에서 받았다. 너는 저주를 받은 몸이니 이 땅에서 물러나야 한다. (창 4:10~11)

박종철은 1987년 1월 14일 경찰의 고문에 의해 젊은 목숨을 잃었다. 그가 꽃다운 젊은 목숨을 잃었기 때문에 우리 마음이 아픈 것만은 아니다. 가난했지만 바르게 살았던 깨끗한 목숨, 불의를 보고는 주먹을 불끈 쥐고 외쳤던 의로운 목숨, 어린아이를 사랑하고 고통당하는 이들을 위해 몸 바치기로 다짐했던 어진 목숨을 잃었기에 우리 가슴은 더욱 아프다. 그러나 우리를 분노하게 하는 것은, 우리를 암담한 절망 속으로 빠뜨리는 것은 이 나라의 경찰이 고문을 해서 그를 죽였다는 것이다. 마땅히 국민의 생명을 보호하고 지켜 줄 책임과 의무가 있는 경찰이 고문에 의해 깨끗하고 의롭고 어진 젊은 학생의 목숨을 빼앗았다는 데서 우리는 깊은 배신감과 절망감을 느낀다. 그래서 「동아일보」의 한 논설위원은 "하늘이여 땅이여 울어라."고 절규했다.

1987년 2월 20일에 발표된 신민당의 조사보고서에 의하면, 박종철은 물고문으로 죽은 게 아니라 전기 고문으로 죽었다. 10시간 이상 불법 감금된 상태에서 엄청난 폭행과 끔찍한 전기 고문에 의해 죽었다. 당시의 여러 가지 정황으로 보아 수사관 두 명의 우발적인 범죄라기보다는 당시 치안본부의 고위 간부들과 내무부 장관이 직접·간접으로 책임져야 할 제도적인 범죄로 보아야 한다. 경찰과 검찰의 발표는 너무 모순이 많고 앞뒤가 맞지 않기 때문에 신빙성이 없다.

국민 대다수가 분노하고 검찰의 발표를 불신하는데도 얼버무리기만 하고 적당히 넘기려고만 하는 것은 이 정권이 박종철의 죽음에 책임이 있다는 증거다. 종철이의 죽음은 밀실에서 몰래 이루어졌지만, 이 역사의 한복판에서, 이 나라의 중심에서 이루어진 일이다. 그것은 결코 사사로운 죽음이 아니다. 그의 죽음은 우리 모두의 생사와 관련된 것이다. 그의 죽음은 인류 역사의 근본 문제를 드러낸다.

아담과 하와가 타락한 후 맨 처음에 일어난 사건이 형제살해였다. 한 어머니 뱃속에서 나온 동생 아벨을 가인이 돌로 쳐 죽였다. 인류 역사의 맨 처음에 나오는 형제살해 이야기는 인류 역사의 모순과 갈등의 깊이를 드러내며, 사회의 계급적인 증오와 분노를 보여준다. 또한 형제살해에 관한 이 이야기는 가정이나 직장에서 가까이 접하는 인간들 사이의 깊은 증오와 분노를 말해 준다. 친구 사이에, 직장 동료 사이에, 부부 사이에 깊은 증오와 분노가 지배할 수 있다는 것을 이 이야기는 알려 준다. 개인적이건 사회적이건 인간존재의 깊은 단면을 보여준다는 점에서 이 이야기는 우리 자신에 관한 이야기다.

그런데 성경에서는 왜 하나님이 아벨의 제물은 받고 가인의 제물은 받지 않았는지 그 이유가 밝혀져 있지 않다. 아벨은 하나님의 인정을 받았으나 가인은 하나님의 인정을 받지 못했고, 그 때문에 가인은 아벨을 죽였다고 성경은 말할 뿐이다. 하나님이 가인의 제물을 반기지 않은 것은 가인의 존재를 반기지 않은 것이다. 인간의 가장 기본적이고 가장 절실한 욕구는 남에게 필요한 존재가 되려는 욕구다. 남이 필요로 하는 존재, 남에게 받아들여지는 존재가 되려는 갈망이 인간의 의식과 무의식을 사로잡고 있다. 그래서 우리는 하나님으로부터 거부당한 가인의 분노와 좌절을 이해할 수 있고, 가인이 아벨을 죽인 동기도 이해할 수 있다.

그러나 왜 하나님은 아벨의 존재는 받아들이고 가인의 존재는 거부하였을까? 이 점에 대해서 성경은 아무 말도 하지 않는다. 흔히 사람들은 농업 문화와 유목 문화의 대립을 말하기도 한다. 유목 문화에 뿌리를 둔 이스라엘 백성이 농업 문화로부터 받는 박해와 굴욕, 농업 문화에 대한 거부감이 반영되어 있다고 보기도 한다. 두 문화의 차이는 무엇인가? 농업 문화의 특징은 자연의 순환에 적응하고 땅에 매이는 것이다. 유목 문화의 특징은 자유롭게 떠돌아다닌다는 것이다.

농업 문화는 소유의 축적과 권력의 집중을 초래한다. 농사짓는 사람은 당연히 창고를 짓고 곡식을 쌓아 놓게 마련이고, 그러다 보면 빈부의 격차가 늘어나기 마련이다. 부자들은 사치와 향락을 일삼고, 그런 호사스런 문화가 발달하면 가난한 자들은 억눌리고 굶주리게 된다. 농업사회는 홍수나 가뭄 같은 천재지변에 공동으로 대처한다. 거대한 관개 시설을 관리하기 위해 국가 체제가 출현하며 권력이 집중된다. 소유의 축적과 향락 문화, 빈부격차와 권력 집중이 농업 문화의 특징을 이룬다. 부와 권력을 지키기 위해 군대가 창설되고 거대한 제국이 수립된다.

이런 반면에 유목민들은 떠돌아다니기 때문에 소유의 축적에도 한계가 있고 권력 집중도 이루어지기 어렵다. 가난하지만 자유롭고 평등하며 우애 있는 사회를 이룬다. 유목민 전통을 가진 이스라엘 백성은 농업 문명의 대제국인 이집트·아씨리아·바빌론으로부터 박해와 굴욕을 끊임없이 받았다. 농사꾼 가인의 뒤에는 농업 문명의 대제국들이 있고 목자 아벨의 뒤에는 가난하지만 자유롭고 평등하며 우애 있는 이스라엘 공동체가 있다고 보면, 성경의 이야기를 좀 더 잘 이해할 수 있다. 더 나아가 가난하지만 깨끗하고 의롭고 어질게 살려고 힘쓰다가 살해된 종철이를 아벨로 보고 거대한 국가 권력 기관의 하수인인 고문 수사관을 가인으로 보면, 성경의 이야기는 더욱 분명해진다. 가인이 아벨을 아무도 없는 빈들로 데려가서 죽였듯이 경찰은 종철이를 아무도 보지 않는 밀실에서 죽였다. 가인도 경찰도 살인 행위를 숨기려 했으나 숨길 수 없었다.

네 아우의 피가 땅에서 나에게 울부짖고 있다. 땅이 입을 벌려 네 아우의 피를 네 손에서 받았다.

아벨의 피인 종철이의 피가 땅에서 부르짖는다. 종철이의 죽음이 단순히 억울하기 때문에 땅에서 그 피가 부르짖는 게 아니다. 그의 죽음은 이 나라의 민주화와 남북통일로 가는 길목에서 바쳐진 죽음이다. 그의 죽음은 이 나라의 운명과 직결된 죽음이다. 그래서 그가 흘린 피는 이 나라의 하늘과 땅에 사무친다. 이 나라에 발 딛고 사는 사람은 아무도 종철이의 죽음을 외면할 수 없다. 예수 그리스도의 죽음이 인류의 운명을 걸머지고 죽은 죽음이듯이 종철이의 죽음도 우리의 운명을 걸머쥔 죽음이다. 종철이가 힘없이 고독하게 죽어갈 때, 십자가에 달린 그리스도가 거기 있었고 그리스도를 살린 하나님이 함께 있었다.

우리가 그리스도의 십자가 죽음을 믿는다면, 하나님이 그리스도의 십자가 죽음을 통해 인류를 구원하고 해방한다는 것을 믿는다면, 종철이의 죽음을 통해서도 하나님이 역사한다는 것을 믿어야 한다. 그리스도의 십자가는 교회당 지붕에 있지 않고 종철이의 죽음 위에, 그가 죽은 현장에 있다. 오늘 그리스도는 목사나 장로나 집사들이 있는 교회당에 있다기보다 종철이가 죽은 자리에, 종철이의 고통스런 죽음 속에 있다. 참으로 그리스도의 십자가를 믿는 사람은 그리스도가 오늘 종철이와 함께 죽음을 당한다는 것을 믿어야 한다. 하나님이 살아 있다고 믿는 사람은 하늘이 무심치 않다고 믿는 사람은 하나님이 종철이의 죽음을 외롭게 버려두지 않는다고 믿어야 한다. 2천 년 전 십자가에 달려 죽은 그리스도가 오늘 살아 있다면, 죽은 종철이도 그리스도와 함께 오늘 살아 있다.

우리는 종철이의 죽음에 대해 책임이 있다. 우리가 이 나라의 국민 된 도리를 다했다면, 그가 그렇게 죽었을 리 없다. 불의한 정권을 바로잡고 고통받는 민중을 위해 마땅히 할 일을 했다면, 그가 죽었을 리 없다. 그는 우리의 허물 때문에 죽었다. 우리가 할 일을 안 했기 때문에 젊은 그가 나섰다가 죽은 것이다. 그는 우리 대신 죽었다. 그의 죽음 앞에서 우리가 할 말은 이것뿐이다.

종철아, 우리가 잘못했다. 이제 우리가 네가 못다 한 일을 하마.

우리는 먼저 우리의 잘못을 철저히 회개해야 한다. 우리의 안일한 생활, 이기적이고 폭력적인 생활을 회개해야 한다. 전 민청련 의장 김근태도 치안본부에서 사경에 이를 정도로 지독한 고문을 당했다고 한다. 인간으로서는 도저히 할 수도 없고 받을 수도 없는 고문을 예사로 하는 사람들이 자식들의 대학 진학 걱정을 늘어놓는 것을 보고 큰 충격을 받았다고 한다. 사랑하는 아내와 자식들을 위해서, 소시민적인 안락을 위해서 그처럼 끔찍스런 일을 서슴없이 저지른다는 것은 두려운 일이다.

히틀러가 집권했을 때, 독일 그리스도인의 절대다수가 환영했다. 개인적으로는 선량하고 성실한 독일인들이 6백만 명의 유대인을 집단 학살하는 일에 직접·간접으로 가담했다는 것은 지금도 수수께끼다. 독일 국민의 절대다수가 그리스도인이었음을 감안하면 더욱 알 수 없는 일이다. 안락한 가정생활에만 집착하고 사회 정치적인 책임을 소홀히 할 때, 얼마나 두려운 결과가 발생하는가 알 수 있다.

얼마 전 복지원 사건 때문에 신민당 의원들이 조사하러 갔다가 도리어 얻어맞고 빈손으로 돌아온 일이 있다. 전국 34개 복지원에 수만 명의 국민이 강제 수용되어 있다. 신문에 단편적으로 보도되는 내용을 읽어 보면, 도대체 이게 사람 사는 나라인가, 도대체 그동안 정부는 무엇을 했고 국민은 무엇을 했단 말인가 하는 분노가 치민다. 술 취한 행인이 끌려가서 강제 수용되고, 멀쩡한 어린 학생이 길 가다 잡혀서 강제 수용되었다니. 무고한 시민이 강제 수용당했다가 탈출했다는 이야기가 왜 이제서야 보도된단 말인가? 그런 이야기들이 보도되고 있는 마당에 일 년에 전국 복지원에서 수백 명씩 죽었다는 사실이 밝혀졌는데, 왜 정부는 감추려고 할까? 도대체 복지원이 무엇인데, 조사하러 간 국회 의원들을 구타한단 말인가? 이렇게 어처구니없는 일들이 요 몇 년 사이에 이 땅에서 일어났다.

나는 평소에 이 나라에는 교도소가 너무 많다고 생각했다. 그런데 완전히 법의 밖에 있는 강제 수용소가 그렇게 많은 줄은 몰랐다. 인권이나 법이란 말이 우습게 되었다. 폭력이 이 땅에 가득 찼다. 군인과 경찰의 총기 난동 사건이 자주 일어나고, 경찰이 고문해서 학생을 죽이고, 시내에서는 전투복 입은 무장 경찰들과 학생들이 날마다 육박전을 벌이고, 깡패들은 끔찍한 유혈극을 서슴지 않고 벌인다. 그런가 하면 전국에 널려 있는 복지원은 이름과는 달리 폭력과 죽음이 지배하는 지옥임이 드러나기도 했다. 모든 복지원이다 그렇지는 않겠지만, 정부가 복지원 사건을 은폐하고 있으니 얼마나 끔찍한 일이 더 일어났는지 알 수 없다. 이 땅이 폭력으로 꽉 차 있다는 것만을 알 수 있을 뿐이다.

이 책임을 누가 져야 하나? 우선 폭력 사태에 직접 책임이 있는 사람들, 치안을 담당한 현 정권이 책임을 져야 한다. 하나님은 가인에게 "너는 저주를 받은 몸이니 이 땅에서 물러나야 한다."고 말하였다. 오늘 하나님은 정권을 잡은 사람들에게 "너희는 이 모든 불의와 폭력 사태에 책임을 지고 권력에서 물러나야 한다."라고 말한다. 물러나면 하나님은 그들이 살길도 열어 준다. 가인이 땅을 떠났을 때 가인의 살길도 마련해 주었듯이.

종철이의 죽음을 앞에 두고 우리는 예수 그리스도의 평화에 대한 신념을 더욱 다져야 한다. 폭력이 난무하는 사회를 향해 확실하고 분명한 목소리로 그리스도의 평화를 선포해야 한다. 이 땅에 정의와 평화가 이루어지도록 간절히 기도하고 정의와 평화를 위해 앞장서야 한다. 우리의 마음과 생활 속에서 폭력적인 말이나 행동을 몰아내야 한다.

"맞을 만한 짓을 했으니 맞았겠지."라고 하는 폭력 방임주의나 "매가 약"이라는 폭력적인 태도를 단호히 거부하고 부끄럽게 여기자. 종철이의 죽음 앞에서 먼저 우리 자신을 회개하자. 우리 자신의 폭력적인 삶을 회개하고, 이 나라의 민주화와 통일을 위해 그리고 고난받는 민중을 위해 아무 일도 하지 못한 것을 회개하자. 그리고 나서 죽은 종철이에게 다시 한번 이렇게 말하자.

종철아, 우리가 잘못했다. 이제 네가 못다 한 일을 우리가 하마.

17. 멸종에서 상생으로

사람은 어릴 때부터 그 마음의 생각이 악하기 마련이다. 다시는…모든 생물을 없애지는 않겠다. 땅이 있는 한 뿌리는 때와 거두는 때, 추위와 더위, 여름과 겨울, 낮과 밤이 그치지 아니할 것이다. (창 8: 21~22)

하나님이 말씀하셨다. "내가, 너희 및 너희와 함께 있는 숨쉬는 모든 생물 사이에 대대로 세우는 언약의 표는 바로 무지개이다. 내가 무지개를 구름 속에 둘 터이니, 이것이 나와 땅 사이에 세우는 언약의 표가 될 것이다. 내가 구름을 일으켜서 땅을 덮을 때마다, 무지개가 구름 사이에서 나타나면, 나는, 너희와 숨쉬는 모든 짐승 곧 살과 피가 있는 모든 것과 더불어 세운 그 언약을 기억하고, 다시는 홍수를 일으켜서 살과 피가 있는 모든 것을 물로 멸하지 않겠다. 무지개가 구름 사이에서 나타날 때마다, 내가 그것을 보고, 나 하나님이, 살아 숨쉬는 모든 것들 곧 땅 위에 있는 살과 피를 지닌 모든 것과 세운 영원한 언약을 기억하겠다." 하나님이 노아에게 말씀하셨다. "이것이, 내가, 땅 위의 살과 피를 지닌 모든 것과 더불어 세운 언약의 표다." (창 9:12~17)

인류의 죄악과 악행이 세상에 가득해서 하나님이 사람을 지은 것을 후회하고 사람과 함께 짐승들을 땅에서 쓸어 버리기로 결심했다. 그리고는 홍수를 일으켜 세상의 생명을 파멸시켰다. 의로운 노아와 함께 한 사람들과 생물들만 살아남았다. 노아는 홍수로 세상의 생명이 멸절될 때 생명을 이어간 씨올이었다.

하나님이 뭇 생명을 세상에서 쓸어버렸다는 말은 무슨 말인가? 지난 생명의 역사를 살펴보면 이해할 수도 있다. 전체 생명의 50% 이상 어떤 때는 90% 이상 멸종된 경우가 여러 번 있었다. 급격한 기후변동이나 파국적인 재난 때문에 또는 적응을 못해서 빗자루로 쓸어버리듯이 엄청난 생명체들이 멸절했다. 생명체의 멸종이 새삼스러운 것이 아니다.

인류의 범죄와 타락도 새삼스러운 것이 아니다. 막가는 세상, 막가는 인간들을 보면서 왜 이런 세상이 생겼고 왜 이런 인간들이 나왔나 탄식하게 된다. 세상이 절망스럽고 인간의 죄악이 끔찍한 것은 새삼스러운 일이 아니다. 인류사회가 존속하는 동안 세상은 캄캄하고 절망적인 상황에 있었다. 위대한 성인 프란시스가 살던 때도 부정부패와 권모술수가 가득하고 희망의 빛이 보이지 않는 캄캄한 세상이었다. 칠흑같이 어두운 캄캄한 세상에서 프란시스는 생명의 빛을 밝히 드러냈다. 어두울수록 빛은 환하다.

멸종의 위기에서 상생의 진화로

천재지변과 급격한 기후변동 속에서 생명이 멸종하거나 진화한 것은 누가 그렇게 시킨 것이 아니라 생명이 저 스스로 그렇게 한 것이다. 환경의 변화가 있었지만, 환경은 늘 변하는 것이고 변할 수 있는 것이다. 그 변화 속에서 생명이 멸종의 길로 가기도 하고 진화의 길로 가기도 한다. 인간도 마찬가지다. 인간 앞에는 저주의 길과 축복의 길이 있다. 구약성경에 따르면 율법을 지키면 축복의 길로 가고 율법을 지키지 않으면 저주의 길로 가게 된다. 초기 기독교 신앙서(『디다케』 12사도 교훈)에 따르면 인류의 앞에는 죽음의 길과 생명의 길이 있다. 기독교 신앙은 죽음의 길을 버리고 생명의 길을 가는 것이다.

율법과 신앙을 버리고 죄악을 저지르는 것은 결국 인간이 스스로 자기를 파괴하고, 스스로 죽음에 이르는 것이다. 선이란 무엇이고 악은 무엇인가? 선은 생명을 진실하고 착하고 아름답고 거룩하게 풍성하고 깊게 성취하는 것이다. 선을 행하는 것은 스스로 생명의 길로 가는 것이다. 악은 생명을 파괴하고 죽게 하는 것이다. 생명과 정신을 불의, 잔혹, 거짓, 미움으로 파괴하는 것이다. 죄악은 저 살자고 유혹에 빠져 저와 전체를 파멸, 죽음의 길로 몰아넣는 것이다. 선은 생명과 축복의 길로 가는 것이고 악은 죽음과 저주의 길로 가는 것이다. 이것은 당장에 개인의 처지에서 보면 그렇지 않은 것처럼 보여도 전체의 자리에서 길게 보면 분명한 진실이다.

생명은 선의 길과 악의 길, 생명의 길과 죽음의 길, 축복의 길과 저주의 길을 스스로 찾아간다. 누가 선의 길을 강제하지 않고 누가 악의 길을 강요하지 않는다. 스스로 선택하고 스스로 길을 간다. 생명은 100% 스스로 함이고 100% 환경과 재난과 조건에 의해 되는 것이다. 생명의 역사를 돌이켜 보면 지질, 기후의 변동으로 생명이 파국을 맞으면, 대부분 멸종하지만 아주 작은 소수가 적응하여 진화하거나 돌연변이에 의해서 결정적인 새로운 차원의 진화를 한다. 생명진화의 역사에서 세 차례 이런 진화가 있었다. **첫째** 진핵세포의 진화가 있었다. 38억 년 전에 생명체가 처음 생겨난 후 20억 년 가까이 세균과 박테리아 같은 단세포 생물의 형태로 생명체가 존속했다. 그러다가 산소를 좋아하는 호기성 세균들이 나타나서 산소를 싫어하는 혐기성 세균들을 잡아먹기 시작했다. 멸종 위기에 몰린 혐기성 세균들이 산소를 좋아하는 호기성 세균들을 몸속으로 받아들여 공생하기 시작했다. 약한 세균이 사나운 세균을 몸속으로 받아들였고, 활발하고 사나운 세균이 미트콘드리아와 엽록소가 되어서 세포의 생명활동을 활기차게 하였다. 이렇게 생겨난 진핵세포에서 식물과 동물의 생명진화가 활발히 일어났다.

둘째 물고기의 진화가 있었다. 바다 속에는 여러 가지 물고기들이 있었는데, 사나운 물고기들이 약한 물고기들을 잡아먹기 시작했다. 위기를 맞은 물고기들 가운데 일부는 두껍고 딱딱한 껍질을 쓰고 조개나 소라가 되었다. 일부는 딱딱한 껍질을 살로 감싸고 자유롭게 도망 다녔다. 연한 살을 밖으로 내놓았기 때문에 상처받기 쉬웠지만, 속에 단단한 뼈가 생겨서 유연하고 빠르고 힘차게 움직일 수 있었다. 살을 밖으로 드러내는 모험을 한 물고기가 파충류, 조류, 포유류와 같은 척추동물의 조상이 되었다.

셋째 꽃피는 속씨식물과 포유류의 진화가 있었다. 포유류가 세상을 주도하기 전에 공룡은 지구를 주름잡은 지배자였다. 그렇게 번성하던 공룡이 갑자기 멸종했다. 흔히 운석의 충돌로 인한 기후 변동으로 공룡이 멸종했다고 한다. 그러나 많은 고생물학자들에 따르면 공룡의 생활 자체가 이미 멸망의 씨앗을 품고 있었다.

당시에는 꽃 피는 속씨식물이 적고 겉씨식물인 침엽수가 번성했다. 처음에는 공룡이 몸길이 50cm밖에 안 되는 작은 동물이었는데 얼마나 먹어댔는지 몸의 길이가 5~60m에 이르게 되었다. 공룡이 마구 먹어대어서 숲이 파괴되었다. 공룡은 포식자요 파괴자였다. 침엽수가 사라지니 초식공룡이 사라지고 초식공룡이 사라지니 육식공룡도 사라지게 되었다. 그러다가 운석의 충돌로 기후변화가 일어나면서 공룡은 멸종하고 겉씨식물은 쇠퇴하였다. 침엽수와 공룡 사이에는 상생관계가 없고 먹고 먹히는 파괴와 소멸의 관계만 있었다.

중생대 말기에 수많은 생물과 함께 공룡이 멸종한 다음에 속씨식물과 포유류가 나왔다. 속씨식물과 포유류는 상생관계를 이루었다. 속씨식물이 꽃피고 열매 맺으면 포유류가 열매를 먹고 그 씨앗들을 온 세상에 널리 퍼트렸다. 포유류도 열매를 먹고 살고 속씨식물도 포유류의 도움으로 온 세상에 널리 확산되었다. 포유류도 살고 꽃피는 속씨식물도 살게 되었다.

침엽수는 하늘 높이 자라지만 잎이 날카롭고 공룡은 덩치만 크고 몰골이 흉악하다. 꽃씨 식물은 얼마나 다양하고 아름다운 꽃을 피우는가, 얼마나 달콤하고 맛난 열매를 맺는가? 포유류는 또 얼마나 다양하고 아름나운 모습으로 살아가는가? 포유류는 자신의 덩치를 키우기보다는 사랑의 감정과 생각을 키웠다. 그 포유류에서 사람과 같은 영특한 존재가 나왔다. 열매와 씨앗은 먹히고 먹여줌으로 사는 길을 보여준다. 아름다운 꽃은 '서로 살림'(相生)에로의 부름이다.

공룡이 침엽수와 함께 쇠퇴하고 멸망하는 길로 갔다면 포유류와 꽃피는 속씨식물은 상생의 길로 갔다. 속씨식물은 꽃과 열매로 상생의 길을 열고 포유류를 상생의 길로 초대했고 포유류는 속씨식물과 함께 상생의 길을 열어 가고 있다. 상생의 길로 부르는 꽃과 열매는 생명이 풍성하게 하려는 창조자의 의지를 나타낸다. 포유류의 후손인 사람은 꽃과 열매와 씨앗으로부터 상생의 길을 배우고 있다.

생명 진화의 역사를 보면 빙하기가 이어지고 운석이 충돌하고 산불이 나고 홍수가 나서 수많은 생물들이 멸종되고, 힘세고 사나운 맹수들이 약하고 힘없는 생명체들의 목숨을 위협한다. 생명의 멸종위기는 되풀이된다. 생태계가 파괴되고 전쟁이 나고 가뭄이 들고 사막화가 이루어져서 오늘도 생명은 위기를 맞는다. 멸종의 위기 속에서 살아남는 것이 문제가 아니라 진화하는 것이 문제였다. 위기에 적응하여 살아남는데 급급한 생물은 조개나 뱀처럼 진화를 중단하였다. 멸종의 위기에서 살아남을 뿐 아니라 새로운 삶으로 도약한 생물은 끊임없이 진화하였다. 조개나 뱀처럼 진화가 멈추는 것이 아니라 물고기와 포유류처럼 끊임없이 새로운 생명의 길로 진화해야 한다.

멸종의 위기를 맞은 생명의 과제는 생존하는 것이 아니라 진화하는 것임을 생명진화의 역사가 보여준다. 자신의 생존만을 추구하고 자신의 덩치만 키운 공룡은 멸종하고 상생의 길을 열어간 속씨 식물과 포유류는 끊임없이 번성하고 진화해간다. 오늘도 인류의 위기 앞에서 우리는 단순한 생존이 아니라 상생의 힘과 지혜를 찾아야 한다.

무지개, 생명의 약속

노아는 홍수의 위기에서 살아남을 뿐 아니라 생명의 약속을 받았다. 노아는 당대에 의롭고 흠이 없는 사람이었다. 의롭고 온전한 이는 하나님이다. 노아는 의롭고 온전한 하나님을 그리워하고 하나님을 따라 산 이다. 노아는 하나님과 동행한 이다. 생의 고난과 죽음을 넘어서 생명을 이어가는 씨올은 의롭고 흠이 없는 생명이다. 생명의 열매를 맺으려고 씨올은 온전히 자신을 바친다. 의롭고 온전한 삶을 살았기 때문에 노아는 씨올이 되었다.

노아는 정결한 짐승을 불살라 제사 드린다. 먹지 않고 불사르는 것은 정화, 소멸, 없음과 빔을 나타낸다. 자신의 욕심을 비우고 소유를 헌납하여 신의 것으로 드림이 제사 offering이다. 제사를 지내는 까닭은 삶이 은혜로 받은 선물이기 때문이다. 삶이 나의 소유이고 권리라면 제사를 지낼 필요가 없다. 삶은 서로에게 은혜이고 선물이다. 그러니까 삶은 사랑과 우정으로 서로 선물이 되어야 한다. 삶이 은혜로 선물 받은 것이고 내가 가지고 있는 모든 것이 은혜로 주어진 것이므로 하나님께 제사를 지낸다. 제사는 삶에 대한 감사와 기쁨의 표현이다. 사실 참된 제사는 내 존재와 삶을 하나님께 드리는 것이다. 짐승을 불살라 제사 지내는 것은 내 몸과 영혼을 불살라 제사 지내는 것의 상징과 표시에 지나지 않는다. 제사를 지내는 것은 삶의 근원인 하나님께 돌아가는 것이고 하나님께 돌아가면 삶이 깨끗하고 풍성하며 아름다워진다.

제사를 받은 하나님은 생명의 보전을 약속하셨다. "사람은 어릴 때부터 그 마음의 생각이 악하기 마련이다. 다시는…모든 생물을 없애지는 않겠다. 땅이 있는 한 뿌리는 때와 거두는 때, 추위와 더위, 여름과 겨울, 낮과 밤이 그치지 아니할 것이다." (창세 8,21~22)

땅은 두터워서 미덥고, 낮과 밤은 변함이 없고, 계절은 어김없이 찾아온다. 변덕스러운 인간의 마음에 비하면 자연의 질서와 법칙은 든든하여 믿을 수 있다. 사람은 욕심의 뿌리가 깊고 허영심이 가득하여 믿기 어렵다. 사람의 마음은 유혹에 흔들리기 쉽고, 형편에 따라 변하기 쉽다. 그러므로 인간은 땅의 두터움과 자연 질서와 법칙의 든든함과 확고함에서 삶의 지혜와 힘을 배워야 한다. 그러나 하늘의 하나님과 영원한 생명을 추구하는 인간의 생명과 정신이 언제까지나 땅과 자연 질서에서 배우고 거기에 의존할 수만은 없다. 자연의 질서와 법칙은 끝까지 믿고 의지할 것이 못 된다. 그것은 영원한 것이 아니다. 과학자들에 따르면 50억 년 후 태양이 폭발하고 지구는 소멸한다. 우주 물질세계 자체가 영원한 것이 아니다.

사람의 마음속 깊은 데서 하나님을 그리워하고 우러를 믿음의 터를 찾아야 한다. 영원한 생명은 사람의 마음속 깊은 데 있다. 사람의 얼굴이 우주보다 깊고 높다. 우주가 무너지고 깨져도 사람의 얼굴 속에 박혀 있는 얼, 신령은 죽지 않는다. 유영모는 믿음을 사람의 마음 밑바닥을 트는 것이라고 하였다. 마음의 밑(본성과 터전)을 틈으로써 참 생명에 이른다. 영원한 생명의 약속은 사람의 속의 속에 얼굴 얼의 골짜기 속에 있다.

노아는 생명의 약속으로 무지개를 징표로 받았다. 하나님은 노아와 그 후손 그리고 살아 숨쉬는 모든 생물과 언약을 맺는다. 다시는 물로 멸하지 않겠다며 생명의 보전을 약속하고 그 언약의 징표로 무지개를 주었다. 무지개는 일곱 빛깔의 공존이며 새 생명, 새 존재의 드러남이다. 무지개는 상생과 공존의 삶을 나타낸다.

자연질서와 법칙은 우주의 물질세계에 속한 것이다. 무지개는 허공에 아무것도 없는 데서 생겨나 하늘에 걸려 있다. 무지개는 하늘에 속한 것이다. 없음에서 허공(빈탕한데)에서 나온 것이다. 마음의 속의 속, 얼의 깊은 골짜기인 얼굴에서 무지개가 피어올라야 한다. 권력도 돈도 명예도 없는 씨울들의 삶의 자리에서 무지개가 피어올라야 한다. 여느 때는 뵈지 않는 일곱 빛깔의 무지개는 뵈지도 않고 없는 것만 같은 믿음과 영의 세계를 나타낸다. 없는 것을 있는 것같이 이끌어내시는 하나님의 존재와 힘을 무지개가 드러낸다.

씨울공동체는 무지개다. 꽃과 씨와 열매가 무지개다. 허공에서 아무것도 없는 데서 생명과 정신의 새로운 차원, 새로운 세계가 펼쳐진다. 무지개가 아무것도 없는 허공에 서로 다른 빛깔로 어우러져 나타나듯이 씨울공동체도 그렇게 펼쳐질 것이다.

2부

국가주의를 넘어서는 아브라함의 믿음

18. 바벨탑과 문명; 민들레 씨앗처럼 흩어져 사랑하라

처음에 세상에는 언어가 하나뿐이어서, 모두가 같은 말을 썼다. 사람들이 동쪽에서 이동하여 오다가, 시날 땅 한 들판에 이르러서, 거기에 자리를 잡았다. 그들은 서로 말하였다. "자, 벽돌을 빚어서, 단단히 구워내자." 사람들은 돌 대신에 벽돌을 쓰고, 흙 대신에 역청을 썼다. 그들은 또 말하였다. "자, 도시를 세우고, 그 안에 탑을 쌓고서, 탑 꼭대기가 하늘에 닿게 하여, 우리의 이름을 날리고, 온 땅 위에 흩어지지 않게 하자."

주님께서 사람들이 짓고 있는 도시와 탑을 보려고 내려오셨다. 주님께서 말씀하셨다. "보아라, 만일 사람들이 같은 말을 쓰는 한 백성으로서, 이렇게 이런 일을 하기 시작하였으니, 이제 그들은, 하고자 하는 것은 무엇이든지, 하지 못할 일이 없을 것이다. 자, 우리가 내려가서, 그들이 거기에서 하는 말을 뒤섞어서, 그들이 서로 알아듣지 못하게 하자."

주님께서 거기에서 그들을 온 땅으로 흩으셨다. 그래서 그들은 도시 세우는 일을 그만두었다. 주님께서 거기에서 온 세상의 말을 뒤섞으셨다고 하여, 사람들은 그곳의 이름을 바벨이라고 한다. 주님께서 거기에서 사람들을 온 땅에 흩으셨다. (창 11:1~9)

이 단락은 원역사의 끝이다. <창조-원초적 시대-대홍수-인류역사의 새로운 정립>이라는 원역사는 수메르, 고대 메소포타미아 문서들에 나온다. 원역사가 끝나고 아브라함으로 시작되는 구원사, 이스라엘역사가 시작된다.

바벨탑이야기는 문명과 제국의 본질에 대해 말해준다. 언어와 인종의 분화가 왜 어떻게 이루어지는지를 보여준다. 바벨탑은 선악과를 먹은 탐욕스럽고 교만한 인간 문명의 본질을 드러낸다. 바벨탑이 상징하는 국가주의 문명은 권력과 돈을 중심으로 뭉치고, 씨올이 상징하는 세계평화문명은 씨앗처럼 흩어져 사랑한다. 씨올은 흩어짐으로써 전체 하나에 이르는 길을 간다.

문명, 문화는 인간의 생활양식을 나타낸다. 문명은 자연생명의 세계에 인간의 생각(이성)과 생명의지를 표현하고 실현한 것이다. 또 우주생명이 인간을 통해 자각하고 자기의식에 이른 것을 뜻한다. 함석헌에 따르면 인류는 목축을 통해 동물계를 알고 친하게 되었고, 농경을 통해 식물계를 알고 친하게 되었고, 금속공업을 통해 이화학계를 알게 되었다. 앎은 사귐과 소통을 위한 것인데 앎과 생각에 죄와 탐욕이 개입하고 죄와 욕망으로 인해서 지배, 수탈, 파괴에 이른다. 본래 정신과 생명은 사랑과 의에 기초한 것인데 인간의 생명과 정신이 닦아낸 문명이 불의하고 잔인한 문명이 되었다.

바빌론 제국은 모든 제국의 상징이며 다른 민족과 종족을 희생제물로 삼았다. 메소포타미아지역 남부에는 평화로운 수메르인이 살고 북부에는 호전적인 아카드인이 살았다. 아카드인으로서 BC2334~2279년에 통치한 사르곤이 수메르를 점령하였다. 사르곤이 방대한 아카드제국을 세웠으나, 200년이 못 되어 무너졌다. 그 후 여러 제국이 일어났다 무너지기를 반복하였다. 바빌론은 주전 2000년대 초기부터 1000년경까지 메소포타미아제국의 수도였다. 함무라비 왕이 지배한 BC18~7세기에 바벨론은 세계의 중심이고 심장부였다. 바빌론보다 평화적이고 문화적이었던 수메르제국의 수도는 우르였다. 바빌론에서 동남쪽으로 225km 떨어진, 유프라테스강 하류에 세워진 도시 우르는 쇠퇴하고 있었다. 이 시기에 아브라함의 가족은 우르를 떠나 새 땅을 찾아 떠돌이 생활을 시작했다. 결국 수메르제국은 몰락하고 호전적인 아씨리아, 바빌론과 같은 제국이 메소포타미아지역을 지배했다. 1,200여 년 후 이스라엘 백성이 바빌론에서 50년 동안 종살이를 했기 때문에 바빌론은 성경에서 제국의 상징이 되었다. 요한 계시록에서는 로마제국을 바빌론이라고 한다.

제국의 상징 바빌론

바빌론은 바빌론 제국의 수도인데 느부갓네살왕이 세운 큰 도시였다. 이 도시는 유프라테스강 주변에 세워졌는데 강물이 도시의 가운데로 흘러 지나갔다. 도시의 중심에는 마르둑 신전이 있는데 에테메난키라는 7층 탑이 있었다. 탑의 높이가 91m였다. 흔히 이 탑을 바벨탑이라고 하였다. 바벨탑은 바빌론의 제국과 문명을 나타낸다.

바벨은 본래 '신의 문'이라는 뜻을 지닌 말이다. 히브리어 בָּלַל(Belel)은 혼합, 혼잡한 무리를 나타낸다. 제국의 도시 바빌론에는 권력과 부를 탐하여 세계의 여러 지역에서 온갖 인종과 민족의 사람들이 몰려들었다. 서로 다른 언어와 인종의 사람들이 뒤섞여 혼란스러웠다. 돈과 권력을 둘러싼 음모와 책략, 갈등과 다툼으로 소란스러웠다. 바빌론에서 종살이하던 사람들이 보기에 바벨탑은 '신의 문'이 아니라 혼란과 혼돈의 탑이었다. 바빌론은 성경에서 죄스런 교만의 대명사, 악한 제국의 대명사이다. 요한 계시록에 따르면 바빌론은 악한 음녀로 표현되기도 한다. 만인과 만국을 죄악과 타락에 빠지게 하는 유혹자다. 사치와 향락, 탐욕과 불의의 소굴이다. 부와 권력, 사치와 향락을 누리다가 심판과 멸망을 받는다.

사람들이 들에 모여 도시를 세우고 탑을 쌓는다. 들은 농사짓는 곳이다. 탑은 군사적 목적과 종교적 목적에서 세워진다. 침입하는 적들을 방어하고 공격하는데 탑의 높은 자리가 필요하다. 높은 탑은 하늘의 신에게 제사 지내는 자리를 나타낸다. "탑의 꼭대기가 하늘에 닿게 하여 우리의 이름을 날리고 온 땅 위에 흩어지지 않게 하자." 탑은 권력과 명예를 나타내며, 하늘을 독점하고 차지하자는 것이다. 이름을 날리고 흩어지지 않게 하자. 그리하여 권력과 부를 누리자. 도시는 권력과 부, 명예와 향락의 세상이다.

이름이 존중받으려면 세력이 뒷받침되어야 한다. 흩어지지 않아야 안전하다. 세력을 결집해야 서로 힘이 되고 존중받고 세력을 떨친다. "뭉치면 살고 흩어지면 죽는다." 이것이 국가주의 문명의 기본원리다. 뭉쳐서 단체가 되고 집단이 되고 폭력을 행사한다. 뭉치는 목적은 세력과 명예다. 세력, 군사력에는 부가 따라온다. 군사력을 장악하면 황제가 되고 황제가 되면 정복하여 큰 부를 누린다. 권력과 부와 명예(인정받음)를 위해 뭉친다. 권력과 부와 명예는 나누어 가질 수 없는 것이다. 따라서 모든 집단과 조직은 배타적이고 대결과 투쟁을 피할 수 없다. 권력과 부를 독점한 인간들이 하늘 꼭대기에 오르려고 하는 것은 주역의 천지비괘(天地否卦)에 해당한다. 하늘이 높고 땅이 낮으면 흉하고 위태롭다. 권력과 부와 명예를 차지한 군왕과 지식인, 상류 지배층이 하늘 꼭대기에 오르려는 야망은 흉하고 위태로운 것이다.

모든 제국에서 지배 권력자가 하늘 높이 군림하고 민중은 땅바닥에서 억눌리고 신음한다. 제국 안에서 나와 타자, 우리와 저들 사이에 단절과 적대감이 생긴다. 그리고 다른 모든 세력들과 적대관계에 빠진다. 억눌리고 짓밟힌 민중은 제국에 저항한다. 빈틈이 생기고 기회가 주어지면 권력다툼에 빠지고 반란과 분열이 일어나 제국은 몰락한다.

제국은 이성적 이상과 보편적 질서를 추구하지만, 탐욕과 교만, 권력욕과 독점욕에 바탕을 두고 있으므로 무너질 수밖에 없다. 모든 제국의 '바벨탑'은 모래로 지은 것이다. 제국의 권력자들은 저만 빼고 남을 다 짓밟으려 하고, 제 맘대로 하고 싶은 충동, 모든 사람에게 군림하고 싶은 욕구와 충동에 사로잡힌다. 불의와 폭력, 잔인함과 교만에 근거한 제국은 멸망의 씨앗을 가지고 있다. 제국의 역사는 자살의 역사다. 모든 제국은 언어와 말의 통일, 이념과 사상의 통일을 추구하며 불의와 죄악의 지배를 정당화한다. 민중의 희생과 고통 위에 세워진 통일제국은 분열과 갈등, 쇠퇴와 파멸의 씨앗을 안고 있다.

하늘 꼭대기에 닿자고 탑을 쌓았건만 하나님은 탑을 보려고 하늘에서 내려오신다. 하늘에서는 사람들이 쌓은 탑이 보이지도 않는다. 사람이 탑을 쌓아봤자 아주 작은 것이다. 땅에다 무엇을 쌓고 이루어보았자, 하늘에 이르기에는 너무 작다. 아무리 높은 산도 1만m가 안 되고 히말라야의 에베레스트산도 태평양 깊은 바다에 던지면 퐁당 빠져 버린다. 지구가 얼마나 작은가! 사람의 일생이 얼마나 짧은가! .

힘세고 잘난 척하는 인간들이 뭉쳐서 하늘 꼭대기에 올라서 세계를 하나로 통일하려고 하는 것은 하나님과 하늘에 반역하는 것이다. 하늘의 하나님보다 땅과 땅의 물질을 더 소중히 여기므로 바벨탑을 쌓는다. 바벨탑을 쌓는 것은 땅을 정복하고 지배하기 위하여 물질적 이해관계로 뭉치자는 것이다. 돈 있고 권력 있는 곳에는 사람들이 많이 몰린다. 바벨탑은 무너질 모래성인데 세울 수 없는 성인데 이 모래성을 하늘에까지 닿게 쌓으려는 이들이 너무도 많다.

바벨탑 이야기에서 신의 위안이 나오지 않는다. 인류역사, 국가문명의 역사는 그 자체로서 희망이 없고 심판과 멸망의 씨앗을 내포한다. 인류역사는 지배자, 정복자의 역사, 전쟁과 영웅의 역사로 규정된다. 11장의 바벨탑 이야기는 12장의 아브라함 소명 이야기와 맞물려 있다. 12장에서 신의 은총과 인도가 나온다. 아브라함의 역사는 씨울의 역사, 민중의 역사, 믿음과 사랑의 역사이다. 낡은 문명, 낡은 역사는 중단되어야 한다. 새 역사가 시작되어야 한다.

새 역사가 시작하려면 새 말씀, 새 언어, 새 복음이 나와야 한다. 새 철학, 새 종교가 나와야 한다. 새로운 사명과 뜻이 제시되어야 한다. 한 마디로 하나님의 말씀이 나와야 한다. 하나님의 말씀은 모든 생명과 존재를 하나로 이끄는 힘이다. 말씀은 계명, 율법이고 그 내용은 사랑과 정의다. 하나님의 말씀에 담긴 사랑과 정의가 하나님과 인간의 본성이다. 하늘과 땅의 만물은 말씀으로 지어졌다. 말씀은 천지 만물의 본성이다. 말씀은 하나님과 사람과 만물의 본성을 드러내고 실현하여 완성하자는 것이고 그렇게 함으로써 하나로 되게 하자는 것이다.

하나님이 시작하는 새 역사에서는 하나님이 땅바닥으로 내려와 흙으로 된 몸을 입는다. 하나님의 말씀이 사람의 몸을 입는 성육신이 이루어진 것이다. 이것은 하늘이 땅 아래로 내려온 지천태(地天泰)의 현실이다. 하늘이 땅에 내려와 땅 아래 있으면 지천태가 되어 큰 평화가 오고 길하다.

새 문명을 낳기 위해 흩어지자

새 역사, 새 문명을 지으려면 흩어져야 한다. 함석헌은 '흩어지자'는 시에서 뭉치는 당파주의와 집단주의를 비판하고, 흩어져 사랑 안에서 전체 하나로 돌아가자고 말한다.

"'뭉치라 뭉치면 힘이라'지만 나는 이르는 말 흩어지라 흩어져 사랑하라!…흩어져 하나로 돌아가자!…세상 사람 무덤 모듯 뭉치었다가 물결에 부닥치어 흩어져 나가고 우리는 별 벌리듯 벌려 떠 있어 한 하늘에 영원히 모여 다닌다…땅 끝에 흩어진 이스라엘은 이 인류를 하나로 모으잔 디딤돌이다. 나라 나라 뭉치어서 열 스물에 찢어지는 이 지구, 교회 교회 뭉치어서 일 여덟 번 넘어지는 하늘나라, 우리는 흩어지자! 흩어져 하나로 살리어내자!"

떼제공동체는 "우리를 만들려 하지 않는다."고 했다. 우리를 만드는 것은 인위적으로 통일하고 뭉치는 것이다. 유영모는 통일은 하나님의 일이고 사람의 일은 귀일(歸一)이라고 했다. 낡은 '우리'는 사라지고 새로운 '우리'가 나와야 한다. 흩어짐에서 나오는 우리 공동체가 생겨야 한다. 지천태와 성육신의 하나 됨이 이루어져야 한다.

먼저 속에서 통일이 되어야 한다. 귀일에서만 통일이 나온다. 사람은 통일할 수 없다. 귀일할 때 통일은 주어진다. 욕심으로 하늘에 오르려고 하면 하늘에서 떨어져 망한다. 다른 사람들 위에 올라가려 하면 떨어진다. 하늘은 각자의 속에 있다. 하늘, 하나님, 하나는 사람들의 속의 속에 있다. 돈과 권력이 없는 빈들에, 가난한 사람들의 삶 속에 하늘의 말씀이 있다. 이 말씀에 닿는 것이 지천태와 성육신을 이루는 것이다.

19. 새 문명을 향한 출발

창세기 11장에서 바벨탑을 쌓던 인류는 흩어지고 12장에서 이스라엘의 조상 아브라함의 이야기가 시작된다. 기독교뿐 아니라 유대교, 이슬람교도 아브라함을 믿음의 조상으로 여긴다. 2022년 통계에 따르면 세계인구 80억 명 가운데 기독교인 25억 6천만 명, 이슬람인 19억 6천만 명이라고 하니까 둘만 합해도 세계인구의 절반이 넘는다. 정신사적으로 문명사적으로 아브라함은 중요한 위치에 있다. 아브라함의 믿음을 이어서 예수가 나왔고 예수를 믿는 기독교에서 서구 문명이 나왔다. 서구 문명과 기독교가 오늘 세계 곳곳에 퍼져 있다.

혈연적으로 아브라함의 후손이라는 것은 중요하지 않다. 세례 요한과 예수는 돌멩이를 가지고도 아브라함의 후손을 만들 수 있다고 했다. 믿음이 중요하고 정신이 중요하다. 오늘날 이스라엘은 말할 것도 없고 기독교와 이슬람교도 아브라함의 믿음과 삶을 바로 이어받았는지 돌이켜 볼 필요가 있다.

창세기 11장 31절에 따르면 아브라함의 아버지 데라는 가족과 함께 메소포타미아지역의 남부인 갈대아 우르를 떠나 북쪽으로 가서 하란에 이르렀다. 12장 1~5절에 따르면 데라와 다른 가족은 하란에 머물렀으나 아브라함과 그 가족은 하란을 떠나 가나안으로 옮겨 갔다. 아브라함은 BC 1800년경에 두 번째 고향인 하란을 떠났다. 하란은 터키와 시리아의 국경 마을로서 BC 2000년경부터 주민이 살기 시작했고 아브라함이 거주할 때는 상업도시로 유명했다. 하나님은 하란에 머물던 아브라함에게 새 땅과 새 나라에 대한 약속을 하면서 가나안으로 떠나게 했다. 많은 백성이 되게 하고 큰 나라를 이루게 하며, 모든 민족들의 복의 근원이 되게 하겠다고 하나님은 약속하였다. 아브라함은 이 약속을 믿고 75세에 다시 고향을 떠난다.

수메르 메소포타미아 문명을 떠나다

아브라함의 조상이 살았던 갈대아 우르는 수메르제국의 수도였다. 수메르는 티그리스강과 유프라테스강 사이에 있는 메소포타미아의 남부에 있었다. 메소포타미아는 지금의 이란과 이라크가 있는 지역이다. 메소는 '가운데' 포타미아는 '강'이란 뜻으로 유프라테스강과 티그리스강 사이의 지역을 뜻한다. 에덴동산도 유프라테스강과 티그리스강 사이에 있다고 했으니 이 지역이 사람 살기 좋은 곳으로 여겨졌던 것 같다. BC7~6000년 경에 시작된 메소포타미아 문명은 가장 오래된 문명으로 여겨진다. 이 문명의 원류를 이룬 것이 수메르 문명이다.

비 셈족인 우비이드인들이 BC4500~4000년 사이 수메르 지역에 정착하여 도시 농경문명을 형성하였다. BC3300년경에 수메르인들이 들어와서 수메르문명을 건설하였다. 비교적 평화로운 문명을 형성하였으나 외세의 침입으로 고통을 겪었다. BC1900년 이후 아모리족이 메소포타미아의 모든 지역을 정복하면서 수메르인들은 그들의 독립성을 잃고 문화를 셈족 후계자들에게 물려주는 한편 여러 기술적·문화적 유산을 남겼다. 이 가운데는 바퀴가 달린 최초의 운송기구, 최초의 문자인 설형문자, 최초의 법전 등이 있으며 최초의 도시국가 체제도 특징적인 업적으로 손꼽힌다.

BC1800년경 아브라함 일가가 우르를 떠나 가나안으로 이주해 갔다. 메소포타미아 북부에는 바빌론 왕조가 지배했다. 수메르 제국이 쇠퇴하고 해체되는 시기에 바빌론제국이 강성할 때 함무라비 대왕(BC 1792-1750)이 즉위하기 직전에 아브라함 일가는 수메르-바빌론 제국을 떠났다. 아브라함과 함무라비대왕을 비교할 수 있다. 함무라비대왕은 함무라비법전으로 유명하다. 매우 인도적인 법전으로 알려졌고 성경의 율법에 큰 영향을 미쳤을 것으로 추정하는 학자들도 있다. 그러나 아브라함의 신앙에서 나온 율법과의 차이는 분명하다. 함무라비법전은 인권을 보호한다고 해도 귀족들의 인권을 존중할 뿐 평민과 노예의 인권은 존중하지 않는다. 율법은 평민의 인권을 존중하고 노예의 인권에 대해서도 배려한다. 함무라비법전은 사형을 강화했다. 살인죄로 남을 고발했다가 입증하지 못하면 사형에 처하고 강도도 사형에 처했다. 노예의 도피를 방조해도 사형에 처했다. 노예를 숨기는 사람도 처형했다. 증인이나 계약서 없이 물건을 가져가도 죽였다. 잔혹하고 경직된 사회임을 알 수 있다.

아브라함이 떠났던 수메르와 바빌론 제국의 문명은 어떤 상황에 있었던가? 수메르는 자기를 지킬만한 영적 힘을 잃고, 쇠퇴하고 해체되는 과정에 있었던 무기력한 사회였다. 바빌론은 강성하게 일어나는 제국이었으나 군사력에 의존하여 지배와 정복을 추구하는 폭력적인 문명이었다. 이런 사회에서 하늘의 숨을 쉴 수 없어서 절망을 느낀 아브라함은 새 문명을 찾아 길을 떠난다. 수메르와 바빌론제국이 경직되고 폐쇄적으로 될 때 낡은 문명에서 탈출한 것이다. 수메르에서도 바빌론에서도 아브라함은 하늘의 숨을 쉴 수 없었다. 하늘을 숨을 쉴 때 사람은 참사람이 되고 영혼은 싱싱하게 살아난다. 수메르와 바빌론은 멸망하는 길로 접어든 것을 아브라함은 느낄 수 있었다. 그래서 영원히 살 수 있는 길을 찾아 고향과 조상의 집을 떠났다. 아브라함은 하늘을 숨 쉬는 영혼의 자유와 깊이를 얻기 위해 길을 떠났다. 하나님과 사귀는 신앙의 자유를 얻기 위해 길을 떠났다. 신앙의 자유가 새 세상을 가져 온다.

아브라함의 아버지 데라와 다른 가족들은 하란에 머물러 정착했다. 그러나 아브라함은 거기서도 다시 길을 떠난다. 하란은 유명한 상업도시로서 부와 권력이 몰려든 곳이다. 종교, 문화, 상업의 중심지였다. 우르는 몰락해가는 수메르 문명의 중심이고 하란은 새로 일어나는 제국문명의 길목이었다. 몰락해가는 문명도 새로 일어나는 문명도 본질적으로는 다를 게 없었다. 새 제국 아시리아와 바빌론은 강성했으나 더 탐욕스럽고 사나울 뿐이었다. 하나님은 아브라함에게 새 땅과 새 나라에 대한 약속을 하면서 하란에서 떠날 것을 명령했다. 하늘의 명령을 받고 아브라함은 다시 길을 떠난다.

새 문명과 새 종교를 낳는 자격

아브라함이 왜 갈대아 우르를 떠나고 다시 하란을 떠났을까? 아브라함이 떠난 길의 목적은 무엇인가? 이 물음에 대해서 토인비는 자신의 문명이론에 따라 명확한 답을 준다. 아브라함은 새 문명을 낳기 위해서 낡은 문명을 떠난 것이다. 토인비에 따르면 문명은 생성, 성장, 쇠퇴, 소멸(해체)의 과정을 거치는데 창조적 지도력이 쇠퇴하고 고갈될 때 강권으로 지배하는 세계제국이 나온다. 세계제국은 군사력에 의한 세계정복을 추구한다. 외적으로는 강성해 보이나 내적으로는 쇠퇴의 길로 접어든다. 세계제국에서는 지배권력층, 귀족이 더욱 강해지고 백성은 억압, 착취, 소외받는 프롤레타리아트가 된다. 사람 위에 사람이 있고 사람 위에 국가가 있어서 천지인 합일의 사귐을 가질 수 없게 된다. 하늘의 숨을 쉬지 못하고 하늘과 직접 소통하지 못하는 대중은 억압당하고, 자유롭고 평등한 사회, 말이 통하는 사회를 기대하기 어렵다.

하늘의 숨을 쉬며 하늘과 사귀고 소통할 때 위로 옆으로 통하는 자유롭고 평등한 사회가 이루어진다. 하늘의 뜻은 땅에 이루어지기 마련이다. 하늘과 통하고 친하게 되면 땅에서 자유롭고 평등한 사회가 이루어진다. 그러나 세계제국이 강성해질수록 대중은 혹독한 고난과 시련을 겪는다. 대중은 하늘을 숨 쉴 수 없고, 대중과 하늘 사이가 막힌다. 토인비에 따르면 고난과 시련이 깊어지면 프롤레타리아트의 고난에서 새 종교가 나오고 새 종교에서 새 문명이 나온다. 문명을 이끌어가는 것은 창조적 소수자이지만 새 문명을 낳는 것은 새 종교를 낳은 프롤레타리아트 대중이다. 문명의 제도와 형태를 이끄는 것은 창조적 소수자이지만 문명의 정신과 목적을 창조하는 것은 새 종교를 낳는 씨올들이다.

새 종교를 낳는 사람들은 어떤 사람들인가? 세계제국에서 억눌리고 소외당하고 착취당하는 사람들이다. 가난하고 고난당하는 사람들이 새 종교, 새 역사의 주역이 될 수 있다. 생명 진화와 인류 진화의 역사에서도 불리한 위치에서 위기를 맞은 생명체와 인간들이 언제나 새로운 진화를 일으키고 새 시대를 열었다. 특권과 편안함에 안주한 생명은 진화의 역사에서 밀려났다. 첫째가 꼴찌 되고 꼴찌가 첫째 되는 일은 생명의 역사에서는 늘 있는 일이다. 가난한 사람이 행복하다는 예수의 말씀은 진리다.

그러나 가난하다고 해서 꼴찌라고 해서 저절로 당연히 첫째가 되고 새 종교를 낳는 것은 아니다. 아브라함의 시대에 수많은 피압박자들이 있었으나 새 나라, 새 문명을 찾아 나선 이들은 아브라함과 그 가족뿐이었다. 예수 시대에도 고난당하는 사람들은 수없이 많았으나 새 종교, 새 문명을 낳는 일에 참여한 사람들은 예수와 그 제자들이었다.

아브라함과 새 문명

고향과 부족의 품을 떠나 떠돌이 생활을 시작하는 것은 당시에 목숨을 거는 일이었다. 당시에 집단의 보호를 받지 못하는 개인은 무력했고 위험했다. 삶의 터전인 고향의 땅과 집을 버리고 하늘의 약속만을 의지해서 길을 떠나는 것은 삶에 대한 아무 보장을 갖지 못한 위험한 모험이었다.

아브라함은 위험하고 불안하지만 자유롭고 희망에 넘치는 떠돌이 생활을 시작했다. 아브라함이 새 출발을 할 때 지닌 것은 새 나라, 새 땅에 대한 하늘의 약속뿐이었다. 오직 믿음을 가지고 떠난 것이다. 아브라함은 하늘의 약속에 의지하여 새 나라 새 문명의 꿈을 가지고 길을 떠났다. 새로운 약속의 땅을 얻기 위해서 조상의 땅을 버렸다. 땅을 버렸으나 땅 없이 살자는 것은 아니다. 새 땅에 대한 절실하고 간절한 염원을 가지고 길을 떠났다. 구약성경에서는 몸과 땅을 결코 버리지 않는다. 시간과 공간, 역사의 장소를 떠나지 않는다. 가나안을 젖과 꿀이 흐르는 땅이라고 한 것은 이들의 꿈이 얼마나 소박하고 절실한가를 보여준다. 요한계시록에서 금 거문고를 타면서 황금 길을 다닌다고 한 것보다 훨씬 민중적이다.

아브라함이 받은 하늘의 약속과 희망은 무엇인가? 하나님은 큰 민족을 이루게 하고, 크게 이름을 떨치게 하겠다고 하였다. 아브라함에게서 유대교, 이슬람교, 기독교가 나왔으니 큰 민족, 무리를 이루고 이름을 크게 떨쳤다. 바벨탑을 쌓은 무리는 단결하여 큰 민족을 이루고 이름을 날리자고 했다. 바벨탑을 쌓고 뭉치려 했던 무리들과는 반대로 아브라함은 하늘의 별처럼 흩어져서 널리 퍼지려 하였다. 아브라함과 이삭과 야곱은 정처 없이 떠도는 사람들이었다. 떠돌이 생활이 얼마나 고달프고 외롭고 불안했을까 헤아려 보라. 굶주리기 일쑤고, 생명을 위협받는 나날이었다.

바벨탑이 나타내는 문명은 불의와 억압과 정복을 일삼고 권력과 부, 탐욕과 폭력에 의지하는 왕과 귀족의 문명, 제국주의 문명이었다. 아브라함이 추구한 문명은 아래로부터 씨ᄋᆞᆯ에게서 시작되는 사랑과 정의에 근거한 평화의 문명이었다. 아브라함은 복의 근원이 되어서 축복과 저주의 근거가 되었다. 그의 자손들이 세운 이스라엘은 상생과 공존의 자리가 되었다. 어떻게 이런 자리에 이를 수 있을까? 아브라함의 생명, 영혼, 양심, 믿음이 온 인류의 생명, 영혼, 양심, 믿음이 되었기 때문이다. 아브라함의 삶과 믿음이 곧 나의 삶과 믿음이기 때문에 아브라함을 저주하는 것은 곧 나를 저주하는 것이고 아브라함을 축복하는 것은 곧 나를 축복하는 것이다. 아브라함의 삶과 믿음에서 참된 하늘, 참된 하나님의 존재가 드러난 것이다. 하늘을 저주하는 자는 자기를 저주하는 자이고 하늘을 축복하는 자는 자기를 축복하는 것이다. 아브라함으로 말미암아 모든 민족이 복을 받게 될 것이다. 아브라함뿐 아니라 예수로 말미암아 모든 민족이 복을 받게 된다. 예수뿐 아니라 모든 씨ᄋᆞᆯ로 말미암아 모든 민족이 복을 받게 된다. 씨올을 저주하는 사람은 저주를 받고 씨올을 축복하는 사람은 축복을 받는다.

아브라함과 그의 자손에게 하나님이 약속하신 나라는 어떤 나라인가? 정복자 왕과 지배계급이 다스리는 나라가 아니라 하나님이 다스리는 나라, 사랑과 정의로, 섬김으로 다스리는 나라다. 이런 나라에 대한 약속과 희망을 가지고 아브라함은 길을 떠났다. 아브라함의 자손이 되는 것은 하나님의 백성이 되는 것이고 하나님이 이 백성의 하나님이 되는 것이다. 하나님과 백성이 직접 계약을 맺고 관계를 가지고 사귀고 소통한다. 하나님이 백성들 사이에 계시고 백성들은 하나님 품 안에 산다. 이 백성을 이스라엘이라고 하였다. 이스라엘은 하나님과 계약한 평등한 연맹국가, 부족연맹체(암픽티요니)였다. 구약학자 폰라트에 따르면 이스라엘은 "이스라! 엘, 하나님이여 다스리소서!"를 뜻한다. 이스라엘은 하나님이 다스리는 나라, 하나님 나라다.

20. 길 가는 이

주님께서 아브람에게 말씀하셨다. "너는, 네가 살고 있는 땅과, 네가 난 곳과, 너의 아버지의 집을 떠나서, 내가 보여 주는 땅으로 가거라. 내가 너로 큰 민족이 되게 하고, 너에게 복을 주어서, 네가 크게 이름을 떨치게 하겠다. 너는 복의 근원이 될 것이다. 너를 축복하는 사람에게는 내가 복을 베풀고, 너를 저주하는 사람에게는 내가 저주를 내릴 것이다. 땅에 사는 모든 민족이 너로 말미암아 복을 받을 것이다."

아브람은 주님께서 말씀하신 대로 길을 떠났다. 롯도 그와 함께 길을 떠났다. 아브람이 하란을 떠날 때에, 나이는 일흔다섯이었다. (창 12:1~4)

그리스도인은 예수의 길을 가는 이다. 예수가 열어놓은 하늘길을 가는 도인(道人)이다. 우리는 비바람치고 눈보라 쳐도 예수님 계시는 하나님 나라로 가는 길을 가야 한다. 예수는 "나는 길이다."고 말하였다. 예수는 길 자체이고 길 가는 이면서 길의 목적인 하나님 나라이기도 하다. 길, 길 가는 이, 길의 목적지 하나님 나라가 하나이다. 예수를 믿고 따르려면 예수와 함께 예수의 길을 가야 한다.

아브라함, 이삭, 야곱도 이스라엘 백성도 세상에서 떠돌이였다. 야곱은 에집트의 파라오 앞에서 자기를 소개하며 "우리 조상은 떠도는 아람 사람"이었다고 했다. 신약성경은 그리스도인을 "세상에서 나그네 된 사람들"이라고 했다. 바울도 "뒤에 있는 것은 잊어버리고 앞에 있는 것을 잡으려고 푯대를 향하여…달려가노라."(빌 3,13~14)고 했다. 이처럼 한결같이 성경은 믿는 사람을 "길 가는 이"로 묘사했다.

사람뿐 아니라 우주 만물이 길을 가고 있다. 이 지구도 가만히 있는 것 같으나 빠르게 돌며 태양의 둘레를 달리고 있다. 태양도 은하계 안에서 돌며 달리고, 은하 우주도 큰 우주 속을 달리고 우주 전체도 어디론가 달려가고 있다. 시간과 빛도 달린다. 들숨 날숨이 드나들어야 살고 피가 힘 있게 돌아야 살 수 있다. 세포, 원자, 전자도 머무름 없이 돌아감으로 존재한다.

우리는 어쩔 수 없이 나그네 인생을 살게 되어 있다. 아무리 머물고 싶어도 빛과 시간이 살같이 빠르게 지나간다. 달려가는 빛과 세월을 붙잡을 수 없다. "멈추어라, 시간아!" 외쳐도 시간은 쉼 없이 흘러간다. "지구야, 멈추어라!" 해도 지구가 나를 위해 멈추지 않는다.

길어야 100년 나그네 인생을 살아야 한다. 이왕 나그네로 살 것이면 한번 통 크게 살아 볼 일이다. 우리가 하나님을 믿고 마음에 모시면 우리 영혼이 우주보다 크고 귀한 존재가 된다. 우주가 아무리 커도 시간과 공간이 아무리 끝없이 펼쳐져 있어도 하나님 앞에서는 아주 작은 것에 지나지 않는다. 하나님을 모시고 지구라는 조그만 조각배를 타고 우주세계, 시간과 공간의 바다를 달리면 시원하지 않을까?

오늘 사람들은 세계화의 흐름 속에서 끊임없이 움직이며 바쁘게 살아간다. 인터넷에서나 현실에서 머무름 없이 국경과 지역의 경계를 넘어 움직인다. 그래서 한곳에 머물러 정착하지 않고 끊임없이 움직이는 현대인을 nomad(유목민)이라고 한다. 정처 없이 떠도는 현대인이 오늘에는 멋지게 보이기도 하지만 옛날에는 고향과 집을 떠나 떠도는 것이 큰 모험이고 생존을 보장할 수 없는 위험한 일이었다. 고향 집을 떠나면, 먹고 살기도 어려웠지만 낯선 사람들, 강도들, 적대자들에게서 보호받을 수 없었다.

이런 상황에서 아브라함은 고향과 집을 떠나 믿음의 길을 시작함으로써 믿음의 조상이 되었다. 아브라함은 75세의 늦은 나이에 고향과 집을 떠난다. 왜 떠났을까? 역사가 토인비에 따르면 수메르제국의 틀이 굳어져서 창조적 생명력이 고갈되고 새 비전이 사라졌을 때 아브라함이 새 삶을 찾을 길을 떠났다. 성경에 따르면 새 땅에서 서로 축복하고 축복받는 큰 나라를 이루기 위해서 하나님이 아브라함을 불러내셨다.

아브라함이 가는 길에는 분명한 목적과 방향이 있었다. 하나님은 말씀하셨다. “너를 축복하는 자에게는 내가 축복을 내리고 너를 저주하는 자에게는 내가 저주하리니 땅의 모든 족속이 너로 말미암아 복을 얻으리라.” 하나님께서는 아브라함에게 이 길을 가면 큰 나라를 이루게 되고 축복을 받고, 많은 민족들을 위한 축복의 근원이 될 것이라고 하셨다. 아브라함은 더불어 살고 함께 축복받는 나라, 축복의 근원이 되는 나라를 향해 길을 떠났던 것이다.

무엇이 복의 근원인가? 하나님의 사랑과 정의가 복의 근원이고 토대다. 하나님의 사랑과 의가 하늘나라의 토대이고 능력이다. 하나님의 사랑과 의가 영원한 생명을 준다. 사랑은 생명의 근원, 본질, 힘이다. 사랑 안에서 생명은 자라고 힘이 나고 충만해진다. 정의는 나만의 삶이 아니라 모든 삶이 더불어 실현되고 완성되는 질서이고 구조이며 관계방식이다.

하나님의 사랑과 의를 떠나서는 영원한 생명도 없고, 하늘나라도 없다. 예수도 이렇게 말했다. "너희가 무엇을 먹을까 무엇을 입을까 걱정하지 마라. 이것은 이방인들이 구하는 것이다...너희는 먼저 하나님의 나라와 그의 의를 구하라. 그리하면 이 모든 것을 너희에게 더하시리라." 사랑과 의에 충만하고, 충실하면, 성숙해지고, 성숙한 사람은 굶어 죽거나 헐벗어 죽지 않는다. 우리가 구원받는 길은 하나님의 나라와 그의 의를 구하는 길밖에 없다.

아브라함은 하나님의 사랑과 정의를 이루는 나라를 향해 가는 순례자였다. 하나님의 사랑과 정의가 다스리는 나라를 향해 가는 사람을 저주하면 당연히 하나님의 사랑과 정의에서 끊어지고 스스로 저주를 받게 된다. 아브라함이 받는 축복은 세상의 축복과 다르다. 세상의 축복은 남의 희생과 불행을 대가로 주어지는 것이기 쉽다. 남이야 어쨌든 나만 복 받고 잘살자는 신앙은 이방 신앙, 바알 신앙이다. 다른 사람들은 다 지옥 가도 나만 천당 하면 된다는 마음을 하나님은 용서하지 않는다.

히틀러 치하에서 순교 당한 디트리히 본회퍼라는 독일 신학자가 있다. 한동안 베를린 부근의 육군 형무소에서 지냈는데 연합군 비행기의 공습이 자주 있었다. 공습이 있게 되면 감옥에 있는 사람들은 매우 두려워했다. 사람들은 엎드려서 "제발 다른 도시에 공습이 이루어지게 해 달라!"고 기도했다. 본회퍼는 "우리가 살자고 다른 도시에 공습이 이루어지기를 바라는 것이 제대로 된 신앙이냐?"고 물었다. 그렇다고 "다른 사람들 죽지 않도록 우리 위에 폭격을 해서 우리만 다 죽게 해 달라."고 기도하기도 어렵다. 우리 모두가 이 불의한 고난과 시련에서 벗어나게 해달라고, 하나님의 사랑과 의가 이루어지게 해달라고 기도할 수밖에 없다.

남이야 어쨌든 나만 구원받으면 된다는 믿음은 바른 믿음이 아니다. 나만 살고 보자는 것은 뱀의 길이지 예수의 길이 아니다. 하나님의 사랑과 의 안에서 모두 함께 구원받자는 것이 예수의 길이다. 물론 남이 내 대신 믿어줄 수도 없고, 살아줄 수도 없고 구원의 길을 가 줄 수도 없다. 길은 내가 가지만 이 길은 함께 구원받는 길이며, 하나님 안에서 인류 전체, 생명 전체, 우주 전체의 구원에 이르는 길이다.

인도의 성자 썬다 씽이 전도를 하기 위해 눈보라 치는 히말라야 산길을 걷고 있었다. 히말라야의 눈보라 속에서 죽어가는 한 사람이 있었다. 앞서 걸어가던 한 사람이 그를 발견하곤 "이 사람을 살려주다가 나까지 같은 꼴이 되겠구나." 생각이 들어 그냥 지나쳐 버렸다. 그 뒤를 걷던 썬다 씽은 거의 죽음 직전에 다다른 그 사람을 등에 업고 걸었다. 홀로 살겠다고 앞서 가던 사람은 눈보라 속에 얼어 죽었다. 죽어가던 사람을 업고 가는 썬다 씽은 힘들여 걷는 동안에 업은 사람의 체온에 몸이 녹아 살아날 수 있게 되었다.

이것은 내가 어려서 듣고 감동받은 이야기인데 요즈음에는 말하기가 쑥스러울 만큼 낯선 이야기가 되고 말았다. 목사나 교인들에 대해서 좋지 않은 소문만 나돌고 갈수록 인정이 메말라가는 세상에서 썬다 씽의 이야기는 실감이 나지 않는다. 그러나 오늘날 인류가 정말 배워야 할 것은 서로 살리는 힘과 더불어 사는 지혜다. 이것을 배우지 못하면 인류와 함께 자연 생명 세계가 다 멸망하게 되었다. 오늘날 과학자들이 인류멸망의 절박한 위기를 경고하고 있다.

가만히 생각해 보면 인간은 더불어 살고 서로 살리며 살도록 창조되었고 처음부터 그렇게 사는 길을 걸어왔다. 과학자들이 만든 인류 진화에 관한 다큐멘타리를 텔레비전에서 보았다. 사람이 어떻게 생각하기 시작했을까? 놀랍게도 과학자들은 병들어 죽어가는 사람을 보살피는 과정에서 인간이 생각을 하기 시작했다고 말한다. 나만 살자고 몸부림치는 동안에는 생각할 필요가 없다. 자신에 관해서는 어디가 아픈지 어떻게 해야 살 것인지 본능적으로 알 수 있기 때문이다. 그러나 남에 대해서는 어디가 아픈지 어떻게 해야 살릴 수 있는지 알 수 없다, 모르기 때문에 생각하기 시작했다는 것이다. 사람이 두 다리로 서서 손을 가지고 살게 된 것도 치고 박으며 싸우자는 것이 아니라 서로 돕고 돌보며 살기 위한 것이다. 자신의 손을 잘 들여다보자. 이렇게 섬세하고 아름답게 만들어진 손을 가지고 남을 때리고 파괴하는 일에 쓸 게 아니라 남을 돌보고 섬기는 일에, 아름답고 선한 것을 창조하는 일에 써야 하지 않나? 이렇게 아름답고 섬세한 손을 망치나 돌멩이처럼 쓸 수는 없지 않은가? 손을 가지고 살기 시작했을 때 사람은 하나님 나라로 가는 길로 들어선 것이다.

이 길은 내가 직접 가야 할 길이다. 사람은 머리를 하늘로 향해 곧게 서서 산다. 하나님을 향해 가도록 창조된 것이다. 하나님을 향해 가는 길에서 사람의 본성과 목적이 실현되고 완성된다. 사람이 하나님의 형상대로 창조되었기 때문이다. 하나님께 가까이 갈 때 우리의 감성, 지성, 영성은 발현되고 완성된다. 하나님께 간절히 기도하고 하나님께 가까이 가면 예술가의 감성이 예민하고 풍성해지며, 과학자의 지성이 날카로워지고 밝아지며, 신앙인의 영성이 깊어지고 높아진다.

고대 교회는 생명에 이르는 길과 죽음에 이르는 길이 있다고 보았다. 믿는 이들은 예수와 함께 예수를 따라 생명의 길로 가는 이들이었다. 믿음의 눈으로 보면 이 길이 환히 뚫린 큰길이지만 세상의 눈으로는 뵈지 않는 길, 막힌 길이다. 세상의 눈으로 보면 예수의 생명 길은 없는 길이다. 예수의 길은 믿음과 사랑의 모험 속에서 늘 새롭게 열리는 길이다. 따라서 기찻길이나 고속도로, 신작로

와는 다르다. 이런 길은 주어진 길을 따라가면 저절로 목적지에 도달하지만 하늘나라로 가는 길은 믿음과 사랑으로 내딛는 발길에서 늘 새롭게 열린다. 다른 사람이 간 길을 따라갈 수도 없고, 남이 대신 갈 수도 없다. 예수와 함께 나 홀로 가야 할 길이다. 벗들과 함께 갈 수 있지만, 벗들이 대신 갈 수는 없는 길이다. 이 시대, 이 땅에서 내 삶 속에서 내가 내딛는 발길에서 길이 생겨난다.

세상 사람들이 길 없다고 할 때, 우리는 길이 있다고 하며 길을 드러내고 보여주어야 한다. 생명의 길인 예수가 우리와 함께 있기 때문이다. 살거나 죽거나 성공하거나 실패하거나 길이 있음을 증거해야 한다. 좌절하고 넘어져도 상처받고 쓰러져도 가야 할 길이 있음을 보여주어야 한다.

하나님께로 하늘길을 가는 사람은 축복받고 세상에서 축복의 근원이 된다. 그러나 그 길은 험하고 좁은 가시밭길, 십자가의 길이다. 이 땅에서 인생길을 가다가 어려운 일을 당하면 인생길이 험하고 고달픈 것인 줄 알고 훌훌 털고 길을 가야 한다. 어떤 경우에도 길바닥에 드러누워서는 안 된다. 살까 말까, 길을 갈까 말까 망설임은 허락되지 않는다. 하나님이 살라고 명령하셨고 길을 가라고 명령하셨다. 삶의 길을 가는 것이 우리의 본분이고 사명이다.

21. 믿음의 조상, 아브라함의 굴욕과 수치

그 땅에 기근이 들었다. 그 기근이 너무 심해서, 아브람은 이집트에서 얼마 동안 몸 붙여서 살려고, 그리로 내려갔다. 이집트에 가까이 이르렀을 때에, 그는 아내 사래에게 말하였다. "여보, 나는 당신이 얼마나 아리따운 여인인가를 잘 알고 있소. 이집트 사람들이 당신을 보고서, 당신이 나의 아내라는 것을 알면, 나는 죽이고 당신은 살릴 것이오. 그러니까 당신은 나의 누이라고 하시오. 그렇게 하여야, 내가 당신 덕분에 대접을 잘 받고, 또 당신 덕분에 이 목숨도 부지할 수 있을 거요."

아브람이 이집트에 이르렀을 때에, 이집트 사람들은 아브람의 아내를 보고, 매우 아리따운 여인임을 알았다. 바로의 대신들이 그 여인을 보고 나서, 바로 앞에서 그 여인을 칭찬하였다. 드디어 그 여인은 바로의 궁전으로 불려 들어갔다.

바로가 그 여인을 보고서, 아브람을 잘 대접하여 주었다. 아브람은 양 떼와 소 떼와 암나귀와 수나귀와 남녀 종과 낙타까지 얻었다. 그러나 주님께서 아브람의 아내 사래의 일로 바로와 그 집안에 무서운 재앙을 내리셨으므로, 바로가 아브람을 불러서 꾸짖었다. "어찌하여 너는 나를 이렇게 대하느냐? 저 여인이 너의 아내라고, 왜 일찍 말하지 않았느냐? 어찌하여 너는 저 여인이 네 누이라고 해서 나를 속이고,

내가 저 여인을 아내로 데려오게 하였느냐? 자, 네 아내가 여기 있다. 데리고 나가거라."

그런 다음에 바로는 그의 신하들에게 명하여, 아브람이 모든 재산을 거두어서 그 아내와 함께 나라 밖으로 나가게 하였다. (창 12:10~20)

예배를 드리든 성경공부를 하든 그 목적은 진리를 탐구하고 하나님을 만나는 것이다. 진리를 깨닫고 하나님을 만난다는 것이 무엇인가? 진리를 깨닫는 것은 내 생명과 정신의 본성과 이치, 의미와 목적을 깨달아 알게 되는 것이다. 하나님을 만나는 것은 내 생명과 정신의 창조자를 만나는 것이다. 나의 창조자를 만나는 것은 내 생명과 존재의 근원과 목적을 체험하고 알게 되는 것이다. 진리를 깨닫고 하나님을 만나면 나 자신을 알게 되고 나의 마음과 정신은 깨끗하고 또렷해질 것이다. 살아 있는 동안에 죽기 전에 한순간이라도 마음과 정신이 맑고 깨끗하고 또렷해지기 위해서 성경공부도 하고 기도도 하고 함께 모이기도 한다.

아브라함은 참된 삶을 찾아 나섰고 하나님 없는 세상에서 하나님을 만나기 위해 길을 떠났다. 하나님 나라가 무엇이고 천국이 무엇인가? 하나님 나라는 하나님이 다스리는 나라, 하나님을 만나는 나라다. 하나님이 다스리는 나라는 하나님이 계시는 나라이며 하나님 그 자신이다. 성경에서 말하는 진리, 믿음, 사랑과 정의는 모두 하나님 안에 있는 것이다. 하나님은 진리 자체, 생명 자체, 전체 하나다. 하나님은 삶을 삶답게 삶 되게 한다. 하나님 앞에서는 내가 나로 되고, 네가 너로 된다. 아브라함은 전심전력을 다해서 하나님을 찾아 길을 떠났다. 믿음이란 하나님 없는 세상에서 하나님을 믿고 하나님을 찾아 길을 떠나는 것이다.

하늘만 믿고 하늘을 향해서 나가는 사람이 땅에서 부귀영화를 누릴 수 없다. 땅 없이 떠도는 이들이 세상에서 부와 권력을 가질 수 없다. 아브라함도 부귀를 누린 사람이 아니다. 성경의 앞부분에 나오는 5경 또는 6경이 완성된 것은 BC 6세기인 바빌론 포로기 때다. 바빌론에서 포로 생활을 하던 사제들이 오경을 완성했다. 모세오경이라고 하여 모세가 썼다고 전해졌지만, 모세가 성경을 쓴 것은 없다. 사제들이 오경을 완성했다고 했지만, 사제들이 오경의 내용을 지어낸 것이 아니라 그때까지 구전과 문서로 전승된 많은 자료와 내용을 통합하고 다듬어 낸 것이다.

오경에는 조로아스터교가 끼친 영향의 흔적이 나오지 않는다. 조로아스터교가 내세우는 천당과 지옥, 선신(善神)과 악신, 신의 심판과 부활이 오경에는 나오지 않는다. 조로아스터교의 영향은 후대에 기독교에 영향을 미쳤다. 그러나 부활 신앙의 경우도 조로아스터교에서 직수입한 것은 아니다. BC 2세기에 일어난 마카베오 전쟁 때 경건한 신앙인들이 신앙을 지키기 위해 침략자들에 맞서 싸우다가 수천 명이 떼죽음을 당했다. 이처럼 경건하고 의로운 사람들의 죽음을 보고 살아남은 사람들이 '의인의 부활'을 말하기 시작했다. 이러한 역사적인 경험에서 유대교는 부활을 말하게 되었고, 후대에 기독교는 예수의 부활을 말하였다.

성경은 역사와 긴밀한 관련 속에서 생겨났다. 고난을 겪었던 이스라엘 백성과 포로기의 사제들이 오경의 내용을 전하거나 쓸 때 자신들의 처지가 초라하고 고달팠기 때문에 조상의 역사를 빛나고 힘 있게 그리려고 했다. 그러나 역사의 고달픈 현실을 다 삭제하지는 않았다. 아브라함이 부하 318명을 데리고 가서 왕들을 쳐부수고 롯을 구했다는 이야기는 과장된 것이다. 큰 부를 이루었다는 이야기도 기근을 당해 굶주림을 면하려고 다른 나라로 흘러 들어갔다는 이야기와 모순된다.

아브라함은 기근을 당해 굶주림을 면하려고 이집트로 갔다. 떠돌이가 남의 나라에서 살려면 위험과 박해를 각오해야 한다. 아브라함은 아내 사라의 미모를 걱정한다. 아내가 미인이라서 이집트인들이 자기를 죽이고 아내를 뺏을 것이라고 두려워한다. 그래서 아내를 누이라고 속이기로 했다. 나이가 7~80은 되었을 터인데 이집트인의 눈에 띌 미인이라는 말은 납득하기 어렵다. 아브라함 시대에는 수명이 150~200살이 되었다면 모르지만, 고대인의 수명이 그렇게 길었다고는 생각되지 않는다.

어쨌든 아브라함은 아내를 누이라고 속였고 미인 사라는 황제에게까지 소문이 나서 황제가 사라를 궁정으로 끌어들였다. 분명하게 말하지는 않았지만, 황제는 사라와 잠자리를 같이 한 것으로 보인다. 이것은 사라뿐 아니라 아브라함에게도 큰 치욕이 된다. 사라가 아브라함의 아내라는 사실이 알려졌고 하나님을 두려워한 황제는 사라를 아브라함에게 돌려보내고 그 대가로 큰 재산을 주었다. 아브라함의 아들, 이삭의 때도 똑같은 일이 일어났다. 아내를 누이라고 속이고 굶주림을 면할 뿐 아니라 아내를 더럽힌 대가로 재물을 받는다.

도덕적인 잣대로 보면 얼굴을 들고 행세할 수 없을 만큼 부끄럽고 창피한 일이다. 그러나 아브라함은 실수하고 잘못을 저지르면서도 굳게 믿음을 지켰다. 아브라함이 일부러 도둑질을 하고 악의를 가지고 남을 괴롭혔다는 말은 없다. 삶의 위기와 갈등 속에서 어쩔 수 없이 살기 위해서 거짓말도 하고, 부끄러운 일을 했다. 그만큼 성경은 역사의 현실에 충실하다. 성경에서는 도덕주의, 도덕군자가 신앙의 표준은 아니다. 성경에서 흠결 없는 사람을 찾으려 한다면 실망하게 된다.

모자람을 알고 애쓰고 힘쓰는 신앙

도덕주의는 현실의 인간과 동떨어진 관념이다. 현실에서 인간은 불완전하고 부족하고 잘못을 저지르는 존재다. 그렇지만 역사의 현실에 충실한 성경의 인간이 도덕이나 경건과 담을 쌓은 제멋대로의 인간은 아니다. 때 묻고 더러운 세상에 살지만 옳게 살려고 애를 쓴다. 믿음으로 하나님의 뜻대로 살려고 힘쓴다. 믿는 사람은 죄인이면서 의인이다. 모자라고 부족하여 늘 회개하는 인간이지만 하나님 앞에서 바로 살려고 애를 쓴다. 도덕주의도 세속주의도 성경의 신앙인을 나타낼 수 없다. 모자라고 부족한 것을 알고 늘 깨닫고 바로 살려고 힘쓰는 것이 신앙이다.

하나님이 기도를 들어주셨다는 말이 자주 나오고 기적 이야기도 많이 나오지만, 믿음의 조상들이 겪는 굴욕과 고통과 수치도 생생하게 기록되어 있다. 어렵게 하루하루 사는 사람들에게는 하루하루 순간순간의 삶이 기적처럼 여겨진다. 산다는 것은 그 자체가 기적이다. 삶의 기적은 초자연적 기적과는 다르다. 초자연적 기적은 자연의 질서와 법칙을 거스르는 기적이라면 삶의 기적은 자연 질서와 법칙을 존중하고 그 질서와 법칙 위에서 일어나는 기적이다.

믿음의 조상 아브라함이 굴욕과 수치를 당한다. 굶주림 때문에 이집트에 가서 아내를 누이라고 속이고 황제에게 아내를 빼앗겼다. 여기서 아브라함의 비굴하고 초라한 모습을 본다, 늘 당당하고 빛나는 모습이 아니라 굽실거리고, 거짓말하고 아내를 팔아먹기까지 하는 치사한 꼴을 보여준다. 믿는 사람이 가는 길이 깨끗한 비단길이 아니다. 믿음으로 사는 사람은 시련과 고통을 겪어야 한다. 만일 하나님께 기도해서 하나님이 다 들어주신다면 기도하는 사람은 누구나 고생하지 않고 깨끗하고 고결하게 살 수 있을 것이다.

그러나 하나님은 사람의 기도를 다 들어주시지 않는다. 믿는 사람의 기도도 다 들어주지 않는다. 예수의 기도도 다 들어주지 않았다. 그래서 예수도 “내 뜻대로 마시고 아버지의 뜻대로 하시라”고 기도했다. 욕심과 편견으로 가득 찬 사람들의 기도를 하나님이 다 들어주시면 세상이 어떻게 되겠는가? 하나님이 내 기도를 다 들어주면 큰일이 난다. 내 자식만 좋은 대학에 합격하고 남의 자식들은 떨어지게 한다면 어떻게 하는가? 기도는 내 뜻대로 해달라고 비는 것이 아니라 하나님의 뜻을 깨닫고 하나님의 뜻대로 되게 해달라고 비는 것이다. 예수는 기도의 자세를 분명히 말했다. 먹고 입는 것을 위해 기도하지 말고 하나님 나라와 그 의를 먼저 구하라고 했다.

그러나 불의한 세상에서 정의를 추구하는 사람이 환영을 받고 안락하게 살 수는 없다. 잔혹한 세상에서 사랑으로 섬기며 사는 사람이 부귀와 권세를 누리며 살 수는 없다. 새 세상을 찾아 길을 떠난 아브라함은 낡은 이 세상에서 고난과 시련의 길로 들어선 것이다. 고난 없이 참된 삶, 진리와 사랑의 삶에 이를 수 없다.

험하고 괴로운 인생길을 가는 동안 실수할 일도 많고 잘못을 저지를 때도 많다. 잘못했으면 얼른 고치고 다시는 잘못을 저지르지 않으면 된다. 길을 가다가 진흙탕에 발이 빠지거나 오물을 뒤집어썼으면 얼른 씻고 다시는 그런데 빠지지 않도록 조심해야 한다. 그런데 어떤 사람은 잘못이나 실수를 정당화하고 미화하려고 한다. 그러면 크게 잘못된다. 부끄럽고 체면이 안 서도 잘못을 인정하고 돌이켜야 한다. 아브라함이 위대한 것은 세상에서 수치와 굴욕을 당하면서도 믿음의 길을 꿋꿋이 간 것이다. 잘못을 저지르고 실수를 했어도 비굴하고 치사한 경험을 했어도 툴툴 털고 다시 믿음의 길을 갔고 마지막까지 믿음의 줄을 놓치지 않았다.

현실의 역사 속에서 굴욕과 시련을 겪으면서도 아브라함은 가는 곳마다 제단을 쌓고 제사를 지냈다. 넘어지고 쓰러지고 상처를 입으면서도 하나님 나라를 향한 발걸음을 멈추지 않았다. 당시에 믿음은 제사로 표현되었다. 제사는 하나님께 목숨과 맘을 드리는 것이다. 나의 생명과 맘을 드리는 것을 곡식과 짐승을 불태우는 것으로 대신했다. 먹을 것이 부족해도 제사는 드린다. 제사는 뵈지 않는 하나님께 드리는 것이다. 뵈지도 않는 하나님께 짐승과 곡식을 불살라 바치는 것은 낭비 같다. 제사에는 두 가지 뜻이 있다. 첫째 하나님과 조상으로부터 생명과 재산을 받았으니 고마움을 나타내기 위해 드리는 것이다. 내 생명과 재산이 내가 소유할 수 있는 게 아니라 잠시 맡고 있다가 두고 가는 것이다. 생명과 재산의 참 주인은 하나님임을 인정하고 고백하기 위하여 하나님께 생명과 재산의 일부를 돌려드리는 것이다.

둘째 주고받는 것이 삶의 원리임을 확인하는 것이다. 주고받음이 없으면 목숨도 사회도 유지될 수 없다. 생명체와 환경 사이에도 개인과 사회 사이에도 주고받음이 있다. 그런데 먼저 주는 일이 없으면 받는 일이 일어날 수 없다. 드리는 일이 있어야 받는 일이 있다. 드림이 먼저다. 이현주 목사가 하는 드림 실험교회는 드림의 기적을 실험해 보자는 것이다. 지금 가지고 있는 것을 드림으로써 나눔의 기적을 일으키자는 것이다. 본래 주역에서 제사는 이로운 것이라고 했다. 제사는 offering(드림)이다. 유영모는 몸 자체가 제사를 지내고 있다고 하였다. 허파는 묵은 피를 불사르고 새 피를 얻는 제단이고 염통은 깨끗한 새 피를 드리는 '드림 맡은 이' 제사장이라고 하였다. 생각은 생명과 정신을 불태우는 불꽃 제사다. 하나님에 대한 사랑과 그리움에서 타오르는 생각, 기도가 나를 불사르는 제사다.

사람, 말씀과 생각이 불타는 중심

유영모는 사람을 말씀과 생각이 불타는 중심이라고 하였다. "말씀을 사뢰는 중심이 '사룸'이다." '살다', '사뢰다'(말씀 드리다), '사르다'(불사르다)가 하나로 통하는 말이고 사람은 목숨, 생각, 말씀을 사르는 중심이다. 사람은 목숨과 생각과 말씀을 불살라 하나님께 제사 지내는 존재다. 유영모는 생각과 기도가 제사라고 했다. 이제 제사 지낸다고 짐승을 잡고 곡식을 태울 필요가 없다. 우리의 몸과 맘을 불사르는 생각의 불꽃이 피어나게 하는 것이 제사다. 삶과 몸과 맘을 불사르며 사는 것은 나뿐 아니라 이웃과 세상을 구원하는 것이다. 나를 불살라 제사하면 세상이 나와 세상이 이롭고 구원을 얻는다.

아브라함은 하나님의 이름을 부르며 하나님께 제사 드렸다. 하나님의 이름을 부르는 것은 하나님과 내가 구체적 인격적 관계 속으로 들어가는 것이다. 초월자 하나님이 땅에서 사는 나와 구체적인 관계 속으로 들어온다. 구체적이고 특수하고 주체적인 것이 진리다. 지금 여기 나의 삶과 무관한 것은 진리가 아니다. '나'가 빠진 것은 진리가 아니다. '나'에게서 나온 제소리가 진리다. 그러나 하나님은 모든 것을 초월한 영원한 '하나', 절대 하나인 분이다. 물질적 제약, 시간과 공간의 제약, 모든 역사와 사회의 상황을 넘어선 보편적이고 초월적인 것이 진리다.

인생과 역사의 진리는 반드시 구체성과 주체성을 가져야 하고, 보편성과 초월성을 지녀야 한다. 생명의 진리이신 하나님은 구체적이고 주체적이며 보편적이고 초월적이다. 생명과 역사는 그런 것이다. 생명과 역사의 진리는 양면의 역설을 지니고 있다. 개별적 구체성과 주체성을 가질 뿐 아니라 보편적 초월성과 전체성을 가져야 한다. 성경의 진리는 언제나 양면성을 가진 입체의 진리다. 성경의 진리는 또 역사적이고 시간적인 진리다. 늘 새롭게 되는 존재이고 새롭게 되어야 할 존재이다. 과거의 나에서 미래의 나로 늘 나아가는 존재이다. 바울처럼 이미 목적에 도달한 것도 아니고 다 이룬 것도 아니다. 다만 과거를 버리고 앞을 향해 달려 나갈 뿐이다. '나'를 붙잡은 신의 손을 붙잡고 앞으로 위로 나아가는 것이 믿음으로 생명의 길을 가는 사람의 자세이고 태도다.

22. 고난 속에서 닦여진 인격과 믿음

아브람이 롯에게 말하였다. "너와 나 사이에, 그리고 너의 목자들과 나의 목자들 사이에, 어떠한 다툼도 있어서는 안 된다. 우리는 한 핏줄이 아니냐! 네가 보는 앞에 땅이 얼마든지 있으니, 따로 떨어져 살자. 네가 왼쪽으로 가면 나는 오른쪽으로 가고, 네가 오른쪽으로 가면 나는 왼쪽으로 가겠다." (창 13:8~9)

아브라함은 굶주림을 겪고 권력자에게 아내를 뺏기는 수치스러운 일을 당했다. 사람이 한번 더러운 구덩이에 빠져서 더럽혀지고 굴욕을 당하면 아무렇게나 진흙 바닥을 굴러다니며 되는대로 살기 쉽다. 그런데 참으로 이상한 것은 더러운 오물 구덩이에 빠진 것 같은 아브라함이 새싹처럼 푸른 잎처럼, 푸른 강물처럼 싱싱하고 깨끗하게 살아간다는 것이다. 마치 아무 일 없었던 것처럼 하늘처럼 깨끗하고 씩씩하게 행동한다.

아브라함은 어떻게 그럴 수 있었을까? 하나님을 믿는 믿음으로 살았기 때문이다. 만일 아브라함이 자신을 믿고 살았다면, 자연조건이나 환경, 사회의 현실이나 상황에 맞추어 살았다면, 재물이나 조직에 의지해서 살았다면 아브라함은 결코 늘 푸른 소년처럼 젊고 새롭게 살지 못했을 것이다. 믿음의 사람 아브라함은 역사의 진흙탕 속을 헤매이면서도, 늘 믿음으로 깨끗하고 싱싱한 얼굴과 맘으로 새롭게 일어난다. 믿음으로 세상의 때와 얼룩, 치욕과 상처를 씻고 새롭고 깨끗한 사람이 된다.

아내를 더럽힌 댓가로 이집트 왕에게서 재산을 얻고 아브라함은 재산을 갖게 되었다. 가난하다가 조금 재산을 가지면 욕심이 생기고 욕심이 생기면 다툼이 일어난다. 아브라함과 조카 롯 사이에도 다툼이 생겼다. 먹을 것이 없을 정도로 가난할 때는 다툼이 없다. 그러나 재산이 쌓이게 되면 다툼이 일어난다. 가난한 사람들이 오히려 행복 지수가 높다. 가난하면 서로 아낄 줄 알고 삶에 만족할 줄 안다. 부자들은 만족을 모르고 재산만 소중히 여기고 사람이 소중한 것을 모른다.

아브라함과 롯 사이에도 다툼이 생겼다. 아브라함의 가축을 돌보는 목자와 롯의 가축을 돌보는 목자가 서로 다투었다. 땅이 좁고 먹을 물이 부족하고 가축을 먹일 풀밭이 부족했기 때문에 함께 살 수 없었다. 아브라함은 너그럽고 인자한 사람이었다. 세상의 쓴맛을 다 보았으면서도 남에게 양보하고 뒤로 물러설 줄 알았다. "우리는 한 핏줄이 아니냐! 네가 보는 앞에 땅이 얼마든지 있으니, 따로 떨어져 살자. 네가 왼쪽으로 가면 나는 오른쪽으로 가고, 네가 오른쪽으로 가면 나는 왼쪽으로 가겠다." 아브라함이 어른이고 주도권을 가졌으므로 마음만 먹으면 자신이 좋은 쪽을 선택하고 롯을 내쫓을 수 있었을 것이다. 그러나 자신의 권위와 힘을 쓰지 않고 스스로 낮아져서 롯에게 주도권을 양보했다. 약자에게 질 줄 아는 대인의 풍모를 보여준다. 한완상이 말하는 우아한 패배를 할 줄 아는 사람이다.

우아한 패배를 할 줄 아는 사람

롯은 풍요하고 번영하는 동쪽 도시 지역으로 갔다. 아브라함은 척박하고 메마른 땅 상수리나무 수풀 속에 남았다. 그러나 하나님은 아브라함에게 큰 땅을 약속한다. "네 눈에 보이는 이 모든 땅을, 내가 너와 네 자손에게 아주 주겠다. 내가 너의 자손을 땅의 먼지처럼 셀 수 없이 많아지게 하겠다. 누구든지 땅의 먼지를 셀 수 있는 사람이 있다면, 너의 자손을 셀 수 있을 것이다." (13,15~16) 넓고 좋은 땅을 양보하고 척박한 산속에 남았지만 그는 많은 자손과 큰 땅을 약속받았다. 어려울수록 꿈과 약속은 뚜렷해졌다. 아브라함은 헤브론의 상수리 수풀에 거주하며 하나님을 위해 제단을 쌓았다.

아브라함은 용기 있는 사람이다. 고대 가나안 지역에는 작은 도시를 중심으로 왕국이 성립되었고 도시 왕국을 다스리는 왕이 있었다. 가나안 지역에 수많은 왕국과 왕들이 있었다. 왕들끼리 싸우는 과정에서 롯도 포로로 잡히고 재산도 빼앗겼다. 이 이야기를 전해 듣고 아브라함은 집에서 길러낸 318명을 데리고 쫓아가서 왕들을 쳐부수고 빼앗긴 모든 재물과 롯을 데려 왔다. 아무리 작은 왕국이라고 해도 여러 왕들이 동맹한 군대를 삼백명의 군사로 쳐부수었다는 것은 믿어지지 않는다. 이 이야기를 역사의 사실로 받아들이기는 어렵다. 아브라함이 밤에 몰래 기습을 해서 롯을 구해왔다고 추측해 볼 수는 있다.

어쨌든 이 이야기에서 아브라함이 용감한 사람이고 의리 있는 사람이라는 것을 알 수 있다. 좋은 땅을 찾아서 자기를 떠난 조카가 포로로 잡혀갔을 때 작은 병사를 데리고 쫓아가서 왕들의 손에서 롯을 구해왔다. 롯은 자기와 다툼을 일으키고 자기를 배신하고 염치없이 편하고 좋은 땅을 차지하려고 했던 괘씸한 인물이다. 그러나 아브라함은 조카 롯에 대한 사랑이 변하지 않았다. 한결같았다. 소돔과 고모라가 심판을 받고 멸망할 때도 롯을 구하려고 맘을 졸였다. 성경에는 아브라함의 의와 믿음을 보고 하나님의 사자들이 롯을 구했다고 하였다. 내게 서운하게 하고 배신하고 욕심을 부리고 다툼을 일으키는 친족을 사랑하고 아껴주기는 어려운 일이다. 친족의 배신과 다툼은 깊은 미움을 낳는다. 사랑과 정이 깊은 만큼 미움과 노여움도 깊다. 그러나 아브라함은 아무 감정이 없는 사람처럼 한결같이 롯을 사랑한다. 그는 헤아릴 수 없는 사랑의 큰 품을 지닌 큰 인물이다. 아브라함은 한결같은 사랑을 가지면서도 용감했다. 적은 무리의 병사를 데리고 가서 왕들에게 사로잡힌 포로들을 구하고 빼앗긴 재산을 되찾아왔다. 조카를 구하려고 목숨을 걸고 모험하는 용감한 사람이었다. 믿음을 가졌기 때문에 아브라함은 사랑과 용기를 함께 가질 수 있었다. 믿음은 하나님 앞에 자기를 비우고 헌신하는 것이다. 자기를 비우고 헌신하는 사람은 남을 한결같이 사랑할 수 있고 불의하고 위험한 상황에서 용감할 수 있다.

아브라함은 고결한 사람이었다. 굶주림을 경험하고 가난 속에서 굴욕을 당했으면서도 재물 앞에서 껄떡거리지 않았다. 존경받는 왕과 제사장인 멜기세덱의 축복을 받고는 자기 수입의 십분의 일을 바쳤다. 십일조를 바침으로써 영적 지도자에 대한 경의를 표한 것이다. 아브라함이 되찾아온 재물들을 소돔 왕이 아브라함에게 가지라고 하자 아브라함은 소돔왕이 아브라함을 부자 되게 했다는 소리를 듣고 싶지 않다면서 소돔왕에게 속한 것은 "실 한 오라기나 들메끈 한 가닥도 가지지 아니하리라."고 선언한다. 전쟁에 패해서 빼겼던 재물을 아브라함이 되찾아 왔으니까 아브라함이 전부를 차지할 수도 있고 일부를 가져도 누가 뭐라고 할 사람은 없었다. 그러나 아브라함은 돈과 재물 앞에 욕심을 버리는 고결한 자세를 가졌다. 돈 앞에 고결한 사람이 정말 고결한 사람이다.

세상에서 양보하고 희생하며 욕심을 버리고 사는 아브라함에게 남는 것은 무엇인가? 세상에서는 의지하고 믿을 것이 없다. 돈이나 권력이나 집단을 의지하지 않고 오직 하나님의 사랑과 의만을 믿고 하나님의 약속만을 의지하는 사람은 험난한 세상에서 두렵고 불안할 수밖에 없다. 두렵고 불안한 삶에서 믿을 것은 하나님밖에 없다. 하나님이 말씀하신다. "아브람아 두려워하지 말라. 나는 네 방패요 너의 지극히 큰 상급이니라." 돈이나 권력이 나의 방패가 아니라 하나님이 나의 방패라고 고백하는 것이 험한 역사 속에서 사는 사람의 참된 믿음이다. 나의 위로와 보상도 하나님 자신이라고 믿는 것이 참 신앙이다. 생명과 정신에서 참으로 믿을 수 있고 위로가 되는 것은 물질적인 힘이나 재화가 아니라 하나님 자신뿐이다. 당장에는 돈과 권력이 힘 있고 위로가 되는 것 같지만 길게 보면 하나님의 사랑과 정의가 힘이고 위로이고 일이 되게 한다.

하나님은 아브라함에게 거듭 하늘의 별처럼 많은 후손을 약속하셨다. 그리고 가나안 땅을 아브라함에게 약속하셨다. 그러나 현재 아브라함은 늙고 자녀를 얻지 못했고, 손바닥만한 작은 땅도 차지하지 못하고 떠돌이 생활을 하고 있다. 당장에는 아무것도 가진 것이 없는 셈이다. 자녀를 가질 가능성도 없어 보이고 땅을 차지할 수 있을 것 같지도 않았다. 현실에서는 아무것도 손에 쥔 것이 없었다.

아브라함은 하나님께 묻는다. “하나님이여 내가 이 땅을 소유로 받을 것을 무엇으로 알 수 있습니까?” 하나님은 직접 답변을 주지 않는다. 아브라함은 삼 년 된 암소, 암염소, 숫양과 비둘기를 가져다 중간을 쪼개 놓고 제사를 드렸다. 젊고 튼튼한 짐승들을 잡아 하나님께 제사를 지냈다. 인생과 역사는 몸을 쪼개는 것처럼 고달프고 고통스럽다. 아브라함이 소와 양의 몸을 가르고 제사를 지냈지만, 사실은 제 몸과 맘을 쪼개 놓고 하나님께 제사한 것이다. 인생과 역사의 나락을 헤매며 그만큼 괴롭고 불안하고 고통스러운 삶을 살았다.

어둠과 두려움 속에서 보이는 미래

해가 지고 아브라함이 깊은 잠에 들었는데, 큰 흑암과 두려움이 그에게 닥쳤다. 미래의 인생과 역사는 큰 어둠 속에 두려움 속에 있다. 깊은 잠 속에서 어둠과 두려움 속에서 하나님은 아브라함에게 미래를 어렴풋이 보여준다. 아브라함의 자손은 이방에서 더부살이하면서 이방인들을 섬기고 이방인들에게 400년 동안 괴롭힘을 당할 것이다. 그러나 하나님의 도움으로 재산을 얻어가지고, 거기서 나올 것이다. 어찌 보면 아브라함의 미래는 악몽과 같이 암울하고 고통스러운 것이다. 이방인의 땅에서 사백년 동안 괴롭힘을 당하는 것은 절망적인 일이다. 30년도 아니고 50년도 아니고 400년 동안 종살이를 한다는 것은 저주이지 결코 축복이 아니다. 그러나 400년 후에는 하나님의 도움으로 큰 재물을 얻고 나올 것이라고 하였다.

캄캄하고 두려운 미래의 긴 터널 끝에 희미한 빛이 비친다. 어떤 경우에도 망하지는 않고 살아남을 것이라는 확신을 가진다. 부귀와 권력이 지배하는 세상에서 믿음으로 사는 것은 길고 긴 고난의 역사 속에서 한 줄기 희망의 끈을 놓지 않고 인생길을 가는 것이다. 캄캄하고 어두운 길을 끝날 것 같지 않은 긴 고난과 시련의 터널을 지나가는 것이다. 새롭고 풍성한 삶에 대한 꿈은 더욱 또렷하게 가지면서 하루하루를 사는 것이다.

23. 선악의 흑백논리를 넘어서 가운데 바른 길로

아브람이 하갈과 동침하니, 하갈이 임신하였다. 하갈은 자기가 임신한 것을 알고서, 자기의 여주인을 깔보았다. 사래가 아브람에게 말하였다. "내가 받는 이 고통은, 당신이 책임을 지셔야 합니다. 나의 종을 당신 품에 안겨 주었더니, 그 종이 자기가 임신한 것을 알고서, 나를 멸시합니다. 주님께서 당신과 나 사이를 판단하여 주시면 좋겠습니다."

아브람이 사래에게 말하였다. "여보, 당신의 종이니, 당신 마음대로 할 수 있지 않소? 당신이 좋을 대로 그에게 하기 바라오." 사래가 하갈을 학대하니, 하갈이 사래 앞에서 도망하였다.

주님의 천사가 사막에 있는 샘 곁에서 하갈을 만났다. 그 샘은 수르로 가는 길 옆에 있다. 천사가 물었다. "사래의 종 하갈아, 네가 어디서 와서, 어디로 가는 길이냐?" 하갈이 대답하였다. "나의 여주인 사래에게서 도망하여 나오는 길입니다." 주님의 천사가 그에게 말하였다. "너의 여주인에게로 돌아가서, 그에게 복종하면서 살아라."

주님의 천사가 그에게 또 일렀다. "내가 너에게 많은 자손을 주겠다. 자손이 셀 수도 없을 만큼 불어나게 하겠다." 주님의 천사가 그에게 또 일렀다. "너는 임신한 몸이다. 아들을 낳게 될 터이니, 그의 이름을 이스마엘이라고 하여라. 네가 고통 가운데서 부르짖는 소리를 주님께서 들으셨기 때문이다." (창 16:4~11)

아브라함은 믿음의 씨올

아브라함은 믿음의 조상이라고 하지만, 조상이라는 말보다 씨올이라는 말이 아브라함에게 맞다. 조상은 과거를 가리키고 씨올은 미래를 가리킨다. 아브라함은 미래의 나라, 미래의 자손, 미래의 땅을 약속받고 믿음으로 미래를 향해 나아간 이다. 아브라함은 믿음의 씨올이다. 아브라함의 믿음이 씨올이 되어서 유대교, 기독교, 이슬람교로 피어났다. 아브라함의 믿음에서 싹이 터서 예수의 믿음이 생겨났다. 아브라함은 믿음의 씨올, 참 생명의 씨올이다. 씨올은 하늘의 참 생명을 약속받은 것이다.

아브라함은 하나님의 약속을 믿고 믿음의 길을 끝까지 지켰다. 그러나 그가 가는 길은 영광의 길이 아니고 험난한 가시밭길이었다. 아브라함의 맘속에서 하나님의 약속은 하늘의 별처럼 뚜렷했지만, 그가 땅에서 걷는 길은 구불구불하고 온갖 장애물로 막힌 것 같았다. 세상에서는 아무 희망도 보이지 않고 인간관계는 꼬이고 인생살이는 구질구질하게 보인다. 그래도 아브라함은 하나님의 약속을 놓치지 않았다. 바르고 곧은 하늘길을 끝까지 갔다. 그래서 아브라함은 믿음의 조상, 믿음의 씨올이 되었다.

후손이 하늘의 별처럼 많아지고 크고 넓은 땅을 차지하게 될 것이라는 하나님의 약속을 받았지만 실제로는 땅 한 뼘도 얻지 못하고 늙어서 허리가 꼬부라져 가는데 자식은 생기지 않았다. 사라는 생리가 끊어졌다고 하였다. 하나님의 약속을 믿고 떠돌이 생활을 했는데 얼마나 공허하고 허전하고 막막했을까? 떠돌이 생활 10년이 지나기까지 하나님의 약속을 기다리다 지친 사라는 견디다 못해 자신의 여종 애굽 여인 하갈을 아브라함의 첩으로 주어서 자식을 얻으려 했다. 그런데 하나님의 약속이 이루어지기를 기다리지 않고 인간이 만든 대안은 갈등과 문제를 일으킨다.

학대당한 하갈의 호소를 들으시는 하나님

오늘은 사라와 하갈을 중심으로 이야기하려고 한다. 이야기의 줄거리는 이렇다. 하갈이 임신을 하자 여주인 사라를 멸시했고 분노한 사라는 하갈을 학대했다. 학대를 못이긴 하갈은 빈들로 도망갔다. 빈들에서 고통을 호소하던 하갈은 하나님의 위로를 받고 다시 집으로 돌아왔다. 하갈이 아들 이스마엘을 낳았다. 이스마엘은 '하나님이 들으심'이라는 뜻이다. 학대받고 고통당하는 여종 하갈의 호소를 하나님이 들어주신다는 것이다.

하나님의 약속을 이루기 위해서 길을 가면서 사라와 하갈이 싸운다. 사라와 하갈 사이에 누가 옳고 그른지 판가름하기 어렵다. 사라의 자리에서 보면 하갈은 몹쓸 인간이고 하갈의 입장에서 보면 사라는 사람 같지 않은 인간이다. 하갈 자신의 처지에서 보면 억울하고 분한데 사라의 심정과 처지에서 보면 사라도 억울하고 분한 것은 마찬가지다. 누구의 편을 들어주기가 어렵다.

세상살이가 그런 것 같다. 이해관계가 얽히고 권리 다툼을 하다 보면 서로 억울하고 분하다. 쌍용자동차 노조 파업을 보면서 파업 노동자와 사원들 사이의 다툼이 사라와 하갈의 다툼을 연상시켰다. 누가 사라이고 누가 하갈이라 하기는 어렵다. 그러나 사원노동자의 아내와 파업노동자의 아내가 말하는 것을 들어보면 다 절박하고 절실하다. 파업 노동자의 아내가 울부짖는 소리가 더 크고 절박하게 들린다. 그러나 파산의 위기 속에서 일자리를 지키려는 사원 노동자 아내들의 소리도 절박하고 절실하다. 정의로운 사회, 함께 하는 사회를 위해서 서로 손을 잡고 힘을 모아야 할 당사자들이 서로 비난하고 공격하면서 다투고 있다.

안타깝지만 이것이 현실이다. 어느 한쪽을 편들어주기도 어렵고, 양쪽을 다 똑같이 헤아리고 이해해 주기도 어렵다. 어느 한쪽도 전적으로 옳다고 할 수 없기 때문이다. 그러나 하나님은 사라의 심정과 처지를 헤아려 주시고 하갈의 소리도 들어주신다. 하나님은 사라의 편을 들면서도, 하갈의 구슬픈 울음소리를 들어주신다. 사라의 학대를 받고 빈들을 헤매는 하갈의 심정과 처지를 하나님은 보신다. 이와 마찬가지로 하나님은 파업 노동자의 소리도 들어주시고 사원 노동자의 심정도 알아주신다. 양쪽의 심정과 처지를 다 알아야 사회의 갈등과 문제를 해결할 수 있을 것이다.

선악, 시비의 판단을 넘어서는 지혜

서로 다투는 양쪽을 중재하고 이끌어가기는 참으로 어려운 일이다. 어느 한쪽 편을 들기도 어렵고 방관하기도 어렵다. 이 어렵고 곤란한 상황과 처지를 견디면서 옳은 길, 가운데 큰길을 찾아가야 한다. 그러기 위해서는 선악과 시비의 판단을 넘어서는 지혜와 사랑이 필요하다. 함께 사는 큰길을 찾아야 한다. 그것이 믿음의 길이고 하나님의 약속을 이루어가는 길이다. 하나님의 심정이 아니면 그 길을 알 수 없다. 한 사람 한 사람의 삶의 깊이를 보고 전체 생명의 자리에 설 수 있을 때 모두 함께 갈 수 있는 가운데 큰길을 찾을 수 있다. 한 사람 한 사람의 삶의 깊이를 보고 전체의 자리에서 전체의 마음으로 생각하는 사람은 이해관계로 다투는 사람들 사이에서 선악과 시비의 판단을 명쾌하게 할 수 없다. 어느 편을 들기 어려울 때가 있다.

믿음의 사람 아브라함도 사라와 하갈 사이에서 참으로 난처하고 거북한 처지에 놓였다. 그래서 어찌 보면 무능하고 무책임하게 처신한다. 사라의 말대로 여종 하갈을 첩으로 맞아 하갈이 임신하였다. 하갈이 임신을 하고 아브라함의 사랑을 받았기 때문에 여주인 사라를 깔보는 맘이 생겼을 것이다. 만일 아브라함이 끝까지 하갈의 편을 들고 사라를 외면했다면 사라는 분하고 억울해서 제 명대로 살지 못했을 것이다. 하갈이 사라를 깔보았을 때 사라는 아브라함에게 호소를 한다. 하갈은 아브라함의 아이를 가졌고 아브라함과 친밀한 관계를 갖게 되었다. 그래서 감히 사라를 무시할 수 있었다. 사라가 약자가 되었다. 사라는 아브라함에게 호소하고 아브라함은 사라의 권위를 세워준다. 그래서 사라는 하갈을 학대했고 하갈은 집을 나갔다.

집을 나간 하갈이 돌아와서 이스마엘을 낳고 이스마엘이 아브라함의 집안에서 잘 자란 것을 보면 아브라함이 하갈과 이스마엘을 소중하게 받아준 것을 알 수 있다. 나중에 사라가 이삭을 낳은 후 하갈과 이스마엘을 쫓아낼 때도 아브라함은 "매우 근심했다"고 하였다. 이 때도 아브라함은 자기의 주장과 뜻대로 하지 않고 사라의 뜻대로 하갈과 이스마엘을 내보냈다. 아브라함은 줏대도 없고 주장도 없고 정의감도 권위도 없는 사람처럼 처신한다. 사라의 변덕을 따라 움직인다.

모호하고 무력한 아브라함의 처신

아브라함은 모호하게 처신하며, 무력하고 냉혹한 사람 같다. 모호하고 무력해 보이는 행위와 처신을 통해 하나님의 약속은 이루어진다. 아브라함이 모호하게 처신하는 것처럼 보였지만 하나님에 대한 믿음과 하나님의 약속은 굳게 지켰다. 사랑과 정의의 가운데 큰길을 떠나지 않았다. 그래서 하나님의 약속에 이르는 가운데 큰길로 나갈 수 있었다.

하갈과 이스마엘도 하나님의 약속을 받고 생명의 축복을 받았다. 결국 사라에게 쫓겨났지만 하갈과 이스마엘은 큰 민족을 이루었다. 이스마엘은 아랍인의 조상이다. 이슬람교를 신봉하는 아랍인들은 아브라함의 적자가 이스마엘이라고 주장한다. 아브라함이 하갈을 학대하고 이스마엘을 구박해서 키웠다면 이스마엘이 그렇게 씩씩하고 당당하게 자라서 큰 민족과 인종을 이루지 못했을 것이다.

아브라함은 사라와 하갈 사이에서 고민하고 갈등했지만, 평생의 동반자 사라, 함께 하나님의 약속과 부름을 받고 함께 고생길을 갔던 아내에 대한 충심과 절조를 지킨다. 새로 생긴 젊은 여인보다 오랜 늙은 아내와의 관계를 존중한다. 오래 같이 살면서 함께 고생한 늙은 아내에 대한 의리를 지켰고, 아내와 함께 가진 믿음과 희망에 충실한 것이다. 아브라함에게 가장 중요한 것은 하나님의 약속과 믿음이었다. 아내 사라는 하나님의 약속과 믿음을 함께 나눈 믿음의 동지이고 동반자였다. 아브라함은 결국 사라와 함께 믿음의 길을 지켰다. 선과 악이 뒤섞인 삶 속에서 아브라함은 참되고 풍성한 삶을 이루어주겠다는 하나님의 약속이 이루어질 미래를 향해 길을 갔다.

사람은 다 치우치는 물건

하나님의 약속은 선악과 시비 판단을 뛰어넘는 가운데 큰길에서 실현된다. 선과 악이 뒤섞인 혼란스러운 세상에서 아브라함은 선과 선 사이에서, 악과 악 사이에서 선택하지 않으면 안 되었다. 아브라함과 마찬가지로 우리는 선과 악이 뒤섞여 있는 세상을 살아간다. 우리가 사는 세상은 선과 악, 흑과 백으로 명쾌하게 가를 수 없다. 선과 악, 흑과 백이 뒤섞인 잿빛 세상이다. 사람의 일과 행위, 관계에서도 선과 악이 섞여 있다. 그러므로 함석헌은 이렇게 말했다. "사람은 잘 하는 가운데도 잘못이 있는 법이요, 옳은 일 중에도 미처 생각이 못 가는 부분이 있는 법이다...사람은 다 치우치는 물건이지 한 사람도 제대로 중정(中正)한 사람은 없다." 사람은 걸을 때도 "곧장은 못 가고 좌우로 왔다 갔다 지(之)자로만 나간다. 그러므로 바른 다리가 나갈 때는 등허리 왼편의 힘줄이 버티어 주고, 왼 다리가 나갈 때는 그 바른 편 힘줄이 버티어 준다." 이처럼 가운데 길을 가는 사람은 밀고 당기면서 앞으로 나아간다. "반대가 있어서만 중도(中道)로 나갈 수 있다." 제 생각만 옳다고 고집하는 사람도 적당히 절충하며 맞추어가는 사람도 가운데 길로 가지는 못한다. 밀고 당기다 보면 한쪽으로 기울기도 하고 지나쳐 보이기도 한다. 그러나 그렇게 밀고 당기면서 역사는 가운데 길로 나아간다. 가운데 길로 가는 사람은 너와 나와 그의 가운데(하늘, 하나님)를 붙잡은 사람이기 때문에 너와 그를 버릴 수 없다. 그래서 밀고 당기면서 함께 가운데 길로 가는 것이다. 잘못과 미처 생각하지 못하는 점이 있는 것을 알면서도 말해 주지 않는 것은 "그를 믿지 않음이요, 깔봄이요, 버림이요, 망하기를 바람이다." (함석헌, "인간혁명", 함석헌전집 2. 59쪽.) 남을 깔보거나 버리는 사람은 가운데 길을 가는 사람이 아니다.

선과 악, 알곡과 가라지가 섞여 있는 세상에서 사는 동안 선과 악, 흑과 백을 명쾌하게 가르며 살기 어려울 때가 많다. 우리는 옳음을 찾아 위로 올라가고 앞으로 나가는 삶을 살아야 한다. 그러나 옳다는 것이 누구는 옳고 누구는 그르다고 언제나 분명하게 가를 수 있는 것이 아니다. 하갈은 옳고 사라는 그르다고 말하는 것도 사라는 옳고 하갈은 그르다고 말하는 것도 바른 말이라고 할 수 없다.

하나님은 죄인을 의롭다 하고 의인을 죄인이라고 하시는 분이다. 죄인 속에 의로움이 있고 의인 속에 죄가 있다. 아무리 깨끗하고 의로운 사람이라고 해도 그의 선행 속에는 악이 깃들어 있다. 아무리 사악하고 잔인한 악인이라고 해도 그 속에 가엾게 여길 만한 안타까운 점이 있기 마련이다.

인생과 역사의 밭에서 가라지를 뽑지 마라

알곡과 가라지의 비유에서 예수도 가라지를 뽑아내는 것에 반대했다. 가라지를 뽑다가 알곡까지 함께 뽑을까 염려했던 것이다. 알곡의 뿌리와 가라지의 뿌리가 서로 얽혀 있다. 따라서 가라지의 뿌리만 쏙 뽑을 수가 없다. 세상에는 선과 악의 뿌리가 뒤얽혀 있다. 세상의 모든 악의 뿌리가 내 맘속에 뿌리내려 있고 세상의 모든 선의 뿌리도 내 맘속에 있다. 모든 생명이 하나이듯이, 선과 악도 하나로 얽혀 있다. 생명을 살리고 펴는 것이 선이고 생명을 죽이고 짓누르는 것이 악이다. 제 생명을 살리고 펴려고 남의 생명을 죽이고 억누른다면 선을 위해서 악을 저지르는 것이 아닌가? 나의 선이 남의 악이고 남의 선이 나의 악이다. 죄를 지었어도 제가 살자고 지은 것이고 악을 행했어도 제 욕심을 채우려고 악을 저지른 것이다. 생명의 관점에서 보면 선과 악, 옳고 그름은 고정되어 있지 않고 상대적이다.

예수는 알곡과 가라지를 따로 골라내지 않으면서도 인류를 구원하여 하나로 되게 하는 길을 똑바로 갔다. 사라와 하갈 사이에서 선과 악을 가리지 않고 어두운 굴속을 지나듯 캄캄한 길을 가면서도 아브라함은 하나님의 약속을 의지하고 바른 길을 갔다. 우리도 이 험난한 세상에서 선과 악이 뒤섞인 어둠 속을 가면서도 우리나라와 인류사회가 구원받을 길을 똑바로 가야 하겠다. 캄캄한 밤에 진흙탕 길을 가면서도 하늘에 초롱초롱한 별들을 보면서 간다. 길을 잃고 헤매기도 하고 길을 가다 쓰러져 몸을 더럽히고 상처를 입기도 한다. 그래도 옳은 길, 바른 길 가운데 길을 거침없이 가야 한다. 하나님의 약속을 믿고 사는 사람도 하늘길은 똑바로 가지만 세상에서는 똑바로 길을 갈 수만은 없다. 언제나 가운데 길로만 반듯하게 가지 못한다. 세상에서 비틀거리고 넘어지고 구덩이에 빠지더라도 하늘길을 잃어버려서는 안 된다. 그 길은 끝까지 지키고 가야 한다.

선과 악, 알곡과 가라지가 섞여 있는 세상에서 사는 동안 선과 악, 흑과 백을 명쾌하게 가르며 살기 어려울 때가 많다. 우리는 이 험난한 세상에서 선과 악이 뒤섞인 어둠 속을 가면서도 우리나라와 인류사회가 구원받을 길을 똑바로 가야 하겠다. 우리는 옳음을 찾아 위로 올라가고 앞으로 나가는 삶을 살아야 한다.

아브라함은 믿음으로 생명의 길을 가는 씨올이다. 믿음으로 생명의 길을 가는 씨올은 하늘의 약속과 생명을 받은 존재다. 영원한 생명의 약속을 받고 산다. 씨올은 남과 옳고 그름을 다투지 않고 남을 정죄하지 않는다. 무한히 약해 보이고 늘 남에게 순응하고 적응하면서 자기의 옹근 생명을 하늘의 힘으로 키우고 펼치고 완성한다. 하늘의 생명을 약속받은 씨올은 남을 이기려 하지 않고 남을 받아들이고 남에게 지는 존재다. 짐으로써 하늘의 생명을 피워간다. 온갖 시련 속에 살면서도 씨올은 남과 옳고 그름을 다투지 않고 남을 악하다 비난하지 않고 나와 너의 생명을 피워내는 데 힘쓴다.

24. 하나님의 전능과 완전한 삶

아브람의 구십 구세 때에 여호와께서 아브람에게 나타나서 그에게 이르시되 나는 전능한 하나님이라 너는 내 앞에서 행하여 완전하라 (창 17:1 개역한글)

아브람이 75세 때 하나님의 약속을 받고 고향 아비의 집을 떠났다. 하나님의 약속은 어떤 것인가? 하나님은 새로운 나라를 약속했다. 하나님이 약속한 나라는 사람이 사람을 다스리는 나라가 아니라 하나님이 사람과 더불어 있고 하나님의 사랑과 정의로 다스리는 나라다. 그 나라를 이루기 위해서 하나님은 아브람에게 많은 백성과 크고 넓은 땅을 약속하신다.

하나님을 보면 죽는다

그러나 아브람이 99세가 되도록 약속이 실현될 조짐은 보이지 않았다. 많은 백성을 이루려면 자손이 있어야 하는데 늙어 꼬부라지도록 자손이 없다. 희망이 끊어진 것 같은 아브람에게 하나님이 나타나서 약속이 이루어질 것을 확인하고 다짐한다. 하나님이 나타났다고 하지만 어떻게 나타날까? 성경에는 마치 하나님이 사람처럼 또는 천사처럼 나타나서 아브람이 눈으로 보고 귀로 들을 수 있게 대화를 하는 것처럼 서술되어 있다. 그러나 그때나 이때나 하나님은 눈으로 볼 수 있게 나타나지 않는다. 그래서 성경은 하나님을 물질이나 육체의 형상으로 나타내는 것을 우상숭배라고 하여 엄격히 금지하였다. 사람은 하나님을 볼 수 없다. 하나님의 영광을 보여 달라는 모세에게 하나님은 이렇게 말씀하셨다. "내가 너에게 나의 얼굴은 보이지 않겠다. 나를 본 사람은 아무도 살 수 없기 때문이다."(출애 33,20)

하나님은 영이니까 영으로 나타난다. 아브람은 영으로 하나님의 영을 만나고 대화를 나눌 수 있었다. 아브람의 영은 아브람의 속의 속에 깃들어 있다. 아브람의 마음속 깊은 곳에 있는 영이 하나님의 부름과 약속을 듣고 믿고 응답한 것이다. 아브람이 99세 때 하나님이 나타나서 "나는 전능한 하나님이라, 너는 내 앞에서 행하여 완전하라."고 말한다. 하나님은 전능하고 사람은 하나님 앞에서 완전하게 행해야 한다.

하나님의 약속이 이루어질 조건은 두 가지다. 하나는 하나님이 자신의 약속을 실현할 능력을 가져야 한다. 또 하나는 아브람에게 하나님의 약속을 받을 만한 맘가짐과 행실이 있어야 한다. 먼저 전능한 하나님에 대해서 말해 보자. 왜 사람들은 하나님이 전능하다고 하는가? 모든 생명체와 인간은 유한한 육체 속에 살면서 영원한 생명을 꿈꾼다. 자신의 꿈과 바람을 이루려고 한다. 모든 것을 이룰 수 있는 거리낌 없는 삶과 자유를 추구한다. 그러나 모든 생명체, 인간의 육체는 우주 대 자연의 세계에서 한없이 연약하고 인간은 불의하고 잔인한 역사와 사회에서 무력감을 느낀다.

사람은 무엇인가 간절히 하고 싶은데 할 수 없을 때 전능자를 생각한다. 고난과 죽음의 위기 속에서 간절한 소망이 있을 때 소망을 이룰 수 있기를 바란다. 무력할수록 전능자를 바라고 꿈꾼다. 완전한 사랑을 하고픈데 완전한 사랑이 이루어지지 않을 때 완전한 사랑을 꿈꾼다. 무엇인가 간절히 알고 싶은데 알지 못할 때 모든 것을 다 아는 이를 찾게 된다. 사람은 전능하고 전지하며 사랑이 가득한 하나님을 바라고 부른다. 사람에게는 전능자, 초월자가 되고 싶은 간절한 바램이 있다.

하나님을 인간의 삶 속으로 끌어내린 예수

포이에르바하는 전지전능한 사랑의 하나님이 미성숙한 인간의 바램을 투사한 것이라고 했다. 신 존재의 비밀은 인간 속에 있다. 인간의 종교적 욕망이 신을 만들어낸 것이라고 했다. 따라서 신은 없다는 것이다. 그러나 함석헌은 포이에르바하의 주장이야말로 종교적이라고 했다. 신의 존재의 뿌리가 인간 속에 있다. 신이 인간

본성의 깊은 곳에서 투영된 것이라는 말은 인간의 본성과 신이 일치한다는 것을 뜻하며 이것이야말로 종교적이고 인간을 꿰뚫어 본 것이다. 하나님은 인간 영혼의 깊은 곳에서 찾아지고 만나진다. 사람이 하나님의 모습대로 지어졌고 사람의 본성 속에 새겨진 하나님의 모습이 투영되어 신으로 나타난다면 매우 종교적이고 신학적이다. 더 나아가서 하나님을 '내 아버지'라고 한 예수는 하나님을 땅 위의 인간 생활 속으로 끌어내린 것이다. 하나님이 한 인간의 아버지가 된다는 것은 세속적 인간의 차원으로 내려온 것이다. 하나님이 내 아버지고 내가 하나님의 아들이다. 내가 하나님 안에 있고 하나님이 내 안에 있다. 나를 본 사람은 하나님을 본 것이다. 예수는 하나님을 인간의 삶 속으로 끌어내렸다.

전능한 하나님은 우리의 삶에서 어떤 존재인가? 불의와 폭력, 죄와 악이 지배하는 세상에서 한없이 무력감을 느끼면서 사람은 전능한 하나님을 찾는다. 생명을 가진 존재는 누구나 영원한 생명을 갈구하지만, 생명체는 유한하고 연약하다. 인간의 존재는 덧없고 작고 힘이 없다. 살려면 살 힘이 있어야 한다. 제대로 바르게 살려면 더욱 힘이 있어야 한다. 그래서 힘 있는 하나님을 찾는다. 생명은 살려는 것이고 살 수 있는 가능성 속에서 산다. 생명은 사는 존재, 살 수 있는 존재, 살려는 존재이다. 살려 하고, 하려 하고, 되려 하는 '~려함'의 존재이다. 생명체가 모든 것을 다 할 수 있는 것은 아니다. 모든 것이 다 가능하지도 않다. 그러나 생명은 근본적으로 '하려는, 되려는' 존재다. 모든 생명, 모든 인간은 고난과 죽음의 위기 속에서 살려는 존재다. 좌절과 절망을 넘어서 하려는, 되려는 존재다.

이집트에서 종살이하며 400년 동안 신음하며 고통당하는 이스라엘 백성의 부르짖음을 하나님이 들으셨다. 하나님이 죽음의 고통에서 이스라엘 백성을 구원하려고 모세를 불렀을 때 모세가 하나님의 이름을 물었다. 생명의 근원이고 창조자이며 생명을 보존하고 완성하는 하나님은 자신을 '에흐예 아셰르 에흐예'(Yahweh)로 나타낸다. 이것은 "나는 나다.", "나는 되고자 하는 대로 되는 이다.", "나는 하고자 하는 대로 하는 이다."를 뜻한다. '나'는 주체이고 주체는 할 수 있고 살 수 있는 자유를 가진 존재다.

사랑이 하나님의 전능과 초월

하나님은 하고자 하는 대로 할 수 있는 이, 되고자 하는 대로 될 수 있는 이, 다시 말해 전능한 이다. 창세기 17장의 본문에서는 전능한 하나님이 원어로는 '엘 샤따이'다. 엘은 하나님, 신을 뜻하고 샤따이는 산봉우리, 젖가슴을 뜻한다.(창17:1, 28:3, 출6:3) 샤따이는 '두 개'를 나타내는 쌍수 어미(語尾)로 이해할 수 있다. 두 개의 산봉우리, 두 개의 젖가슴(어머니의 젖가슴)이다.

그 동안 '엘 샤따이'를 산의 하나님으로 이해했다. 우뚝 솟은 산처럼 전능하고 장엄한 하나님을 생각했다. 산은 하늘과 닿아 있는 신령한 곳이다. 하나님은 산으로 내려오고 산에서 사람을 만난다. 우리 선조들도 산에서 하나님께 제사하고 하나님을 만났다. 산은 하나님께 기도하는 곳이다.

최근에 여성 신학자들이 엘 샤따이를 '두 젖가슴의 하나님'으로 이해했다. 목숨이 위태로운 어린 아기 같은 이스라엘 백성을 하나님은 어머니처럼 두 젖가슴에 품고 먹여주고 길러주고 보호하여 살려 주었다. 젖가슴의 하나님은 사랑의 하나님이고 하나님의 전능은 사랑의 전능이며, 하나님의 초월은 사랑의 초월이다.

산의 하나님이든 젖가슴의 하나님이든 하나님은 죽음의 위기에서 구원하는 능력 있는 하나님, 전능한 하나님이다. 왜 사람은 높고 깊은 산에서 하나님을 찾고 하나님을 만나려 하고 하나님께 기도하는가? 능력을 얻고 구원을 얻기 위해서다. 초능력을 얻기 위해서 사람들은 산에서 도를 닦고 기도하고 훈련한다.

죽음과 질병과 고난 속에서 사람은 불가능을 느끼고 무력함과 연약함을 느낀다. 모든 생명은 영원히 살려고 하지만 덧없이 연약하게 죽는다. 산에서 만나는 하나님도 전능한 하나님이고, 어머니처럼 두 가슴으로 감싸주는 하나님도 전능한 하나님이다. 산의 하나님이 초월적 전능을 나타낸다면 젖가슴의 하나님은 함께 아파하는 사랑의 전능을 나타낸다.

병들어 죽거나 정치적 박해로 죽을 때 사람은 한없이 무력하다. 아무리 하나님께 기도해도 하나님은 침묵할 뿐 기적은 일어나지 않는다. 예수도 십자가에서 힘없이 죽었다. 하나님의 구원은 없었다. 힘없는 한 인간으로서 죽은 데서 오히려 인류가 살길, 구원의 길이 열린다. 겉보기에는 아무런 희망도 없고 구원도 없다. 힘없이 죽은 데서 오히려 하나님의 사랑과 능력과 구원을 볼 수 있다. 무력한 죽음에서 하나님의 사랑이 드러나고 더불어 살 수 있는 나라, 사랑과 정의의 나라가 열린다.

히틀러 치하에서 39세에 순교한 신학자 디트리히 본회퍼는 감옥에서 종교적 초월을 거부하고 사랑의 초월을 말했다. 전능한 하나님은 종교적 하나님이고 거짓 하나님이다. 지금 정치적 폭력으로 죽어가는 사람에게 그런 전능한 하나님은 존재하지 않는다. 예수의 경우처럼 무력하게 죽음으로써 하나님의 사랑과 초월이 드러난다.

참된 초월, 참된 전능이 무엇인가? 초인적 능력을 발휘하기 위해서 공중부양을 하고 물 위를 걸으려고 하지만 그것이 진정한 초인적 능력일까? 새, 파리, 비행기가 하늘을 날지만, 그것은 다 자연 물리의 법칙을 따라서 하늘을 나는 것이다. 함석헌은 사람이 비행기를 타고 하늘을 날기 위해서는 자연의 질서와 법칙에 겸허하게 순응해야 한다고 말했다. 자연법칙과 질서의 세계가 요구하는 예복을 입지 않고는 결코 하늘을 날 수 없다. 자연법칙과 질서를 무시하고 하늘을 날고 물 위를 걸으려는 것은 천지 만물과 질서를 창조한 하나님을 존중하는 자세가 아니다.

씨올은 물질과 생명의 법칙을 따라서 흙 속에서 싹이 트고 꽃이 피고 열매를 맺는다. 씨올은 자연 물리의 법칙과 생명의 법칙을 지킴으로써 생명을 실현한다. 씨올은 결코 물리와 생명의 법칙을 무시하고 제 맘대로 생명 활동을 하지 않는다. 겸허하게 자연의 법칙과 질서에 순응함으로써 자연의 법칙과 질서를 타고 물질과 생명과 정신의 본성을 실현하고 완성한다.

생명은 땅의 물질에서 하늘의 영으로 올라가는 존재다. 생명 진화는 물질에서 영으로 되는 것이다. 인간은 땅의 물질에서 생명, 심리, 영의 차원을 거쳐 하나님께로 올라가는 존재다. 땅에서 하늘로 올라가는 인생길에서 물리의 법칙, 심리의 법칙, 영과 신의 법칙, 우주 생명의 법칙과 이치가 드러나고 실현된다.

땅에서 하늘로 올라가는 인간은 우주 만물의 이치와 법칙과 질서에 겸허히 순응함으로써 오히려 모든 이치와 법칙을 실현하고 드러낸다. 씨올은 법칙과 질서를 무시하고 망녕되게 모든 것을 할 수 있다고 생각하지 않는다. 씨올은 겸허히 흙 속에 묻히고 자연 질서에 순응하지만 어떤 숙명론과 결정론도 인정하지 않는다. 씨올은 결코 불가능성 속에 살지 않는다. 하나님의 생명을 품고 사는 씨올에게는 결코 불가능이 없다. 지금 당장 모든 것을 할 수 있는 것은 아니지만 언젠가는 하나님 안에서 전체 생명 안에서 모든 것이 가능하고 이루어질 것을 믿고 산다. 지금 당장 할 수 있고 살 수 있고 될 수 있다는 믿음과 희망 속에서 산다. 하나님의 생명과 믿음 안에서 불가능은 없다.

거리낌 없는 한결같은 삶

새 나라를 약속하고 다짐하면서 하나님은 아브라함에게 말했다. "나는 전능한 하나님이라 너는 내 앞에서 행하여 완전하라."(17,1) 에녹과 노아의 때는 사람이 하나님과 함께 살았다고 했는데 아브람의 경우에는 하나님 앞에서 산다고 하였다. 하나님과 함께 사는 것과 하나님 앞에서 사는 것은 어떻게 다른가? 하나님과 함께 사는 것은 친구처럼 동역자처럼 함께 더불어 사는 것이다. 하나님과 같은 편에 서서 산다. 에녹과 노아는 홀로 깨끗하고 경건한 개인의 삶을 살았다. 그들의 삶 안에서 그들의 영혼 안에서 하나님과 더불어 있었다. 세상은 더럽고 불의하고 타락했어도 이들만은 깨끗하게 흠 없이 살았다.

그러나 아브람은 하나님 없는 세상에서 하나님 앞에서 산다. 아브람은 역사 속으로 세상 속으로 들어갔다. 하나님 없는 세상에서 하나님을 그리워하고 기다리며 산다. 불의한 세상에서 불의한 사람들과 얽혀서 산다. 홀로 깨끗할 수 없고 홀로 의로울 수 없다. 굶주림 속에서 불의한 사람들에게 기대어 산다. 이 험악한 세상에서 도덕적으로 완전한 삶을 살 수 없다. 서로 얽혀서 함께 사는 세상이므로 나만 깨끗하고 완전할 수 없다. 남이 더러우면 나도 더러워지고 내가 더러우면 남도 더러워진다.

악하고 불의한 세상에서 아브람은 하나님과 맞서 있다. 하나님과 맞서서 계약을 맺고 다짐을 한다. 세상과 역사 안에서 사는 삶은 하나님 앞에서 책임을 지며 사는 삶이다. 하나님 앞에서 삶은 '향하는 것', '두루 다니는 것'이다. 이렇게 서로 얽혀 있으면서도 하나님 앞에서 사는 사람에게는 나는 나이고 너는 너인 차원이 있다. 개인의 삶의 깊이와 사회 전체의 차원이 함께 있다. 불의한 세상에 얽혀 살면서 하나님을 향해 살고 하나님 앞에서 행동하고 움직인다.

불의한 세상에서 하나님을 그리워하며 사는 아브람에게 하나님은 "너는 내 앞에서 행하여 완전하라."고 한다. 하나님을 모르는 사람들은 불의한 세상에 얽혀 살면서 흘러가는 대로 산다. 이들은 평면적인 삶을 산다. 그러나 하나님을 향해서 하나님 앞에서 사는 사람은 입체적인 깊이와 높이를 가진 삶을 산다. 자연과학이나 사회과학의 지식과 논리로는 이해할 수 없는 존재의 차원을 품고 산다. 성경과 신학은 하나님과 관련된 신비한 존재의 차원을 다룬다.

갈라지지 않는 온전한 헌신

하나님은 불의한 세상에서 '완전하라'고 한다. 여기서 완전을 나타내는 히브리어는 '타밈'(תָּמִים)이다. 타밈은 도덕적 완전을 나타내지 않는다. 갈라지지 않은 헌신, 온전한 맘을 뜻한다. '딴 맘'없이 거리낌 없이를 뜻한다. 하나님이 하나인 것처럼 사람도 하나가 되어야 한다. 갈라지지 않은 온전한 한 맘으로 살아야 한다.

옛날에 사람과 짐승이 함께 살았다. 서로 친구가 되기로 했다. 어느 추운 겨울에 짐승이 친구를 집으로 초대했다. 날이 추워서 사람이 손을 입으로 불면서 짐승의 집으로 들어왔다. 짐승이 사람에게 물었다. "왜 손을 입으로 부는가?" "차가운 손을 따뜻하게 하려고 입으로 불었네." "그렇군." 밥을 먹는데 사람이 뜨거운 국을 입으로 후후 불면서 먹었다. 짐승이 다시 물었다. "이번에는 왜 또 국을 입으로 부는가?" "국이 뜨거워서 식히려고 부네." 그러자 짐승이 사람에게 정색을 하고 말했다. "한 입으로 차가운 것을 뜨겁게 하고 뜨거운 것을 차갑게 하는 사람하고는 친구가 될 수 없네." 그래서 사람이 짐승의 친구가 될 수 없었다는 옛날이야기다. 말은 맘에서 나온다. 맘에 갈라짐이 없으면 말에 갈라짐이 없고 맘에 두 맘이 없으면 말이 한결같고 딴말이 나오지 않는다.

한결같음은 완벽주의가 아니다. 소금은 늘 소금 맛을 내고 빛은 늘 환하다. 얼음은 늘 차가운 얼음이고 불은 늘 뜨거운 불이다. 불의한 세상에서 얽혀 사는 사람이 도덕적으로 완전을 추구하는 것은 잘못이다. 그러나 보다 높은 경지로 가면 소금이 빛이 되고 빛이 소금으로 되는 경지가 있을 것이다. 거기서는 얼음이 불이 되고 불이 얼음이 된다. 말로 표현하기 어려운 지극한 신비와 깊이가 드러나는 생명과 얼의 차원에서 그런 놀라운 일이 일어날 것이다. 탐욕과 편견, 미움과 분노의 감정들을 얼음처럼 차갑게 씻어버릴 때 생명과 얼의 뜨거운 불이 타오를 것이다. 또 내 속에서 내 생각과 존재를 태우는 불이 타오를 때 세상의 탐욕과 편견, 폭력과 거친 감정에 대해서 얼음처럼 냉정하게 될 것이다.

도덕과 종교의 완벽주의자는 바리새파처럼 제 잘못은 못 보고 남의 흠만 찾는 위선자와 독선자가 되어 인생과 신앙을 망친다. 예수는 죄인의 친구가 되어 온전한 맘을 가지고 거리낌 없이 살았다. 아브라함도 도덕적으로 결함이 있었지만 갈라지지 않은 온전한 맘을 가지고 거리낌없이 살았다. 자기를 비우고 버릴 줄 알기 때문에 갈라짐 없는 온전한 맘을 가지고 자유롭게 살았다.

"하나님 앞에서 행하여 온전하라"는 말은 억지로 온전하게 되라는 말이 아니다. 하나님이 지은 세상은 그대로 온전하다. 풀잎은 풀잎대로 꽃은 꽃대로 나무는 나무대로 온전하고 아름답다. 사람은 사람대로 온전하고 아름다우며 거룩하다. 하나님 앞에서는 모든 것이 하나이고 자유롭다. 하나인 것이 거룩하고 완전한 것이고 자유로운 것이 아름다운 것이다. 하나님 앞에 서면 저절로 하나로 되고 자유로워진다.

하나님 앞에서 행한다는 것은 억지 부리지 않고 하나님 뜻대로 행하는 것이다. 하나님 뜻대로 행한다는 것은 온전히 맡기는 것이고 온전히 맡기면 하나로 될 수 있고 자유롭게 될 수 있다. 나는 나가 되고 너는 너가 되는 것이다. 하나님 앞에서 온전한 것, '타밈'은 저마다 저답게 제소리를 내며 사는 것이다.

유럽에서 전해오는 이야기가 있다. 어느 마을에 광대가 있었다. 거기서도 광대는 천하게 여겼고 거룩한 종교 생활과는 거리가 먼 존재로 여겼다. 어느 날 광대가 믿음을 갖게 되어 너무 기쁘고 감사했다. 이 기쁨과 감사를 표현하고 싶은데 표현할 길이 없었다. 가진 것도 없었다. 그래서 남이 보지 않는 밤에 홀로 성당에 나와서 자기가 가진 재주를 다 부렸다. 뛰고 구르고 재미난 이야기도 했다. 경건한 신부가 그것을 보고 호통을 치려는데 돌로 만든 성모상이 제단에서 사뿐사뿐 걸어 내려와 광대의 이마에 흐르는 땀을 씻어주었다. 이것을 보고 신부의 입이 얼어붙었다. 광대짓 그대로 하나님께 온전한 제사가 될 수 있고 하나님이 기뻐하는 완전한 삶이 될 수 있다.

함석헌은 험한 역사의 격랑에서 온 몸과 맘을 다해 살았다. 개인의 도덕적 완전이나 경건보다 세상을 먼저 생각했다. 수신제가치국평천하(修身齊家治國平天下)에서 평천하에서 시작해야 한다고 주장했다. 천하, 온 세상이 바로 되어야 나라가 바로 되고 나라가 바로 되어야 집안이 바로 되고 집안이 바로 되어야 몸과 맘이 바로 된다는 것이다. 실제로 일제 식민 통치 시절에 안창호, 이승훈, 김구 등 민족지도자들은 모두 집안을 돌보지 못했다. 가정이 없는 사람들처럼 살았다.

"하나님 앞에서 행하여 완전하라!" '하나님 앞에서'는 무엇을 뜻하는가? 하나님은 전체를 뜻한다. 함석헌은 하나님을 전체로 표현했다. '하나님 앞에서'는 '전체 앞에서'를 뜻한다. 우주 전체, 인류 전체, 천하. 천하 앞에서 온 인류, 온 세계 앞에서 행동하고 사는 것을 뜻한다. 온 인류 앞에서 떳떳하고 온전하게 행동하고 사는 것을 뜻한다.

그러나 결국 '하나님 앞에서 행하는 것'과 '하나님과 함께 행하는 것'이 결합 되어야 한다. 구약과 신약의 차이가 있다면 구약에서는 '하나님 앞에서 행하는 것'이 강조되고 신약에서는 둘의 종합이 이루어졌다는 것이다. 예수는 늘 하나님과 함께 살면서 하나님 앞에서 죄인들과 더불어 살았다. 예수는 하나님의 품 안에서 하나님을 맘에 모시고 하나님과 하나가 되어 살았고 역사 속에서 죄인들의 친구로서 십자가에 달렸다. 양쪽의 삶을 치열하고 철저하게 살았다.

유영모와 함석헌은 '하나님과 함께'와 '하나님 앞에서'를 충실히 살았다. 그러나 유영모에게서는 '하나님과 함께'가 강조되고 함석헌에게서는 '하나님 앞에서'가 부각 되었다. 씨올의 삶은 양쪽을 통합하고 온전히 사는 것이다. 지구 생태계 앞에서 굶주리고 병들어 죽어가는 사람들 앞에서 고결하게 생각하고 알뜰하고 검소하게 살아야 한다. 유영모의 말대로 몸과 맘과 생각을 온전히 연소시켜서 고결한 생각을 하고 알뜰살뜰 검소하게 살 때 세상이 구원받는 길이 열릴 것이다. 자신을 온전히 연소시키는 것은 하나님과 함께 사는 것이고 알뜰살뜰 검소하게 사랑으로 섬기는 것은 하나님 앞에서 사는 것이다.

25. 세상에서 어버이 되기

"나는 너와 언약을 세우고 약속한다. 너는 여러 민족의 조상이 될 것이다. 내가 너를 여러 민족의 아버지로 만들었으니, 이제부터는 너의 이름이 아브람이 아니라 아브라함이다.
내가 너를 크게 번성하게 하겠다. 너에게서 여러 민족이 나오고, 너에게서 왕들도 나올 것이다." (창 17:4~6)

아브라함은 하나님과 약속한 사람이다. 하나님으로부터 약속을 받고 스스로 하나님께 약속과 다짐을 드린 사람이다. 아브라함의 이름은 본래 '아브람'이다. 아브람은 '내 아버지(신)는 존귀하시다', '아버지(하나님)가 높이어지다', '존귀한 아버지'라는 뜻을 가진 이름 말이다. 아브람은 아버지를 높이는 사람, 효자를 뜻한다. 아버지를 높이는 사람은 아버지처럼 높은 사람이 된다. 아버지는 신을 나타낸다. 이스라엘 백성이 처음부터 하나님을 아버지로 여겼음을 알 수 있다.

아브람은 육신의 아버지를 넘어서 하나님을 아버지로 섬기고 높이려 했다. 하나님을 아버지로 알고 높이는 사람은 하나님 아버지를 닮은 사람이 된다. 하나님을 아버지처럼 생각하고 높이려고 한 아브람은 하나님을 맘속에 모시고 하나님과 긴밀한 관계 속에서 살려고 했다. 하나님 없이는 살 수 없는 존재가 되었다. 따라서 자연스럽게 하나님과 약속한 사람이 되었다. 하나님은 아버지가 되고 나는 하나님의 아들이 된다는 약속과 다짐을 하게 된 것이다.

하나님 아버지의 심정으로

하나님의 아들 노릇을 잘하려면 아버지를 모시고 모든 인류와 만물이 함께 형제자매가 되어 한 가족을 이루어야 한다. 새 나라를 이루어야 한다. 하나님의 아들 노릇을 잘하려고 했던 아브람에게 하나님은 새 나라의 약속을 주었다. 그런데 세상에서 새 나라를 이루려면 아들 노릇을 잘하려는 것만으로는 안 된다. 세상에서 아버지 노릇을 잘하게 되어야 한다. 저 홀로 있을 때는 하나님을 잘 섬기면 되지만 다른 사람들과 함께 새 나라를 이루려면 사람들의 어버이 노릇도 잘해야 한다. 세상에서 어버이 노릇을 한다는 것은 하나님 아버지의 심정으로 사는 것이다. 하나님 아버지의 심정으로 사는 것은 하나님 어버이가 계심을 드러내는 것이다. 사람들에게 하나님이 계심을 드러내는 사람이 있어야 하나님의 새 나라가 시작된다. 하늘 아버지를 대신해서 사람들을 이끌어주고 보살펴 줄 사람이 있어야 한다.

그래서 아브람의 이름이 아브라함으로 바뀌었다. 아브라함은 '많은 백성의 아버지'라는 뜻을 가진 말이다. 아들 노릇만 아니라 아버지 노릇도 해야 한다. 새 나라를 이루려면 새로운 다짐과 자격이 요구된다. 그래서 하나님이 아브람에게 새 이름을 준 것이다. 이름을 바꾸고 새 이름을 갖는 것이 중요할까? 가톨릭에서는 영세를 받을 때 세례명을 받는데 새로 태어난 것을 상징하여 성인의 이름을 새 이름으로 갖는다. 요즈음도 호를 짓고 남에게 호를 지어주기도 한다.

새 인생을 살겠다는 결의를 가지고 새 이름을 쓰는 사람들도 있다. 예수의 제자들을 박해하던 사울이 회개하고 예수의 종이 되기로 작정한 다음에는 바울로 이름을 바꾸었다. 사울은 큰 사람을 뜻하고 바울은 작은 사람을 뜻한다. 자기가 큰 인물인 줄 알고 떵떵거리며 예수와 그 제자들을 처형하는 데 앞장섰던 그가 크게 깨닫고 예수의 작은 종이 되었다. 예수의 작은 종이 됨으로써 역사에 큰 인물이 되었다. 옛날에는 나이 든 사람들이 서로 이름을 부르기가 어려워서 호를 불렀다. 편하고 친밀하게 그리고 존경하여 높이는 이름을 가지고 사는 것은 점잖고 품위가 있어 보인다. 유영모도 낮의 햇빛보다 밤의 어둠이 신령한 하나님의 존재를 드러낸다고 생각하여 '많은 저녁'이란 뜻을 지닌 다석(多夕)이라는 호를 사용했다.

그러나 함석헌은 호를 사용하지 않았다. 어떤 사람이 호가 무엇이냐고 묻자 함석헌은 "쌍놈이 이름이 어디 있어?"하고 호통쳤다. 이름이 중요하지 않다는 생각과 함께 이름 없이 사는 민중 정신을 드러낸 것이다. 스스로를 비웃고 낮추는 심정으로 '바보새', '알바트로스', '신천옹'이라는 이름을 쓰기도 했다. 바보새는 하늘을 높이 나는 큰 새인데, 하늘을 날기는 잘하면서도 먹이를 잡을 줄 몰라서 다른 짐승들이 남겨 놓은 찌꺼기를 주워먹는 새다. 하늘을 날 때는 위풍당당하고 멋진데 먹이를 구할 때는 말할 수 없이 무능하고 초라하다. 크고 높은 뜻을 가졌으나 현실 생활에서 무력한 자신을 함석헌은 바보새라고 불렀던 것이다. 바보새, 알바트로스, 신천옹이 다 같은 말인데 신천옹(信天翁)에서 신천(信天)이라는 말이 뜻이 깊다고 여겨서 함석헌의 호를 신천이라고 하는 이들도 있다.

함석헌은 스스로 호를 거부한 이였으니까 호가 없다고 하는 것이 옳다. 굳이 다른 이름을 쓰자면 '씨올'이라고 하는 것이 옳다고 생각한다. 함석헌은 평생 옹근 씨올이 되기를 갈구했고 온몸과 맘을 다해서 씨올이 되려고 했다. 그는 평생 씨올을 위해 살고 씨올이 되려고 살았다. 그리고 스스로 이름 없는 하나의 씨올로 살고자 했다. 씨올은 보통명사이니까 함석헌의 호가 될 수 없다는 주장도 있다. 그러나 함석헌을 나타내는 말로 씨올보다 좋은 말이 없다. 씨올이야말로 호 아닌 호다. 씨올은 아주 겸허하면서 가장 위대한 함석헌의 다른 이름이다. 나는 내 이름 석자도 감당하기 어려운 사람이니까 호 같은 것은 가지고 싶지 않다. 내 이름 하나만이라도 더럽히지 말고 조심조심 살다가 가고 싶다.

사람에게 이름은 그저 이름일뿐이지만, 또 생각과 정신에 깊은 영향을 주기도 한다. 다른 사람이 '나'를 생각할 때 이름으로 생각하듯이, '나'도 나를 생각할 때 이름으로 생각한다. 그러나 이름이 참 나는 아니다. 이름이 아니라 삶과 정신의 씨알맹이가 중요하다. 씨알맹이를 붙잡고 잘 살려 나가는 것이 인생이다. 아무리 좋은 이름을 가져도 그 인생과 정신이 썩었으면 냄새나고 더러운 이름이 되고 이름이 신통치 않아도 그 인생과 정신이 살아 있으면 빛나고 아름다운 이름이 된다.

아브람이라는 이름도 아브라함이라는 이름도 뜻이 깊은 이름이다. 이름만 그럴듯하게 지어놓고 인생을 아무렇게나 살면 이름은 아무것도 아니게 된다. 아브람은 그 이름에 충실하게 살았다. 그래서 조상의 집과 고향을 떠나는 모험을 감행했다. 그 이름을 지키고 그 이름대로 살려고 갖은 고난과 시련을 감수했다. 그러나 아브람만으로는 새 나라를 이룰 수 없다. 하나님을 아버지로 모시고 바르게 사는 것만으로는 부족하다. 홀로 효자 노릇하는 것만으로는 부족하다. 자기 혈족과 자손만을 챙기는 것으로는 부족하다. 하나님께 효자가 되는데 힘쓰는 것은 개인 경건의 신앙이다.

아버지를 섬기는 아브람으로는 부족하다. 많은 사람의 어버이 노릇하는 아브라함이 되어야 한다. 아버지가 되는 것은 제 생각만 하고 제 행실만 바르게 하면 되는 것이 아니다. 맘가짐과 행실을 바르게 해야 하지만 남 생각, 가족 전체의 생각을 잘하고 잘 이끌어야 한다. 아브라함은 자신보다 먼저 남을 생각하는 사람이 된 것이다. 한 가족이 아니라 많은 백성, 많은 민족들의 아버지가 된 것은 많은 백성, 많은 민족들을 위해 생각하며 살게 되었다.

남의 구원, 미래 세대의 구원을 위해 믿어야

함석헌은 6·25 민족전쟁의 참상을 겪고나서 개인중심의 신앙에서 민족과 인류 전체의 신앙으로 나아갔다. 그가 "이제부터 나의 구원을 위해 믿지 않고 남의 구원, 미래 세대의 구원을 위해 믿겠다."고 한 것은 많은 민족들의 아버지인 아브라함의 자리에서 믿은 것이다. 그렇게 살려면 성숙한 어른이 되어야 한다. 모두 함께 사는 세상에서 책임을 지고 이끌어가는 사람이 되려면 하나님을 닮아 어버이 노릇을 잘 해야 한다. 사실은 어버이를 닮아 어버이 노릇을 잘 하는 것이 참된 효자다. 하나님의 나라를 이루려면 많은 민족들의 아버지, 많은 국가들의 아버지가 되어야 한다.

남이 디디고 설 흙덩이의 마음

하나님을 아버지로 섬기고 아들 노릇을 잘하는 것도 중요하지만 세상에서 아버지 노릇도 잘 해야 한다. 남에게 아버지, 어머니가 된다는 것은 남을 사랑하고 길러줄 마음을 갖는 것을 뜻한다. 사람은 하나님에게는 아들이고 딸이지만 세상에서는 부모 노릇, 어버이 노릇도 해야 한다. 어버이 노릇을 한다는 것은 남을 축복하고 남을 위해 희생할 줄 아는 것이다. 내 살과 피를 나누어주면서도 자녀를 길러주고 자라게 하고 크게 하고 싶은 어버이의 맘이 있어야 한다.

어버이의 맘은 흙의 맘이다. 씨울이 싹트고 자라는데 밑거름이 되는 흙의 따뜻한 맘이 있을 때 어버이가 될 수 있다. 흙은 자신을 깨트리고 부수면서 남을 살리고 기른다. 함석헌과 장준하는 17세 차이가 나는데 장준하가 창간한 사상계에 함석헌이 글을 쓰면서 스승과 제자처럼 형과 아우처럼 가까이 지냈다. 1975년에 장준하가 갑자기 죽었을 때 함석헌은 이렇게 말했다. "내가 당신이 디디고 설 흙덩이가 되고자 했는데 어째 당신이 먼저 죽었소." 남이 디디고 설 흙덩이가 되려는 맘이 어버이의 맘이다.

부모는 자식이 잘되기를 바란다. 늘 축복하는 맘을 가진다. 자녀에게 늘 사랑하고 정의로운 맘을 가지기 때문에 부모는 축복의 근원이 된다. 부모를 미워하고 저주하는 사람은 남에게 미움을 받고 저주를 당하기 쉽다. 가능하면 일찍 어버이 맘을 가지고 살기 시작해야 한다. 죽을 때까지 남에게 의지하고 도움을 받고 사는 생활에서 벗어나지 못하면 어른이 못 된 것이다. 어른이 되고 어버이가 된다는 것은 남에게 주고 싶고 남을 자라게 하고 싶고 남을 높이 세우고 싶은 맘으로 사는 것이다. 이 맘은 하나님의 맘이다. 어버이 노릇을 한다는 것은 하나님의 맘으로 사는 것이다. 이 세상에 하나님이 없는 것처럼 보여도 하나님의 맘으로 사는 사람들을 보면 "아 하나님이 계시구나!"하고 느끼게 되어야 한다.

어버이처럼 살다가 어버이처럼 죽어야 사람답게 산 것이다. 세상에서 남을 이끌어보겠다고 나선 사람들, 남을 이끄는 지위에 선 사람들에게 요구되는 첫째 자격조건은 어버이같은 맘을 갖는 것이다. 대통령, 국무총리, 장관, 국회의원이라면서 저밖에 모르고 제 가족, 부하들밖에 모른다면 자격이 없는 것이다. 전체의 자리에서 전체를 위하는 맘을 가지고 살아야 한다. 어버이 맘을 가져야 한다. 어버이라면 고통받고 신음하는 국민을 외면할 수 없을 것이다. 사리사욕에 눈이 어두워 부정과 부패를 일삼는 사람들이 정치, 경제, 종교, 교육에 앞장서지 않는 세상이 되어야 한다. 나라의 토대는 어버이의 맘이다. 어버이의 맘이 없으면 나라는 무너진다.

민주 시대에는 어버이라고 해서 권위를 내세우는 무거운 자세를 가지면 안 된다. 아무리 자식과 젊은이들을 사랑하고 돌보아 주려고 해도 위에서 권위를 가지고 베푸는 자세로 접근해서는 안 된다. 돌보고 아끼고 가르치려고 해도 정말 받드는 심정으로 해야 한다. 어버이 맘을 가지고 살되 자세는 어린이 같은 자세를 가져야 한다. 기쁘고 즐겁고 가벼운 맘과 자세로, 지배하는 맘이 아니라 풀어주는 맘으로 대가나 보상을 바라지 않는 심정으로 주고는 잊어버리는 심정으로 어버이 노릇을 해야 한다. 이렇게 해서 세상에 하나님이 살아계심을 알리는 것이다.

26. 언약의 표징, 할례

하나님이 또 아브라함에게 말씀하셨다. "너는 나와 세운 언약을 잘 지켜야 하고, 네 뒤에 오는 너의 자손도 대대로 이 언약을 잘 지켜야 한다. 너희 가운데서, 남자는 모두 할례를 받아야 한다. 이것은 너와 네 뒤에 오는 너의 자손과 세우는 나의 언약, 곧 너희가 모두 지켜야 할 언약이다." (창 17:9~10)

성경은 생명의 책이다. 그러므로 성경은 생명의 관점에서, 생명의 속알인 얼의 차원에서 보아야 한다. 하나님은 생명의 자발성과 새로움을 허락하고 축복하셨다. 씨올은 스스로 자라고 스스로 새롭게 되는 생명과 속알(얼)을 나타낸다. 하나님과 인간을 생명과 얼(영)의 관점에서 보아야 성경의 진리를 깊이 제대로 볼 수 있다. 하나님은 생명의 씨올을 심고 싹트게 하고 기르고 완성하는 이다. 생명이 스스로 새롭게 하려면 잘못하고 실패할 가능성, 악하고 못된 일을 하고 고난받을 가능성을 감수해야 한다.

창조자 하나님은 기계를 만드는 이가 아니고 기계적 제품을 제작하는 이가 아니다. 하나님을 기계 제작자로 생각하면 생명과 정신의 현실에서 모순이 나온다. 왜 전능하고 선한 신이 죄와 악과 고통, 불완전을 가져왔는가? 생명과 정신, 사랑과 정의의 관점에서 하나님을 생각하면 하나님은 자라게 하는 이 온전하게 하는 이고, 인간과 다른 생명체, 다른 모든 존재자들에게 자발적 주체성과 자유를 허락하는 이다. 그래서 성경의 하나님은 인간과 함께 아픔을 겪고 인간과 함께 인간 속에서 인간을 통해서 힘써 일한다. 인간과 생명의 창조자인 하나님 자신이 모든 생명과 인간 정신의 씨올이 되어 그 속의 속에 계시며 인간과 생명의 하나 됨과 새로움의 동인이 된다.

인간은 잘못할 수 있고 유혹받기 쉬운 존재다. 따라서 믿음이 필요하고 약속과 다짐이 필요하다. 기계나 본능은 그럴 필요가 없다. 믿음은 외로움 속에서 영혼을 불타게 하고 괴로움 속에서 단단하고 깨끗하게 한다. 믿음은 스트레스와 상처를 힘으로 바꾼다.

하나님과 인간의 언약

99세의 아브라함과 하나님은 언약을 맺는다. 언약(Covenant)은 하나님과 아브라함(그 후손) 사이에서 "나는 너의 하나님이 되고 너는 나의 백성, 사람이 되리라."는 서로의 약속과 다짐이다. 12장에서부터 나오는 아브라함과 하나님의 약속은 큰 자손, 땅을 주고, 복의 근원이 되게 하겠다는 것이다. 성경에서 신의 언약은 개인보다 나라, 공동체, 역사의 차원이 두드러진다.

신의 언약은 인간에게 준 신의 형상, 코에 넣은 숨, 다시 말해 생명과 영혼을 실현하고 완성하여 풍성하게 하겠다는 신의 약속과 다짐이다. 이것이 신의 약속과 명령으로 주어진다. 생명과 영혼을 온전케 하는 것은 사랑과 의다. 여기에 인간의 응답이 요구된다. 신의 약속과 명령은 변함없이 확정되어 있다. 인간은 흔들리고 배신할 수 있고 약속을 깰 수 있다. 그러나 이 약속과 명령은 사람의 삶 속에 몸과 마음속에, 역사 속에 새겨져 있다.

유교 경전 『중용』에는 천명지위성(天命之謂性)이라고 하였다. 천명, 하늘의 명령, 말씀이 사람의 본성이라는 말이다. 본성의 내용은 인의(仁義), 사랑과 정의다. 사랑과 정의를 신의 약속과 명령으로 주었다. 성경에서는 코에 하나님의 숨을 불어 넣었다고 하고 하나님의 형상대로 지었다고 하는데 하나님의 숨과 형상도 사랑과 의의 생기, 바람, 숨이다. 영원한 생명의 씨올, 성령의 씨올, 참 생명, 정신의 씨올을 주신 것이다. 하나님의 약속의 내용과 근거는 영혼의 속알, 씨올이다. 사람은 이 씨올을 싹트게 하고 자라게 하는 것이다. 이 씨올은 우리 인간의 속에 있는 것이면서 역사와 사회 속에 심겨져 있다.

하나님의 언약은 하나님이 인간을 창조할 때 불어넣은 숨, 새겨 넣은 형상을 드러내고 실현하려는 것이다. 언약은 서로의 존재와 인격, 영혼을 맡기고 주는 것이다. 언약의 관계는 내적 관계, 뗄 수 없는 공동체적 관계다. 하나님이 내 속에 들어와 있고 내가 하나님 안에 하나님께 매여있다. 하나님과 언약을 맺은 인간은 홀로 있지 않고 함께 있으며 서로 속해 있다. 이것은 물질과 법칙의 기계적 관계가 아니라 생명과 영의 인격적 관계다. 너는 너고 나는 나다가 아니라 네 속에 나 있고 내 속에 너 있다는 그런 관계이다. 약속이 말씀이 서로의 관계가 생명의 씨올, 영의 씨올처럼 싹이 트고 자라는 것이다. 뵈지 않게 작은 것이지만 살아서 꿈틀거리며 싹이 터서 자라고 풍성한 결실을 맺는다.

니체는 사람이 약속할 수 있는 동물이라고 했다. 약속은 두 사람 사이에 또는 여러 사람 사이에 앞으로의 일에 대해서 서로 다짐하는 것이다. 짐승하고는 약속할 수 없다. 사람이 약속할 수 있지만, 반드시 약속을 지킬 수 있는 것은 아니다. 다짐을 하고 약속을 해도, 서로 맘이 바뀔 수 있고 사정과 형편이 달라져서 약속을 지키기 어렵게 될 수 있다. 약속이 깨질 수 있지만, 약속을 하고 약속을 지키려고 애쓰는 데서 사람이 사람으로 되고 사람 구실을 한다.

눈에 보이는 사람과의 약속도 불확실하고 불안한데, 보이지 않는 하나님과의 약속은 세상에서 보장받은 것이 아니고 확증된 것도 아니다. 하나님의 약속을 믿고 75세에 고향 아버지 집을 떠나 떠돌이 생활을 했는데 100세가 될 때까지, 하나님은 약속만 하고 아무런 보장이나 담보를 주지 않았다. 많은 후손과 크고 넓은 땅을 주겠다는 약속을 하나님이 하지만 땅은커녕 자식을 하나도 얻지 못했다. 속절없이 늙어가며 빈 하늘만 보는 아브라함의 심정은 갈

수록 졸아들고 타들어 갔을 것이다. 그의 아내 사라는 자식을 낳지 못하고 늙어갔다.

그러나 아브라함은 약속을 믿고 살았다. 그의 믿음의 삶 속에는 약속의 씨앗이 심겨져 있었다. 아브라함과 하나님이 맺은 약속은 겉으로는 아무것도 없는 것 같고 뵈지 않는 것 같은데, 겨자씨처럼 아주 작은 것인데 속에 자라고 새롭게 되고 크게 된다. 이 약속에서 예수 그리스도가 나오고, 성경이 나오고 유대교가 나오고 이슬람교가 나왔다. 인류사에서 가장 큰 정신의 나무가 자란 것이다.

하나님과 인간은 약속하는 존재다. 약속한다는 것은 본능이나 기계가 아니라는 것이고 결정론을 거부하는 것이고 주체적 자유와 책임, 생명과 영혼의 새로움과 변화 가능성을 지니고 있음을 의미한다. 인간이 약속할 수 있는 존재라는 것은 인간이 인격과 영의 존재임을 뜻한다.

전능한 하나님과 온전한 삶

하나님은 아브라함에게 언약을 지키는 두 가지 조건을 요구하신다. 첫째는 전능한 하나님 앞에서 행함으로 완전해지는 것이고, 둘째는 할례를 받으라는 것이다. 하나님은 전능하신 분이므로 하나님과 언약을 맺은 아브라함은 하나님 앞에서 온전하게 행해야 한다는 것이다. "나는 전능한 하나님이라 너는 내 앞에서 행하여 완전하여라."

그런데 인간의 생명과 역사의 현실에서 볼 때 전능한 신을 생각할 수 있을까? 현실에서 보면 내 욕구와 기대에 비추어보면, 전능한 신은 환상이며, 거짓된 종교, 거짓 신이다. 자연과학에서 보면 자연의 질서와 법칙을 거스르는 존재는 허용될 수 없다. 만일 전능한 신이 자연 질서와 법칙을 거스르는 존재라면 그런 신은 허용되지 않는다. 만일 전능한 신이 있어서 함부로 자연 질서와 법칙을 거스른다면 자연과학과 과학기술은 성립하지 못할 것이다. 정치사회의 고통받는 현실에서 보아도 전능한 신은 없다. 전쟁터에서나 히틀러 같은 군사 독재자가 시민들을 학살하는 현장에서 아무리 전능한 하나님을 불러도 하나님은 구해 주지 못했다. 히틀러가 유대인과 시민들을 학살할 때 억압받고 죽어가는 이들을 도왔던 신학자 디트리히 본회퍼는 감옥에서 힘없이 순교를 당했다.

옥중에서 죽음을 앞두고 본회퍼는 기독교 신앙의 비종교화를 주장하였다. 그는 하나님을 비종교적으로 억압받고 죽어가는 이들과 함께 힘없이 고통받고 죽어가는 '무력한 하나님'으로 이해하였다. 종교의 관념이나 교리, 또는 환상 속에서나 종교적 위안으로만 있는 전능한 하나님은 고난과 죽음의 현실에서는 아무 의미가 없는 거짓 신이다. 본회퍼는 십자가에 달려 무력하게 죽은 예수 그리스도의 하나님을 참된 신으로 고백하였다. 십자가에서 무력하게 죽은 예수가 보여주는 하나님은 무력하지만 참된 자유와 사랑을 보여주는 참된 신이다. 신의 참된 전능과 초월, 하나님의 참된 거룩은 타자를 위한 존재, 타자를 위한 사랑에 있다. 고난받는 무력한 사람들과 함께 고난당하는 무력한 하나님의 사랑이 참된 전능이고 초월이며 거룩이다.

그러면 왜 전능한 신이 고통, 악, 불행을 허락했는가? 정신과 인격의 도덕과 교육에 비추어 볼 때, 인간과 사회의 구원과 해방의 관점에서 생각하고 행동할 때 비로소 전능한 신과 인간의 자유의지와 악의 현실이 이해된다. 인간과 역사를 구원하고 해방하려면 법칙이나 조건이 아니라 약속과 희망이, 사랑과 정의가 현실을 변혁하고 혁신하는 힘이고 토대다. 사랑과 정의의 원천인 하나님의 약속과 미래가 현실을 지탱하고 혁신하는 동인이고 힘이다. 하나님이 약속한 신의 나라는 미래이면서 현실이다. 인간을 해방하고 구원하는 하나님의 미래는 지금도 불의하고 악한 현실 속으로 뚫고 들어오면서 현실을 새롭게 변화시킨다. 사랑과 정의를 실현하는 전능한 신은 인간이 살아가고 역사가 진행하는 현실의 속의 속이면서 초월이다.

“행하여 완전하라.” 전능한 하나님은 이념이나 교리나 환상이 아니라 사랑과 정의의 실천과 행함에서 온전함으로 인식되고 만나진다. 전능한 하나님은 행위의 온전함을 요구한다. 여기서 온전함은 완벽함, 결점 없음이 아니라 분열되지 않은 순전함, 진실함, 전심전력을 다함을 뜻한다. 고난의 현실 속에서 사랑과 정의를 실현하는 전능한 하나님을 순전한 맘으로 믿고 사랑과 정의를 온전히 행함으로 새 역사, 미래를 열어야 한다. “행하여 완전하라”는 말은 생각과 생활의 완벽이 아니라 행함과 실천을 위한 갈라짐 없는 순전한 심정과 태도를 뜻한다. 예수도 결함 없는 완벽한 이가 아니라 신의 나라를 위해 온전히 헌신한 이다.

아버지의 집과 전통을 버린 아브라함은 언약에 근거해서 민족들의 아버지가 된다. 신의 사랑과 정의에 근거한 약속이 미래의 약속이 민족들의 아버지 됨의 근거다. 세상의 아버지들이 부와 권력과 전통, 혈연에 근거해서 아버지가 되었다면, 아브라함은 사랑과 정의의 약속에 힘입어, 하나님의 약속을 믿음으로써 모든 민족들에게 믿음의 아버지, 정신과 얼의 아버지가 된다.

할례, 유교와 히브리종교의 차이

아브라함과 맺은 하나님의 언약을 위해 하나님이 아브라함에게 요구한 둘째 조건은 할례다. 생식기의 끝을 자르는 할례는 본래 위생적 필요에서 생긴 관습일 것이다. 자기 몸의 일부를 자르는 예식이 신과 맺은 언약의 표징이 된다.

히브리종교에서는 몸의 일부를 자르라고 하는데 유교에서는 몸을 다치지 말고 온전히 지키라고 한다. 증자는 공자의 학문 전통을 계승한 이다. 공자가 안연을 높이 평가했으나 안연은 일찍 죽었다. 그는 가난 속에서도 기쁘게 도를 닦고 실행하면서 하나를 가르치면 열을 알 만큼 영특한 인물이었다. 안연이 죽었을 때 공자가 "하늘이 나를 버렸구나"하고 소리내어 울면서 탄식할 만큼 낙담하였다. 공자는 증자가 둔하다고 했으니 증자는 영리한 사람은 아니었다. 증자는 스스로도 둔하다고 생각하였다. 그러나 둔한 것을 낙심하지 않았다. 남들이 한 번 읽어서 익힌다면 자신은 열 번을 읽어서라도 익히면 결과는 같다고 하였다. 증자는 공자의 도통을 공자의 손자인 자사에게 전하고 자사의 학문전통은 맹자에게 이어졌다. 공자의 제자가 3천 명에 이르렀다는데 둔하다는 증자가 유교의 학문 전통을 계승하였다.

정약용이 귀양 가서 지낼 때 동네의 한 소년이 찾아와 공부하고 싶은데 머리가 둔하고 말을 잘못하고 글을 잘못 쓴다고 하였다. 그러자 정약용은 머리가 좋아서 쉽게 깨달으면 진리를 깊이 파지 못하고 말을 잘하면 생각이 가벼워지고 글을 쉽게 잘 쓰면 글에 깊이가 없다고 하였다. 공부하는 자세와 조건은 머리를 빨리 굴리지 않고, 말을 가볍게 하지 않고 글을 쉽게 쓰지 않는 것이다.

증자는 죽음을 앞두고 제자들을 불러서 자신의 손발을 만져보게 했다. 부모로부터 받은 몸을 온전히 지키려고 얼마나 애썼는지를 제자들에게 보여주었다. 증자는 얇은 얼음을 밟듯, 깊은 물가를 걷듯 몸을 훼손하지 않으려고 조심조심 살았다는 것이다. 그에게 몸의 일부를 자른다는 것은 자기를 깨트림이고 상처를 내어 자기를 부정하는 것이다. 증자는 "몸과 터럭과 살갗은 부모에게 받은 것이라 함부로 훼손하지 않는 것이 효도의 시작이다."(身體髮膚는 受之父母라 不敢毁損이 孝之始也)라 하여 몸을 상하지 않고 온전히 지키는 것을 효의 첫머리로 보았다.

몸을 상하지 말고 깨끗이 건강하게 옹글게 지키는 것이 중요하다. 그러나 그렇게 온전히 지킨 몸은 그 자체가 목적이 아니다. 몸은 생의 목적을 위해서 사랑과 정의, 진리와 하나님을 위해서 써야 한다. 몸은 영원하지 않고 완전하지 않다. 몸의 목적은 몸에 담긴 생명과 정신에 있다. 몸은 생명과 정신의 그릇이고 도구다. 몸으로 사는 인생과 역사에는 완결이 없고 미리 결정된 것도 없다. 시간과 공간 속에서 몸을 가진 인생과 역사는 미완성 원고(未定稿)와 같다. 시공간 속에서 육체를 가진 인생과 역사는 미완으로 끝난다. 영원한 생명을 가진 창조자 하나님만이 인생과 역사를 완성할 수 있다.

기계나 본능, 법칙에 따라 움직이는 곤충이나 짐승은 그 자체로서 완결되고 결정된 삶을 산다. 그러므로 곤충이나 짐승은 약속할 필요가 없다. 인간은 몸의 물질적 제약과 속박에서 벗어날 수 있는 영적 존재다. 영적 존재라는 점에서 인간은 하나님과의 약속을 지킬 수 있는 존재다. 몸을 가진 육체적 존재라는 점에서 인간은 하나님과의 약속을 깨트릴 수 있는 존재다. 하나님과의 약속을 지키려면 인간이 물질적 속박과 제약에서 벗어나 자유로운 영적 존재가 되어야 한다. 자연환경과 사회-역사적 상황과 조건을 넘어서는 영적 믿음과 자유를 가질 때 인간은 하나님과의 약속을 지키고 하나님의 나라를 이룰 수 있다.

마음의 할례를 받으라

제 몸의 일부를 자르는 할례는 몸의 물질적 속박과 제약에서 벗어나는 자유를 상징한다. 자기 몸을 자르고 깨트려서 몸의 속박과 제약에서 벗어나 영적 믿음과 자유를 가지고 자신의 생명과 영혼을 변화시키고, 사회와 역사의 새로움을 지어나가야 한다. 생명과 정신이 자기 자신을 깨트리고 부정하고 초월하면 변화와 혁신이 일어난다. 인간의 생명과 정신은 자르면 자란다. 새롭게 자라기 위해서 변화하기 위해서 잘라야 한다. 자기를 자르는 것은 자기를 극복하고 초월하여 이김을 뜻한다. 할례가 하나의 전통, 의식(儀式)으로 굳어지면 의미가 없다. 육체에 행해지는 예식에 머물면 할례는 육체의 일에 머물고 만다. 할례는 하나님과의 약속을 지키려고 행하는 것이다. 하나님이 아브라함에게 명령한 할례는 육체를 위한 것이 아니라 하나님의 나라를 위한 약속과 다짐을 위한 것이다. 육체의 할례로 머물면 할례의 의미와 가치가 사라진다. 예언자 예레미야는 몸에만 할례를 받고 마음에 할례를 받지 않은 모든 사람에게 하나님이 벌을 내리실 것이라고 예언하였다.(예레 9,25~6) 바울은 육체의 할례를 폐지하고 마음의 할례를 주장하였다.

27. 하나님, 누구십니까?

모세가 하나님께 아뢰었다. "제가 이스라엘 자손에게 가서 '너희 조상의 하나님께서 나를 너희에게 보내셨다' 하고 말하면, 그들이 저에게 '그의 이름이 무엇이냐?' 하고 물을 터인데, 제가 그들에게 무엇이라고 대답해야 합니까?"
하나님이 모세에게 대답하셨다. "나는 곧 나다. 너는 이스라엘 자손에게 이르기를, '나'라고 하는 분이 너를 그들에게 보냈다고 하여라." (출 3:13~14)

사람만이 하나님을 생각하고 부를 수 있다. 다른 생명체들도 하나님을 느끼는지 모르나 의식적으로 하나님을 믿고 생각하고 부르는 것은 지구 위에 사람밖에 없다. 동양이나 서양에서 하늘은 하나님을 나타낸다. 다른 동물들은 하늘의 일부만 보는데 두 발로 곧게 서서 머리를 하늘로 두고 사는 사람은 하늘 전체를 볼 수 있다. 하늘은 무한, 초월, 절대, 자유, 텅 빔, 없음을 나타내는데 이것은 다 하나님을 나타내는 말이기도 하다. 사람은 하늘을 품고 그리워하고 우러르며 사는 존재다. 하나님을 그리워하고 부르고 섬기는 것은 사람만이 할 수 있는 것이고 사람이 하는 일 가운데 가장 아름답고 위대한 일이다. 세상에 사람으로 나서 하나님을 생각하고 부르면 사람으로서 보람이 있고 사람 구실을 하는 것이다.

큰 하나이신 님, 하나님

우리가 쓰는 하나님이라는 말에는 깊은 뜻이 담겨 있다. 우리말 "한"은 "하나다, 크다"는 뜻도 있고 "환하다, 밝다"는 뜻도 있다. 그래서 하나님이란 말에는 "큰 하나이신 님"이란 뜻도 있고 "밝고 환한 님"이라는 뜻도 있다. 하느님이라고 하면 "하늘에 계신 님"을 뜻한다. 막스 쉘러라는 독일의 유명한 철학자는 신을 부르는 말 가운데 한국의 하나님처럼 철학적이고 심오한 말이 없다고 했다. '하나님'은 절대자를 나타내고 가리키는 말이지 이름은 아니다. 그리스-로마 신화에서처럼 신들이 많을 때 제우스, 아폴로, 디오니소스와 같이 이름을 가진 신들이 있지 한 분이신 하나님에게는 이름이 필요 없다. 한겨레, 한민족인 우리 조상들이 하나님을 부르는 동안에 알게 모르게 "큰 하나이고 밝고 환한 삶"을 추구하게 되었다. "하나"라는 생각이 꽉 차 있어서 한국 사람은 남에게 떨어지는 것을 견디지 못한다. 남이 무슨 게임을 하면 다 그 게임을 하고 남이 핸드폰을 가지면 다 핸드폰을 가져야 하고 남이 무슨 영화를 봤다 하면 다 그 영화를 보아야 한다. 수십만 명이 모여서 함께 응원을 한다. 교육열이 높고 경쟁이 심한 것도 이런 민족심리에서 온 것으로 여겨진다. 하나 됨을 너무 열망하기 때문에 하나 됨을 느끼지 못하면 갈라지고 싸운다. 그러나 또 어려운 일이 닥칠 때, 천재지변이 났을 때 우리 민족처럼 서로 잘 돕는 이들도 드물다. 갈라지고 싸우는 것도 하나 됨을 바라는 마음에서 나온 것이니까 희망이 있다. 우리가 하나님을 부를 때 이런 마음이 담겨 있고 또 하나님을 부르면서 이런 마음이 생겨났다.

네 발에서 신을 벗으라

오늘은 모세가 하나님을 만난 이야기를 하려고 한다. 모세는 구약성경에서 가장 위대한 인물로, 예언자 가운데 가장 위대한 예언자로 평가된다. "모세와 같은 사람이 없었다."(신명 34,12) 이집트에서 종살이하는 히브리인에게서 태어났으나 운명의 조화로 이집트 왕궁에서 공주의 아들로 자랐다. 왕자로서 높은 교육을 받고 부귀영화를 누렸다. 자기가 종살이하는 히브리인의 자손인 것을 알고 히브리인이 학대당하는 것을 보고 의분을 느껴 학대하는 이집트인을 죽였다. 그리고 나서 신변의 위험을 느끼고 광야로 달아났다. 미디안 사람의 사위가 되어 양을 치고 살았다. 이집트에서 최고 권력과 부귀영화를 누리고 영웅적 기개와 민족적 의협심에 불타서 사람을 죽이기도 했으나 빈들로 쫓겨나서 40년 동안 처가살이하며 양을 치며 살았다. 성경에는 나이 80이 되었다고 했다. 왕궁 생활과 비교하면 겉보기에는 참으로 비참한 생활이었다. 인생 낙오자요 실패자로 늙었다.

인생의 바닥에서 오랜 세월 고난과 시련을 당하면, 보통 인생을 체념하고 되는대로 살다 죽는다. 모세는 오랜 세월 고생하면서 혈기도 줄어들고 야심이나 욕심도 엷어져서, 겸허하고 너그러워졌다. 자기를 돌아보고 남의 말을 들을 줄 알게 되었다. 그러면서 모세는 인생의 뜻을 묻고 하나님을 찾는 마음을 버리지 않았다. 그러다가 어느 날 저 멀리 산에서 불타는 가시나무 떨기를 보게 되었다. 불이 붙었는데 타서 없어지지는 않는 가시나무를 보고 기이하고 놀라운 일을 보려고 가까이 갔다. 80 노인이 어린 소년처럼 새로운 것에 대한 호기심을 가졌다. "이 큰 광경을 보리라." 모세의 마음속에 무엇인가 새로운 것을 찾는 마음이 없었다면 멀리 산속에서 불타는 가시나무를 보고도 좇아가지 않았을 것이다. 모세는 늙은 몸을 끌고 산으로 올라갔다.

불타는 가시나무 떨기에서 모세는 하나님을 만났다. 하나님은 모세에게 "네가 선 땅은 거룩한 땅이니 네 발에서 신을 벗으라."고 말씀하셨다. 신은 나를 든든하게 지키고 굳게 우뚝 서게 하는 것이다. 자기를 지키고 자기를 내세우려면 신을 신어야 한다. 신은 흙 묻지 않게 나를 지켜 준다. 신은 흙과 나 사이를 분리시킨다. 그러나 신을 벗고 흙바닥에 직접 서서만 하나님을 만날 수 있다. 신 밑의 티끌보다 더 겸허해져야 하나님을 만날 수 있다. 씨앗이 흙처럼 겸허해져서 흙 속에 묻힐 때 하늘과 땅의 생명 활동에 참여할 수 있듯이 사람도 흙처럼 겸허해져야 하나님의 생명 운동, 사랑과 평화의 생명 운동을 펼칠 수 있다. 신은 나를 내세우는 이념이나 주장, 자기 정당화, 변명을 나타낸다. 신을 벗는 것은 몸과 마음에서 무장을 해제하고 명예와 재산과 지위를 내어놓고 나이도 잊어버리는 것이다. 신을 벗는 것은 알몸과 알 맘으로 흙바닥에 서서 회개하는 것이다.

신을 벗은 모세에게 하나님은 자신을 "나는 네 조상의 하나님, 아브라함의 하나님, 이삭의 하나님, 야곱의 하나님"이라고 알린다. 아브라함만의 하나님이 아니고 이삭만의 하나님이 아니고 야곱만의 하나님이 아니다. 아브라함이 살아 있을 때는 아브라함의 하나님이고 이삭이 살아 있을 때는 이삭의 하나님이고 야곱이 살아 있을 때는 야곱의 하나님이다. 하나님은 역사 속에 살아 있는 하나님이다. 죽은 자의 하나님이 아니라 산 자의 하나님이다. 산 자들과 더불어 삶을 붙잡아주고 지켜주며, 함께 삶의 풍랑을 헤쳐 온 하나님이다.

다시 하나님은 모세에게 말한다. "나는 이스라엘 백성의 고통을 보고 그들의 부르짖는 소리를 들었다. 이집트인의 학대를 보았고 이스라엘의 신음소리를 들었다. 내가 내려와서 이들을 구원하려고 한다. 내가 너를 바로에게 보내어 이스라엘 백성을 에집트에서 인도하여 젖과 꿀이 흐르는 가나안 땅에 이르게 하리라." 모세가 말한다. "내가 누구인데 바로에게 가며 이스라엘 자손을 이집트에서 인도해냅니까?" 모세는 가진 게 아무것도 없는 늙은 목동이다. 재산도 없고 군대도 없고 이스라엘 백성의 신뢰와 존경도 받지 못했다. 맨손으로 바로에게 간다는 것은 터무니없는 짓이다. 그런데 하나님은 모세에게 말씀하신다. "내가 정녕 너와 함께 있으리라. 네가 백성을 이집트에서 인도하여 낸 후 너희가 이 산에서 하나님을 섬기리니 이것이 내가 너를 보낸 증거니라." 하나님의 말씀과 약속은 눈에 보이거나 손에 잡히는 게 아니다. 처음 만난 하나님이 함께 하신다는 약속이 있을 뿐이다. 증거라는 것도 나중에 있을 일이지 지금 보일 수 있는 게 아니다. 하나님은 미리 눈에 뵈는 약속이나 증거를 주시지 않는다. 다만 함께 하신다는 다짐을 주실 뿐이다. 나중에 일이 이루어진 후에 삶을 살고 난 후에 "아 그렇구나! 아 그랬구나!"하고 깨닫고 확인할 수 있을 뿐이다. 삶은 연습이 없고 미리 정해진 것이 없다. 미리 삶의 성공에 대한 증거를 가지고 살 수가 없다. 삶에 확실한 증거와 보장이 있다면 하나님을 믿을 필요가 없다. 하나님은 그저 우리와 함께 계실 뿐이다. 인간은 비전과 꿈을 가지고 목적과 희망을 가지고 믿음으로 살 뿐이다.

모세에게는 하나님의 부름과 사명을 듣고 두 가지 두려움을 가지고 있다. 바로에 대한 두려움과 이스라엘 백성의 불신이다. 이집트 황제의 권세가 두렵고 이스라엘 백성이 모세를 신뢰하지 않는 것도 자신을 잃게 했다. 황제의 권세보다도 동족인 이스라엘 백성의 불신이 더 두려웠다. 그래서 모세는 당돌하게 하나님께 "하나님, 당신은 누구십니까? 이름이 무엇입니까?" 하고 물었다. 당시에는 부족마다 민족마다 신들이 있다고 생각했다. 수많은 이름의 신들이 있었다. 그러나 이름을 가진 신들, 민족과 국가가 내세우는 신들은 참 신이 아니었다. 참 신은 하나님 한 분밖에 없고 한 분밖에 없는 하나님은 이름이 필요 없다. 이름이란 여럿이 있을 때 서로 구별하기 위해서 부르는 것이다.

나는 나다!

하나님은 모세에게 자신의 이름을 이렇게 말씀하셨다. “나는 스스로 있는 자”다. “아브라함의 하나님, 이삭의 하나님, 야곱의 하나님, 여호와”다. 학자들에 따르면 여호와보다 ‘야훼’(Yahweh)로 읽는 것이 본래의 발음에 가깝다. 야훼는 이름이라기보다 “나는 스스로 있는 자다.”, “나는 나다!”(I am, who I am.)라는 뜻의 동사문장이다(에흐예 아셸 에흐예). 이집트에서 종살이하는 이스라엘 백성은 ‘나’를 잃고 ‘나’없이 사는 이들이다. 구약성경에서 하나님의 이름들과 관련해서 나오는 말들을 종합해 보면 하나님은 “불타는 가시나무 떨기와 같은 인생과 역사의 시련과 고통 속에서 우리의 생명과 영혼을 붙들어 주고 지탱해 주는 이”로 나타난다.

모든 생명과 영혼은 ‘나’를 가지고 있다. 하나님을 만나지 못하면 참된 나를 갖지 못하고 참된 나가 없으면 참삶도 없다. 하나님은 나를 나로 세워 주는 이다. ‘나’만 있으면 살 수 있고 할 수 있다. 나를 마음대로 할 수 있으면 무엇이든 할 수 있다. 나가 없기 때문에 절망하고 좌절하고 무기력한 것이다. 나가 살아 있으면 사랑할 수 있고 용서할 수 있고, 협력하며 더불어 살 수 있다. 욕망의 종, 돈의 종, 권력의 종이 되니까 종살이하며 산다. 이스라엘 백성은 종살이했다. “나”가 없는 삶을 살았다. 하나님은 참 나이고 모든 나를 창조하고 새롭게 하는 힘이다. 하나님을 만나서 모세도 참 나를 지니게 되었고 종살이하던 이스라엘 자손도 자유인으로서의 나를 갖게 되었다. 스스로 해방되고 자유로운 삶을 살 수 있다.

예수는 하나님이 누구인지를 알고 보여준 이다. 하나님은 '아빠'다. 하나님을 아빠라고 친밀하게 부른 이는 예수밖에 없다. 예수는 하나님의 품, 가슴속으로 깊이 들어가 하나님과 하나로 된 이다. 아버지 하나님의 속마음, 뜻을 다 알았다. 하나님은 사랑과 참이고, 영원한 생명을 지니신 이다. 예수는 하나님의 아들임을 깨닫고 하나님의 아들로서 하나님의 사랑과 진리, 영원한 생명으로 살았다. 예수는 하나님의 아들로서 스스로 사람의 아들이라고 했다. 지극히 낮아지고 겸허해져서 종이 되어 다른 사람들을 하나님의 자녀로 섬겼다. 자신만이 아니라 우리 모두 하나님의 자녀라고 했다. 세리와 창녀도 하나님의 딸이고 아들이다. 동양이나 서양에는 흔히 황제들이 신의 아들, 천자(天子)라고 했는데 예수는 사람은 누구나 하나님의 딸이고 아들이라고 했다. 이보다 더 큰 혁명이 없다. 하나님을 아버지로 모시고 서로 사랑하고 섬기면 하늘나라가 이루어진다.

내가 하나님의 아들이다

우리는 하나님의 아들과 딸이라는 이름만 가지고 있지 정말 하나님의 아들, 딸로서 자각하고 그렇게 살지 못한다. 가난하거나 부자거나 힘이 있거나 없거나 우리가 하나님의 자녀임을 깨닫고 체험하고 그렇게 살면 자유와 평등, 사랑과 평화의 세계가 반드시 올 것이다. 하나님의 아들 예수는 우리의 희생양, 밥이 되었다. 우리는 예수의 살과 피를 먹고 예수와 같이 하나님의 아들과 딸이 되어야 한다. 예수의 생명과 사랑 안에서 하나님의 자녀임을 깨닫고 체험해야 한다.

하나님의 자녀는 하나님의 아들, 천자(天子)로서 만물을 넘어서 우주를 품고 사는 이다. 얼마나 신나고 위대한가! 이것이 예수의 복음이다. 창조자 하나님의 자녀이니 우리가 하늘나라의 주인이고 우주 만물의 주인이다. 온 천하보다 존귀하고 온 우주보다 크고 넓은 존재로 살아야 한다. 바울은 로마서 8장 19절에서 "우주 만물이 고통하고 신음하면서 하나님의 아들, 딸들이 나타나기를 고대한다."고 했다. 하나님의 딸과 아들들이 나타날 때 우주 만물과 생명세계가 허무와 썩어짐의 운명에서 벗어나 아름답게 완성되고 보람을 얻을 것이다. 하나님의 아들들이 나타나지 않으면 지구와 함께 인류는 죄와 허무에 빠져 죽어갈 것이다.

28. 꿈과 고난

"야 꿈장이가 오는구나. 저 녀석을 죽여 아무 구덩이에나 처넣고는 들짐승이 잡아 먹었다고 하자. 그리고 그 꿈이 어떻게 되어가는가 보자" (창 37:19~20)

영국의 시인 셸리는 "젊은이여 네 이상의 돛을 저 하늘의 별에 걸어라. 그리고 두 다리로 땅 위에 굳게 서라."고 노래했다. 이상을 품지 않는 젊은이도 없고, 꿈을 꾸지 않는 젊은이도 없다. 젊은이는 누구나 아름다운 꿈, 푸른 꿈을 꾼다. 현실에 안주하지 않고 현재보다는 더 나은 삶, 지금 사는 세상보다는 더 나은 세상을 꿈꾸는 젊은이들이 있기에 이 세상에 활력이 있고 역사는 발전한다. 꿈도 없고 이상도 없이 모두 현실에 안주하고 쾌락과 탐욕에 빠지면, 그 나라와 그 문화는 망한다. 자신을 헌신할 수 있는 대상을 잃었기에 수많은 사람이 마약과 알콜중독과 도박에 빠져 절망과 죽음의 늪으로 빠져든다. 개인도 가정도 사회도 활력을 잃고 속에서부터 무너

져간다. 지나온 인류 문명사를 돌이켜 보면 이상과 꿈이 사라졌을 때, 새로운 삶에 대한 의욕이 사라졌을 때, 그 문명은 망했다. 아놀드 토인비의 「역사연구」가 이 사실을 말해 준다. 주어진 현실(도전)에 대항(응답)해서 그 현실을 극복하지 못하고 그 현실에 안주하거나 타협해 버리면, 그 문명은 소멸하거나 위축되고 만다.

「잠언」 29장 18절엔 "꿈이 없는 백성은 망한다(Where there is no vision, the people perish)."는 구절이 있다. 꿈이 없는 백성과 꿈이 없는 나라는 망한다. 이 시대에는 이혼율과 자살률이 급증하고 있는데, 이것도 꿈이 없는 증거다. 서로 아름답고 좋은 삶을 살려는 의욕도 없고 참고 견디는 힘도 없기 때문에 이혼율과 자살률이 급증한다. 이 문명은 위기를 맞고 있다.

꿈은 자기 밖의 세계에 대한 동경이요 지금보다 나은 세계에 대한 희망이다. 왜 꿈이 없어졌을까? 꿈이 없는 사람은 어떤 사람일까? 자신에게 집착하는 사람이나 자기밖에 모르는 사람이나 이기적인 사람은 꿈이 없다. 자신의 안일과 욕심만을 구하는 이기주의, 남이야 세상이야 어찌 되든 나만 편히 잘 살고 보자는 이기주의가 지배하는 곳에 꿈은 없다. 다른 사람들의 일이나 나라의 일은 될 대로 되라는 무관심이 지배하는 곳에 꿈은 없다. 자기밖에 모르는 사람은 꿈이 없을 뿐 아니라 남의 꿈을 깨뜨리고 남에게 고통을 준다. 그런 사람은 세상을 추하게 만들고 인생을 재미없게 만든다.

자신 속에 갇혀 있는 사람은 남을 괴롭히는 사람이거나 쉽게 자기 생명을 끊을 수 있는 사람이다. 자신의 삶이 자기만의 것이 아니라는 것을 아는 사람은 자살하지 않는다. 내 삶은 내 것이기 전에 하나님의 것이요 내 부모의 것이며 내 자식의 것이고 내 이웃 내 친구의 것임을 알고 그렇게 사는 사람은 스스로 목숨을 끊지 않는다. 꿈을 가진 사람, 남과 더불어 사는 사람은 함께 죽고 함께 살 뿐 자살을 모른다.

꿈은 더불어 사는 삶이다. 가까운 이들과 아름답고 행복한 삶을 사는 게 우리의 소박한 꿈이다. 나아가서 이 사회의 버림받은 자들, 가난하고 고통받는 자들과 함께 사랑과 평화 넘치는 삶을 사는 게 우리 사회의 꿈이다. 억압받는 사람이 없는 민주화된 나라, 저 이북 동포들과 함께 기쁘고 자유롭게 살 수 있는 민족통일에 대한 꿈이 이 나라 이 민족의 꿈이다.

꿈은 아름답지만 꿈꾸는 사람은 고난을 당하기 마련이다. 현실에 뿌리내리지 않는 꿈, 한갓 공상에 불과한 꿈, 그저 머릿속에만 담고 있는 꿈은 아픔을 주지는 않지만, 쉽게 시들어 버린다. 꿈은 아픔을 통해서만 실현된다. 꿈은 고난 속에서만 살아 있다. 꿈꾸는 사람은 우선 자신을 깨는 아픔을 맛보아야 한다. 자신의 성을 허무는 아픔, 자신을 남에게 열었을 때 받게 되는 아픔을 감수해야 한다. 자신을 닫고 있는 사람은 꿈을 꿀 수 없다. 자신 속에 틀어박힌 사람의 꿈은 공상에 불과하다. 마치 진주조개가 상처를 입고 그 상처 속에서 진주를 만들어내듯이 꿈꾸는 사람도 자신을 깨는 아픔이나 자신과 싸우는 아픔 속에서 꿈을 키울 수 있다.

꿈을 꾸는 사람은 항상 자신과 싸운다. 낡은 자기를 죽이고 새로운 자아로 태어나는 아픔을 끊임없이 겪어야 한다. 그리스도인은 그리스도 안에서 새로운 생명, 부활의 생명에 참여하기 위해 낡은 자기의 죽음을 맛보아야 한다. 그리스도인은 진리와 사랑이 가득한 삶, 자유와 평화가 넘치는 삶을 목말라하며 그런 삶을 꿈꾸는 자들이다. 꿈꾸는 사람은 주어진 현실에 만족하지 않고 현실보다 나은 세상을 위해 몸부림치고 꿈틀거린다. 그래서 현실과 부딪치고, 현상 유지를 원하는 기성세대와 갈등을 일으킨다.

인류 역사가 시작된 이래 꿈을 꾸는 젊은 세대와 현상 유지를 원하는 기성세대 사이에 끊임없이 갈등이 있었다. 어느 지역에서 고고학자들이 몇천 년 전의 토판을 발굴했는데, 그 토판에는 낯선 글씨가 적혀 있었다. 고고학자들이 각고의 노력 끝에 글자들을 해독해 보니 "요즘 젊은 것들은 버릇이 없어."라는 의미였다고 한다. 예나 지금이나 기성세대의 눈에는 젊은 세대가 버릇이 없고 제멋대로 사는 것처럼 보인다. 젊은이들의 행동이 모두 옳은 것은 아니지만, 기성세대는 젊은이들을 너그럽게 대하는 것이 좋다. 젊은이들은 가진 것이 적으므로 지켜야 할 것도 적다. 그래서 그들은 새로운 삶, 새로운 나라를 꿈꿀 수 있고 그 꿈을 안고 현실 속에서 씨름한다. 꿈을 꾸기 때문에 젊은이는 상처받기 쉽다.

요셉의 꿈 이야기는 이런 사실을 잘 말해 준다. 어린 요셉은 늘 꿈을 꾸는 소년이었다. 그는 늙은 아버지와 나이 든 형들과 함께 양 떼를 몰고 정처 없이 떠도는 가난하고 보잘것없는 소년이었다. 그는 기근이 들면 굶주릴 수밖에 없는 힘없는 아이였다. 아버지는 너무 늙었고, 나이 든 형들은 인생살이에 찌들대로 찌들어 자신들의 운명과 처지에 안주했던 사람들이다. 그러나 막내아들 요셉은 자신의 미래에 대해 새로운 꿈을 꾸었다. 늙은 아버지와 기성세대에 속하는 형들의 운명과 처지를 벗어나는 꿈, 운명을 바꾸는 꿈을 꾸었다.

> 글쎄 밭에서 우리가 곡식단을 묶고 있는데, 내가 묶은 단이 우뚝 일어서고 형들이 묶은 단이 둘러서서 내가 묶은 단에게 절을 하지 않겠어요?

요셉의 꿈 이야기에 형들은 발끈 화를 냈다.

> 네가 정말 우리에게 왕 노릇 할 셈이냐? 네가 정말 우리에게 주인 노릇 할 셈이냐?

요셉은 또 이런 꿈을 꾸었다.

> 글쎄 내가 꿈을 또 꾸었는데 해와 달과 별 열하나가 내게 절을 하더군요.

이번에는 아버지가 요셉을 꾸짖었다.

> 네가 꾼 꿈이 대체 무엇이냐? 그래, 나와 네 어머니와 네 형제들이 너에게 나아가 땅에 엎드려 절을 할 것이란 말이냐?

막내둥이 요셉의 꿈은 부모와 자식, 형과 아우의 신분적 위계질서, 엄격한 가부장적 질서를 뛰어넘는 비상한 꿈이었다. 이집트 제국의 변방에서 양을 치며 떠도는 집시 같은 히브리인 집안의 막내둥이가 자기 부모와 형들의 사회적·신분적 운명을 넘어서는 꿈을 꾸었다. 부모와 형들의 운명을 넘어서는 요셉의 꿈 이야기를 듣고 형들은 분노했다. 형들은 요셉이 자기들을 무시할 뿐 아니라 조롱한다고 느꼈다.

요셉의 꿈은 집안의 생계를 위해 양을 치며 그날그날 맡겨진 일을 해야 했던 형들의 삶에 도전하는 것이었고, 형들의 삶을 뒤집어 놓는 것이었다. 하루하루 고된 일을 하며 살아가는 형들의 생활을 들쑤셔 놓는 요셉을 형들은 용납하려 하지 않았다. 아무 일도 하지 않으면서 부모의 사랑을 독차지한 요셉, 형들을 우습게 여기고 형들의 머리 꼭대기에 올라앉으려는 요셉을 형들은 두고 볼 수 없었다.

그래서 호젓한 들에서 요셉을 만나자 "저 꿈장이를 죽이고 그 꿈이 어떻게 되는가 두고 보자."고 말했다. 형들은 요셉을 웅덩이 속에 처박았다. 그런데 요셉은 죽지 않고 이집트로 끌려가서 우여곡절 끝에 총리대신이 되었다. 총리대신이 된 요셉은 굶어 죽게 된 부모와 형들을 구할 뿐 아니라 혹심한 기근에서 이집트 제국을 건져 냈다. 형들이 요셉을 죽이려 했으나, 요셉의 꿈은 실현된 것이다.

미국의 마틴 루터 킹 목사는 흑인들과 백인들이 서로 손잡고 사는 나라를 꿈꿨다. 흑인들이 차별 대우를 받고 모욕당하는 것을 본 킹 목사는 흑인들이 백인들과 자유롭고 평등하게 사는 사회를 이루기 위해 평화적 투쟁을 벌였다. 킹 목사의 꿈은 흑인들이 떳떳이 사람답게 사는 것이었다. 백인들은 그의 소박한 꿈을 미워했다. 킹 목사의 꿈이 미워서 백인들은 킹 목사를 암살했다. 킹 목사가 백인의 총에 맞아 죽었을 때, 킹 목사의 사무실 벽에는 위에 인용된 성경 구절이 씌어 있었다고 한다.

야, 꿈장이가 오는구나. 저 녀석을 죽여 아무 구덩이에나 처넣고는 들짐승이 잡아 먹었다고 하자. 그리고 그 꿈이 어떻게 되어 가는가 보자.

킹 목사의 꿈을 없애려고 킹 목사를 죽였는데, 정말 그 꿈도 없앨 수 있었을까? 꿈꾸는 자를 죽이면, 꿈도 소멸할까? 아니다! 킹 목사가 죽은 후에 킹 목사의 꿈은 더 힘있게 살아났다.

꿈꾸는 자를 죽여도 꿈은 살아 있다는 것을 우리의 부활 신앙이 말해 준다. 소외된 사람이나 잃어버린 사람을 마지막 한 사람도 남김없이 구하려는 예수의 꿈, 하나님 나라를 땅 위에 세우려는 예수의 꿈이 로마 제국과 부딪치고 대제사장들과 바리새파 사람들과 부딪치게 되자 그들은 그 꿈을 없애려고 예수를 죽였다. 예수를 죽이고 돌무덤에 가두고 창·칼 가진 군인들이 지켰지만, 예수는 그 꿈과 함께 살아났다.

오늘도 예수는 우리를 그의 꿈속으로 부른다. 모든 사람의 눈에서 눈물을 모두 씻어 주고 죽음을 영원히 없애 주려는 예수의 꿈으로 우리를 부른다. 생명과 기쁨 가득한 하나님 나라 잔치로 예수는 우리를 초대한다. 십자가에 달려 죽은 예수는 십자가를 통해 우리를 부른다. 따라서 우리는 우리 자신과 세상이 요구하는 고난과 희생의 십자가를 질 각오를 하지 않으면 예수의 꿈에 참여할 수 없다. 예수의 생명 잔치는 십자가 고난을 통해서 우리에게 열린다. 십자가를 통해서 자기 부정을 통해서 우리는 예수의 꿈에 하나님 나라 잔치에 참여하게 된다.

예수의 꿈은 인간과 인간 사이의 깊은 단절을 극복하는 것, 나와 너 사이의 두터운 벽을 뛰어넘는 것이다. 그것은 내가 나 자신의 울타리를 넘어서서 너에게 도달하는 것이다. 인간과 인간 사이에 나와 너 사이에 깊은 단절이 있다. 이 단절을 넘어서는 것이 예수의 꿈이요 예수의 생명 잔치다. 이 단절을 넘어서려면 자기 자신으로부터 자유로워야 한다. 자신으로부터의 자유는 바로 너(타자)를 위한 자유다. 그것은 나를 위한 자유가 아니라, 남을 섬기고 남을 사랑하는 자유다. 그것은 나를 넘어서서 남과 만날 수 있는 자유다. 이것이 진정한 초월이다. 남을 위해 자기를 초월하는 것이 진정한 초월, 진정한 거룩이다.(디트리히 본회퍼) 그것이 참된 예배, 참된 헌신이다. 자신으로부터 자유로워지는 것, 자신을 초월하는 것이 하나님의 은총이며 성령의 역사다.

잃어버린 양 한 마리를 찾아 가시밭 길·벼랑 길을 헤매는 목자의 모습이 예수의 꿈이요 예수의 삶이었다. 예수의 꿈은 버림받은 자나 고통받은 자를 향한 꿈이다. 예수의 꿈은 특별히 정치적으로 억눌리고 사회적으로 소외된 자들을 향한 꿈이다. 그들을 위해 기도하고 그들을 섬기도록 예수는 우리를 자유케 한다. 예수의 꿈에 참여하는 자유, 그것은 고난받는 자들을 위해 고난받는 자유다. 예수의 꿈은 버림받은 자들, 고난받는 자들의 궁극적 승리를 기다리는 것이다. 예수의 꿈을 꾸자. 십자가의 깊은 고통을 넘어 죽음을 깨뜨리고 동터 오는 예수의 부활에 참여하자.

29. 민족적 원한과 하나님의 사랑

주님께서 아밋대의 아들 요나에게 말씀하셨다. "너는 어서 저 큰 성읍 니느웨로 가서, 그 성읍에 대고 외쳐라. 그들의 죄악이 내 앞에까지 이르렀다." (욘 1:1~2)
요나는 이 일이 매우 못마땅하여, 화가 났다. 그는 주님께 기도하며 아뢰었다. "주님, 내가 고국에 있을 때에 이렇게 될 것이라고 이미 말씀드리지 않았습니까? 내가 서둘러 스페인으로 달아났던 것도 바로 이것 때문입니다. 하나님은 은혜로우시며 자비로우시며 좀처럼 노하지 않으시며 사랑이 한없는 분이셔서, 내리시려던 재앙마저 거두실 것임을 내가 알고 있었기 때문입니다. 주님, 이제는 제발 내 목숨을 나에게서 거두어 주십시오! 이렇게 사느니, 차라리 죽는 것이 낫겠습니다." (욘 4:1~3)

「요나서」는 구약성경에서 특별히 중요한 위치를 차지하고 있다. 이방인까지도 구원하는 하나님의 보편적인 사랑을 증언하기 때문에 신약성경의 하나님 사랑과 직접 연결된다 「요나서」는 편협한 민족주의의 울타리, 배타적인 선민사상의 한계를 넘어서서 이방 민족들에 대한 하나님의 지극한 사랑을 말한다. 이스라엘 백성이 이런 신앙을 갖는다는 것은 쉬운 일이 아니었다.

「요나서」의 역사적 배경을 살펴보면, 「요나서」의 신앙을 더 잘 알 수 있다. 북이스라엘은 아씨리아 제국에게 망하고, 남유다는 바빌론 제국에게 망해서 이스라엘 백성의 많은 사람들이 바빌론에서 50여 년 동안 포로 생활을 해야 했다. 바벨론 제국이 멸망한 다음에도 여전히 페르시아 제국의 지배를 받아야 했다.

「요나서」가 쓰인 연대는 정확히 알 수 없지만, 바빌론 포로시대 이후에 쓰인 것은 확실하다. 너무나도 오랜 세월을 두고 이방 민족들의 침략과 수탈을 당해 왔기에 이방인들은 모두 원수며 멸망 받아야 할 존재들이라는 생각이 이스라엘인들의 마음을 지배했다. 이스라엘 백성이 최후의 승리를 거두고 이방 민족들은 패망한다는 굳은 신념을 이스라엘인들은 갖고 있었다.

바빌론에서 포로 생활을 하던 사람들이 팔레스티나 땅에 돌아와 보니 이스라엘의 민족적 전통은 희미해지고, 이방인들과의 결혼 때문에 혈통도 뒤섞이게 되었다. 그래서 이들은 민족적인 전통을 다시 확립하고 순수한 이스라엘 혈통의 공동체를 수립하기 위해 성전을 재건하면서 편협하고 배타적인 민족주의와 선민사상을 내세웠다. 이방인들과 결혼한 사람들은 이혼하라는 명령을 내릴 정도로 이방인을 배척했다.

수백 년 동안 이방 민족들의 압제와 수탈을 당하고 민족 공동체마저 이방 민족에 의해 깨어진 망국의 백성 이스라엘이 이방인들을 미워하고 민족주의적인 신앙을 가진다는 것은 아주 당연한 일이었다. 이방인에 대한 이스라엘 민족의 분노와 증오는 뿌리 깊은 것이다. 이방인에 대한 증오는 나라 잃은 백성의 나라 사랑과 결합 되어 있다. 이런 심정이 「시편」 137편에 잘 나타나 있다. 어떤 팝송 가수는 이 「시편」의 구절로 노래 부르기도 했다.

> 바벨론 기슭, 거기에 앉아 시온을 생각하며 눈물 흘렸다. 그 언덕 버드나무 가지 위에 우리의 수금 걸어 놓고서. 우리를 잡아 온 그 사람들이 그곳에서 노래하라 청하였지만, 우리를 끌어온 그 사람들이 기뻐하라고 졸라대면서 "한 가락 시온 노래 불러라."고 하였지만 우리 어찌 남의 나라 낯선 땅에서 야훼의 노래를 부르랴! 예루살렘아, 내가 너를 잊는다면 내 오른손이 말라 버릴 것이다. 네 생각, 내 기억에서 잊혀진다면, 내 만일 너보다 더 좋아하는 다른 것이 있다면 내 혀가 입천장에 붙을 것이다.⋯⋯⋯파괴자 바벨론아, 네가 우리에게 입힌 해악을 그대로 갚아 주는 사람에게 행운이 있을지라. 네 어린 것들을 잡아다가 바위에 메어치는 사람에게 행운이 있을지라.

이 노래에는 나라 잃은 설움, 잃은 나라에 대한 절실한 사랑, 그리고 침략자 바빌론에 대한 사무친 원한과 증오가 생생하게 나타나 있다. 이스라엘 백성이 겪은 뼈저린 고난과 침략자인 이방 민족에 대한 원한은 역사적인 정당성을 가지고 있음을 알 수 있다. 그러나 이방 민족에 대한 원한과 증오만으로는 인류 역사의 문제가 해결될 수 없으며 인류의 진정한 구원과 해방이 이루어질 수 없다는 것을 「요나서」는 말해 준다. 「요나서」에는 인류 역사에 대한 하나님의 경륜이, 인류 구원의 비밀이 나타나 있다. 인류 해방의 역사를 이끌어 가는 하나님의 깊은 마음을 「요나서」에서 읽을 수 있다.

이러한 역사적 정황을 염두에 두면, 왜 요나가 "니느웨로 가라."는 하나님의 명령을 거역하고 바다 건너 먼 나라로 도망갔는지를 이해할 수 있다. 니느웨는 북이스라엘을 멸망시키고 유대왕국을 침략했던 아씨리아 제국의 수도였다. 원수 나라의 수도 니느웨가 멸망하기를 고대하던 이스라엘 사람으로서 요나는 니느웨의 구원을 위해 일할 생각은 털끝만치도 없었다. 그래서 요나는 아예 지중해를 건너, 가장 먼 곳에 있는 다르싯 지방(지금의 스페인 지방)으로 도망가려고 배를 탔다.

그러나 하나님이 바다에 태풍을 일으켜서 배는 깨질 지경이 되었고, 제비뽑기에서 걸린 요나는 험한 바다 물결 속으로 내던져졌다. 성난 바다는 요나를 삼키고 나서 잠잠해졌다. 성난 바다는 시련과 죽음, 혼돈과 파멸을 상징한다. 성난 바닷속에서는 인간의 모든 가능성과 희망이 물거품처럼 사라진다. 역사적인 시련과 고통 속에서 원한이 사무치고 증오가 깊었지만, 죽음의 바닷속에서는 이방인에 대한 원한과 증오도 풀어지고 자기 민족에 대한 뜨거운 사랑도 식어 버린다. 요나는 깊은 바다 큰 물고기의 뱃속에서 사흘 밤낮을 지냈다.

요나가 그 물고기 뱃속에서 하나님 야훼에게 기도를 올리니 하나님이 구해 주었다. 구원받은 요나는 감사의 찬송을 불렀다. 고난과 죽음의 시련에서 건져 준 하나님을 찬양했다. 생명의 가능성이 끊어진 줄 알았던 상황에서 요나는 구원을 받았다. 이스라엘 백성이 그동안 겪었던 고난과 죽음의 시련을 요나는 깊은 바다의 물고기 뱃속에서 다시 겪었다.

절망적인 고난과 죽음의 시련을 통해서 편협한 민족주의의 울타리는 무너지고 이방인에 대한 원한과 분노는 사라진다. 예수는 자신의 운명을 요나의 운명에 비유했다. 십자가의 고난과 죽음, 사흘 동안 빈 무덤에 갇혀 있다가 부활한 것은 요나가 겪은 일과 매우 비슷하다. 예수의 복음이 이방인에게 전파된 것도 요나의 이야기와 비슷하다.

죽음의 바다 밑바닥에서 구원받은 요나는 니느웨로 가서 "40일이 지나면 니느웨는 잿더미가 된다."고 외쳤다. 왜 니느웨가 잿더미로 되어야 하는지 그 이유는 밝혀져 있지 않지만, 아씨리아 제국의 죄악 때문이라는 것은 쉽게 알 수 있다. 고대의 세계사에서 가장 군국주의적이고 강포했던 아씨리아 제국의 수도 니느웨는 약소국을 짓밟고 억압과 수탈을 자행하고 군사적인 살육을 일삼았던 모든 죄악에 대해서 책임을 져야 했다. 억압하고 수탈하는 모든 제국의 운명은 파멸로 정해져 있다. 지나온 역사가 이것을 말해 준다. 이집트·아씨리아·바벨론·페르시아·로마 제국들이 모두 망했다.

그러나 한 제국이 망한다고 문제가 해결되지 않는다. 편협한 민족주의의 관점에서 생각하면 침략자인 제국이 망하는 것이 통쾌할지 모르지만, 하나의 제국이 망하면 또 다른 제국이 생겨날 뿐 상황은 조금도 달라지지 않는다. 감정적이고 국수적인 민족주의자는 적대국이 망해야 자기 민족이 융성한다고 생각한다. 그러나 실제로는 적대국의 운명과 자기 민족의 운명은 동일선상에 있다. 적대적인 제국이 억압과 수탈의 체제에서 벗어나 정의롭고 평화로운 나라가 될 때, 비로소 약소국인 이스라엘도 자유롭고 평화의 나라가 될 수 있다. 강대국이 망하는 것만으로 약소국이 해방되지는 않는다. 하나의 강대국이 망한다 해도 다른 강대국이 들어서면 결과는 마찬가지가 된다.

니느웨가 망하는 것을 고소하게 생각하고 니느웨의 회개를 촉구하라는 야훼의 명령을 저버리고 도망친 요나는 아직 감정적인 민족주의에 빠져 있었다. 이스라엘 백성과 니느웨의 백성이 함께 구원받는 하나님의 역사 경륜을 요나는 이해하지 못했다. 니느웨의 백성이 구원받아야 이스라엘 백성이 구원받을 수 있다는 진리를 요나는 아직 몰랐다.

하나님의 명령대로 요나가 회개하라고 외쳤을 때, 니느웨의 모든 백성이 단식하면서 회개했다. 니느웨의 임금도 굵은 베옷을 입고 잿더미 위에 앉아 단식하면서 이렇게 선포했다.

> 사람뿐 아니라 짐승에게까지 굵은 베옷을 입혀라. 그리고 하나님께 간절한 마음으로 부르짖어라. 권력을 잡았다고 해서 남을 못살게 굴던 나쁜 행실은 모두 버려라.

임금으로부터 높은 사람이나 낮은 사람 할 것 없이 심지어 짐승까지도 굵은 베옷을 입고 참회했다고 했다. 권력을 가지고 횡포 부리는 나쁜 행실을 버리고 하나님에게 돌아갔다는 것은 억압과 수탈의 체제와 약소국을 침략하던 군국주의적인 체제를 버리고 하나님 앞에서 자유와 평등과 평화의 나라로 되었다는 말이다. 이것은 니느웨가 권력에 의지해서 살지 않고 하나님의 사랑에 의지해서 살게 되었다는 말이다.

하나님의 사랑에 의지할 때만 자유·평등·평화의 나라가 이루어질 수 있다. 그러나 하나님의 사랑에 의해서 새로운 나라를 이룬다는 것은 더디고 애매하고 불확실한 일처럼 보인다. 그것은 문제를 얼버무리는 것처럼 보이기도 한다. 원수의 나라를 살려야 한다는 것이, 원수와 화해하고 함께 산다는 것이 요나 같은 사람에게는 탐탁하지 않았다. 그에게는 원수는 어디까지나 원수고, 그의 민족은 어디까지나 그의 민족이었다. 그는 자기 편과 원수 편을 철저하게 갈라서 보려고 했다. 잔뜩 화가 난 요나는 차라리 죽여달라고 하나님에게 대들면서 이렇게 하나님을 비웃었다.

> 하나님께서 애처롭고 불쌍한 것을 그냥 보아 넘기지 못하시고, 좀처럼 화를 내지 않으시며 사랑이 한없으시어 악을 보고 벌하려 하시다가도 금방 뉘우치는 분일 줄 어찌 몰랐겠습니까?

요나가 볼 때 하나님의 사람은 온정주의적 사랑이었다. 오늘 온정주의적 사랑은 두 가지 측면에서 비판을 받는다. 계급투쟁과 혁명적 투쟁을 강조하는 마르크시즘은 온정주의적 인물이 일을 그르친다고 해서 그런 인물을 경계한다. 전투적으로 싸워야 할 때 타협적이고 유화적인 태도는 효과적인 투쟁을 방해할 뿐이라는 것이다. 그리고 이해타산에 밝고 기능주의적으로 살아가는 현대 산업 사회의 인간들은 온정주의적 인간을 업신여긴다. 남의 부탁을 거절하지 못하는 우유부단한 사람은 그야말로 밥이라고 생각한다. 냉정하게 맺고 끊을 줄 아는 사람, 줄 것 주고, 받을 것 받는 야무진 사람을 현대 산업 사회는 요구한다.

투쟁적이고 영악한 사람이 필요한 것은 사실이지만, 그런 사람들만으로 인간 사회는 구원을 받지 못한다. 인간은 누구나 허물을 가진 존재이고 실수하고 죄를 짓는 존재다. 그러므로 인간은 누구나 용서받고 용서하며, 살 수밖에 없다. 인간이 서로 용서받고 용서하며 살 수 있는 토대는 그리스도의 십자가에 나타난 하나님의 사랑, 「요나서」에 나타난 하나님의 사랑이다. 하나님의 사랑은 인간의 삶의 원천이며 목적이다. 용서하고 품어주는 하나님의 사랑은 온정주의적으로 보일 수도 있다. 그러나 하나님의 사랑은 결코 온정주의적 사랑으로 그치지 않는다. 그 사랑은 불의와 악을 심판하는 정의의 사랑이기도 하다. 이러한 사랑이 우리의 힘이며 희망이다. 인류 역사가 아무리 암울하게 보이더라도 반드시 하나님의 사랑에 의해 구원된다는 것을 믿어야 한다.

오늘 그리스도인은 요나의 사명과 같은 사명을 받는다.

첫째, 그리스도인은 니느웨와 같은 제국주의 국가나 도시들에 대해 파멸을 선언해야 한다. "40일이 지나면 니느웨는 망한다."고 요나가 외쳤듯이 모스크바나 워싱턴이나 동경이나 북경 그리고 평양이나 서울을 향해서 "너희가 근본적으로 회개하지 않으면 반드시 망할 것"이라고 외쳐야 한다. 민족주의·인종주의·국가주의·계급적 당파주의의 울타리를 무너뜨리고 온 인류의 자유·평등·평화를 실현할 하나님 나라를 받아들이라고 외쳐야 한다.

둘째, 인간의 삶과 인류 역사를 구원하는 것은 하나님의 사랑임을 선언하고 가르쳐야 한다. 온정주의적인 사랑이 아니라 새로운 생명을 가져다주고 참된 화해와 해방을 가져다주는 하나님의 창조적인 사랑을 전해야 한다.

셋째 요나처럼 어리석고 완고한 자신을 끊임없이 회개해야 한다. 「요나서」 4장에 의하면 요나는 지극히 이기적이고 어리석은 사람으로 나타난다. 자신을 위해서는 지극히 작은 일을 가지고도 죽겠다고 성화를 대면서 앞뒤를 가리지 못하는 12만 명의 어린 목숨을 생각하지 못할 정도로 어리석고 이기적인 것이 바로 우리들의 모습이다. 다른 사람들에게 회개를 촉구해야 하지만 우리 자신도 회개해야 한다.

30. 억눌린 자들의 교육 과정

> 너희들은 죽어 시체가 되어 이 광야에 쓰러지고 말리라. 그러고 너희의 자식들은 너희의 배신죄를 짊어지고 너희의 시체가 썩어 없어질 때까지 40년 동안 광야에서 헤매어야 한다.(민 14:32~33 공동번역)

역사에는 낭비가 많은 것 같다. 지난 대통령 선거만 그런 것이 아니라 한국 현대사가 그렇게 보인다. 갑오농민전쟁(1894년)이 승리를 눈앞에 두고 좌절됐고, 근대 국가를 수립하려고 애쓰다가 일본에 합병되었으며, 해방되었는가 했더니 남북이 분단되어 참혹한 살육전을 벌였고, 4.19를 통해 독재 정권을 무너뜨렸는가 했더니 5.16이 일어나 군사 독재가 시작되었다. 18년 군사독재가 끝나고 민주화의 봄이 시작되나 했더니 5.18 광주시민 학살과 전두환 군사 독재가 시작되었다. 전두환 군부독재가 끝난 후에도 한국정치는 좌와 우, 보수와 진보 사이에 오락가락 헤매고 있다. 100만 명의 민주시민이 촛불시위를 벌이며 대통령을 권좌에서 끌어내려서 세계의 시민들을 깜짝 놀라게 했지만, 정치인들과 정당들은 예전의 관행과 행태로 돌아가 버렸다.

이스라엘 백성의 해방사도 그랬다. 강제 부역에 시달리던 히브리 노예들이 기적을 통해 홍해 바다를 가르고 적의 전차 부대를 바닷속에 몰살시키면서 통쾌하게 이집트를 탈출했다. 그런데 이집트에서 해방된 히브리인들은 곧장 약속된 땅, 젖과 꿀이 흐르는 가나안 땅으로 들어가지 못하고 40년 동안 광야를 헤매야 했다. 홍해 바다에서 가나안 땅까지는 아무리 오래 걸려도 40일을 넘을 수 없는 거리다. 왜 히브리인들은 광야에서 40년이나 허비해야 했나? 꿈에 그리던 땅, 조상 대대로 갈구해 온 약속의 땅을 앞에 두고 40년이란 긴 세월을 빈 들에서 헤매야 했던 이유는 무엇일까? 억눌려 살았던 사람들의 훈련과 교육이란 측면에서 설명할 수밖에 없다.

눌려 지낸 사람들은 지배자들에게 억눌려서 주체성과 연대성을 상실하고 살았던 사람들이다. 오랫동안 남의 눈치를 보며 분열되어 살아온 사람들이 이집트 땅을 벗어났다고 해서 하루아침에 주체성과 연대성을 갖게 되는 것은 아니다. 약속된 땅에서 자유롭고 평등한 새 나라를 건설하기 위해서는 가장 중요한 것이 민중의 주체성과 연대성이다. 바로 이것이 새 나라를 세우고 지킬 수 있는 민중의 힘이다.

가나안 땅에는 싸워야 할 적들이 있었고, 극복해야 할 시련들이 있었다. 이 땅을 정탐하고 돌아온 사람들은 "적들이 너무 강하고 우리는 메뚜기처럼 무력한 존재다."라고 절망적인 보고를 했다.

이스라엘의 온 백성이 모세를 원망하면서 이집트로 돌아가려 했다.

> 야훼는 어쩌자고 우리를 이리로 데려내다가 칼에 맞아 죽게 하는가? 아내와 어린 것들이 적에게 붙잡혀 가게 하는가? 이집트로 돌아가는 수밖에 없겠다.

강한 적들과 싸워 보려는 주체적 용기가 없음이 분명히 드러났다. 산이 가로막으면 산을 무너뜨리고서라도 갈 길을 가는 기백이 없었다. 적들의 힘을 과대평가하고 자신들의 힘을 과소평가하는 것이 바로 노예근성이다. 그리고 서로 단합해서 위험을 무릅쓰고 공동의 목표, 자유롭고 평등한 새 나라를 이루자는 생각보다는 제 한 목숨, 제 아내와 제 새끼를 아끼는 마음이 앞섰다. 연대 의식보다 개인의 생존에 더 집착하는 것도 노예근성이다. 약속의 땅 앞에서 이스라엘 백성의 노예근성이 적나라하게 드러나자 야훼 하나님은 지독하다 싶을 정도로 준엄한 선언을 한다.

> 너희들은 죽어 시체가 되어 이 광야에 쓰러지고 말리라. 그리고 너희의 자식들은 너희의 배신죄를 짊어지고 너희의 시체가 썩어 없어질 때까지 40년 동안 광야에서 헤매야 한다.

노예근성은 패배 의식과 좌절 의식을 뜻한다. 이런 의식을 가지고는 약속된 땅에 발을 디딜 수 없다. 할 수 없다는 생각, 도저히 불가능하다는 체념 의식은 하나님의 존재 자체를 부인하는 것이다.

하나님은 '모든 것이 가능한 존재'다. 하나님 앞에서 체념이나 포기는 없다. 야훼 하나님은 쉽게 좌절하고 쉽게 포기하는 이스라엘 백성을 끌고 광야 편력 생활을 시작한다.

40년 동안의 광야 편력 생활은 그야말로 다툼과 갈등의 연속이었다. 이스라엘 백성과 모세와 야훼 사이에 끊임없이 불평과 책망과 분노가 교차 된다. 이스라엘 백성은 어려운 일에 닥칠 때마다 불평을 토로하며 이집트 땅으로 돌아가겠다고 아우성을 친다. 그러면 야훼는 그들의 불평을 들어주다가도 분노를 터뜨리며 그들을 버리겠다고, 그들을 몰살시키겠다고 단언한다.

모세는 야훼와 이스라엘 백성 사이에서 중재자 역할을 한다. 셋 중에서 모세가 가장 성숙한 존재로 나타난다. 다 때려치우고 이집트의 노예 생활로 다시 돌아가겠다고 소란을 피우는 이스라엘 백성을 모세는 꾸짖기도 하고 어르기도 하면서 다독거린다. 또 이스라엘 백성과 싸우다 지친 야훼가 그들과의 관계를 끊어 버리겠다고 토라지면 모세는 목숨을 걸고 애걸복걸해서 야훼의 마음을 돌려놓는다.

여기서 가장 이해하기 마련운 것이 야훼의 마음이다. 도대체 그렇게 변덕스럽고 그렇게 노여움을 잘 탈 수가 없다. 왜 하나님이 이렇게 노여워하고 변덕스러운가? 왜 좀 더 고상하고 점잖지 못한가? 그 까닭은 히브리 노예들의 하나님이기 때문이다. 히브리인들이 변덕스럽기 때문에 그들의 하나님도 변덕스러울 수밖에 없고, 그들이 노여움을 잘 타기 때문에 그들의 하나님도 노여움을 잘 탈 수밖에 없다.

그러면 히브리 노예들은 왜 그런가? 그것은 그들의 삶의 물질적 조건이 그럴 수밖에 없기 때문이다. 하루 15시간씩 중노동에 시달리고 먹을 것과 입을 것은 부족하고 잠자리도 편치 않은 데다 지배자들의 학대를 받으며 살자니 노여울 수밖에 없고 변덕스러울 수밖에 없다. 광야 편력 생활도 그렇다. 먹을 음식도 부족하고 마실 물도 부족하며 옷도 잠자리도 부족한 생활, 정처 없이 떠도는 불안한 생활을 하는 사람들이 어떻게 고상하고 점잖기만 할 수 있겠는가? 야훼가 진정 그들의 하나님이라면, 그들을 해방시키는 하나님이라면, 그들의 삶 속으로 들어가 그들과 씨름하는 하나님일 수밖에 없다.

하나님은 본래 어떤 분인가? 인간은 본래 어떤 존재인가? 우리는 하나님과 인간을 따로 떼어 놓고 말할 수 없다. 하나님을 말함으로써 인간을 말하고 인간을 말함으로써 하나님을 말해야 한다. 하나님은 인간을 더불어 사는 존재로 창조했다. 하나님 안에서 산다는 말은 이웃과 더불어 자연과 더불어 산다는 말이다. 그런데 아담과 하와가 선악과를 먹고 하나님처럼 되려고 한 것은 자기중심적으로 살려고 한 것이다. 그것은 이웃의 존재를 거부한 것이며, 더 나아가 하나님의 존재를 거부한 것이다.

가인이 아벨을 죽인 것은 이웃 없이 홀로 살려 한 것이며, 결국 하나님을 부인한 행위였다. 하나님은 나의 이웃과 뗄 수 없이 결합돼 있다. 현실적인 삶 속에서 하나님은 다른 데 계시지 않고 이웃 속에 계시므로 이웃을 외면하거나 부정하는 것은 하나님을 외면하고 부정하는 것이다. 하나님은 히브리 노예 속에 계시므로 히브리 노예의 해방을 위해 헌신하지 않는 자는 실천적으로 무신론자다. 하나님은 고난받는 민중 속에 계시다. 하나님과 고난받는 민중을 동일시할 수 있다. 함께 아파하는 하나님, 함께 신음하고 함께 절규하는 하나님이 성경의 하나님이다.

그러나 이와는 다른 하나님의 모습이 있다. 그것은 싸우는 하나님의 모습이다. 구약성경에서 가장 오래된 시구(詩句) 하나가 이러한 하나님을 전형적으로 드러낸다.

> 야훼는 용사, 그 이름 야훼이시다. (출 15:3)

여기서 용사는 투사·전사란 말로 바꾸어 쓸 수 있다. 야훼는 고난받는 민중의 부르짖음을 듣고 그들을 위해 싸우는 싸움꾼이다. 성경의 하나님은 모든 것을 포용하고 감싸는 어머니다운 모습만이 아니라 불의한 세력을 부수고 깨뜨리는 투사의 모습도 지니고 있다. 그런데 야훼는 적들하고만 싸우는 하나님이 아니다. 출애급 사건에서는 적들과 싸웠지만, 광야 편력에서는 자기 백성인 히브리인들과 싸운다. 적당히 얼버무리며 싸우지 않고 냉혹할 정도로 철저히 싸운다.

광야 편력에서 히브리 노예들의 진정한 모습이 그대로 노출된다. 그들의 나약하고 어리석으며 고집스럽고 옹졸한 모습이 숨김없이 드러난다. 하나님은 광야 편력을 통해 이들을 약속된 나라의 참된 주인으로 교육시킨다. 이것은 피압박자들에 대한 하나님의 교육 과정이다. 역사 현실이 냉엄하듯이 이 교육 과정도 냉엄하다.

광야는 모든 것을 정화하고 새롭게 형성하는 역사 창조의 현장이다. 광야는 빈 들이다. 텅 비어 있기 때문에 모든 것을 새롭게 시작할 수 있다. 그래서 예언자 호세아는 부정부패와 음란한 생활에 빠진 이스라엘 백성에게, 물질적 행복만을 약속하는 바알 신을 따르는 이스라엘 백성에게 광야로 나가자고 호소한다. 때 묻은 삶을 청산하고 광야로 나가서 야훼 하나님과 다시 시작하자는 것이다.

세례자 요한도 광야에서 오랜 침묵을 깨고 새 시대의 소리가 되었다. 예수도 광야에서 40일간 금식하고 악마와 씨름한 후 하나님 나라 운동을 시작했다. 광야에는 아무것도 없기 때문에 욕심부릴 것도 없고 빼앗을 것도 없고 빼앗길 것도 없다. 인간의 끝없는 탐욕과 허영심이 허망하다는 것을 광야에서처럼 실감할 수 있는 곳은 없다. 광야는 지배자들이 지배욕과 탐욕을 버리고 인간의 본래적인 모습으로 돌아갈 수 있는 곳이다. 광야는 체념과 좌절에 빠진 민중이 연대성과 주체성을 얻을 수 있는 곳이다. 광야는 뒤틀린 역사를 바로잡고 부패한 사회를 정화할 수 있는 곳이다. 새로운 가능성이 열리고 변혁의 힘이 생기는 곳은 광야다.

오늘 광야는 어디에 있는가? 실존적으로는 마음을 비운 상태이며, 사회적으로는 돈과 권력으로부터 소외된 곳이다. 누구나 자기 마음속에 광야를 열어 놓아야 한다. 자신을 깨뜨릴 수 있는 곳, 자신의 집착을 끊을 수 있는 곳, 자신의 삶을 정화시킬 수 있는 자리, 자기를 버릴 수 있는 자리가 있어야 한다. 자기반성을 모르는 사람은 하나님을 모르는 자다. 사회적으로는 돈과 권력으로부터 소외된 민중 현장이 광야다. 그곳으로부터 이 사회를 정화하고 변혁할 수 있는 힘과 가능성이 주어진다.

광야 편력과 관련해서 우리는 모세의 운명으로부터 중요한 사실을 배울 수 있다. 모세는 구약성경에서 최대의 찬사를 받은 인물이다. 광야 편력에서도 야훼와 이스라엘 백성에 대한 모세의 지극한 헌신을 보면 모세는 거의 완벽한 존재, 심지어는 신적인 존재로 나타난다. 끊임없이 하나님을 배신하는 이스라엘 백성이 멸망할 수밖에 없었을 때, 모세는 여러 차례 하나님께 간구해서 이스라엘 백성을 건져 주었다. 그런 모세가 단 한 번 실수했다. 이스라엘 백성이 먹을 물이 없어서 죽겠다고 아우성쳤을 때, 야훼는 모세에게 바위를 향해 물을 내라는 명령을 하라고 일렀다. 그러자 이스라엘 백성의 고집스럽고 우둔한 짓거리에 화가 난 모세는

> 반역자들아, 들어라. 이 바위에서 물이 터져 나오게 해주랴.

라고 외치면서 지팡이로 바위를 두 번 내려쳤다. 지팡이로 바위를 두 번 내려친 행위는 지극히 사소한 일 같지만, 하나님의 영광을 가린 행위였다. 하나님은 자신의 영광이 이스라엘 백성 앞에 나타나기를 바랬다. 하나님의 영광이 나타난다는 것은 하나님이 이스라엘 백성의 하나님이 되고, 이스라엘 백성은 하나님의 백성이 되는 것을 뜻한다. 이스라엘 백성이 하나님의 영광을 받아들인다는 것은 하나님의 진정한 백성, 다시 말해 새 나라의 참된 주인이 된다는 것을 뜻한다. 성급한 모세는 답답한 이스라엘 백성을 보다 못해 화가 나서 지팡이로 바위를 내려쳤다. 야훼는 모세에게

너는……내 영광을 드러내지 못했으므로 약속된 땅에 들어가지 못한다.

는 가혹한 선언을 한다. 아무리 보아도 모세에게는 억울하고 가혹한 선언이다. 야훼 하나님이 왜 이렇게 했을까? 이에 관한 히브리 전설이 있다. 이 전설에 의하면 모세가 야훼에게 내가 약속받은 땅에 못 들어갈 이유가 무엇이냐?고 따졌다. 야훼는 이렇게 대답했다고 한다.

너는 나를 믿지 못했다. 이것은 용서할 수 있다. 너는 너 자신을 믿지 못했다. 이것도 용서할 수 있다. 그러나 너는 히브리 민중을 믿지 못했다. 이것만은 용서할 수가 없다.

모세는 위대한 지도자였지만, 이스라엘 대중과 보조를 맞추지 못했기 때문에, 조급했기 때문에 약속된 땅에 들어갈 수 없었다. 모세의 잘못은 이스라엘 대중보다 앞서가려고 했던 데 있다. 대중보다 앞서가려는 모든 급진주의는 실패하기 마련이다. 그것이 역사의 법칙이다. 혼자 열 걸음을 앞서가는 것보다 대중과 더불어 착실히 한 걸음을 내딛는 것이 진정한 역사발전을 앞당기는 길이다.

이 나라의 근대사와 현대사는 이스라엘 백성의 광야 편력에 비길 수 있다. 끊임없는 시행착오와 좌절의 역사였지만, 이 역사를 통해 우리 민족의 역량은 성숙해 왔다. 이 나라와 현대사를 돌이켜 보면서 아쉬운 점은 정치 세력들이 단결해서 정치적 목표를 달성한 경험이 드물다는 것이다. 흔히 명분론이나 관념적 과격성 때문에 그리고 분파주의적 경향 때문에 정치적 단합을 이루지 못했다.

국민 대중의 정치의식이 매우 성숙했으므로 정치 세력만 통합된다면, 정치와 사회의 혁신을 통해서 민주화와 남북통일의 날을 성큼 앞당길 수 있을 것이다.

지식인과 시민운동가들은 성급하게 하나님과 국민 대중을 앞지르지 말고, 정치인들은 하나님과 국민의 앞길에서 걸리적거리지 말아야 한다. 지식인, 시민운동권과 모든 정치인들은 겸손히 하나님과 국민을 섬겨야 한다. 하나님과 국민을 바르게 섬기려면 관념적 과격성에 빠져서도 안 되고 이념 없는 정치꾼이 되어서도 안 된다. 국민 대중의 현실에 맞는 이념과 전망을 수립하기 위해 끊임없이 노력해야 한다. 그리고 자기를 위해 국민 대중을 이용하려는 기회주의적 작태도 사라져야 한다.

하나님께서는 이 나라 역사를 통해 이 민족을 약속된 나라로 인도해 주려 한다. 우리는 아직 광야 편력을 하는 중이다. 아무리 우리의 정치 현실이 실망스럽다고 하더라도 모세처럼 성급하게 비난의 지팡이를 휘둘러서는 안 된다. 이 나라의 정치 현실이 고통스럽고 암담하다 하더라도 체념하거나 패배 의식에 사로잡혀서는 안 된다. 하나님께서 살아 있는 한 결코 좌절할 수 없다. 어떤 강도 건널 수 있고, 어떤 산도 넘을 수 있다. 하나님이 우리 속에 계시고 우리의 앞장을 서시기 때문이다. 쓰러지더라도 죽지 않았으면 일어나야 한다. 아무리 여러 번 넘어지더라도 시체가 아니라면 일어나야 한다. 하나님은 죽은 자의 하나님이 아니라 산 자의 하나님이다. 힘있게 일어나서 새 나라를 향한 광야의 행진에 참여하자.

나오는 말: 창조와 해방의 믿음

오늘 인류는 과학주의와 국가주의의 포로가 되었다. 과학주의의 철학적 토대는 유물론과 기계론이다. 약육강식과 우승열패(優勝劣敗)를 추구한 국가주의의 현대적 형태는 무한경쟁을 추구하는 입시교육과 적대적 대결을 일삼는 진영논리·당파싸움이다. 국가주의와 과학주의의 포로가 된 인류는 미움과 적대감 속에서 끝없는 다툼과 경쟁 속에서 영혼이 없고 생명이 죽어가는 절망과 체념의 세계로 빠져들고 있다.

하나님의 창조신앙은 우리를 유물론과 기계론에서 벗어나게 하며 생명과 영혼이 살아 숨 쉬는 삶으로 안내한다. 믿음의 선조 아브라함은 수메르 메소포타미아 제국의 농경 정착생활에서 벗어나 자유와 평등, 우애와 연대, 정의와 평화의 나라를 향해 떠돌이 생활을 시작했다. 강대한 제국들이 지배하는 세계에서 떠돌이 생활을 하며 온갖 시련과 고난을 겪었던 아브라함의 이야기는 약육강식과 우승열패, 진영논리와 당파싸움에 매몰된 국가주의적 이념과 생활에서 벗어나 하나님이 다스리는 민주 공화의 나라를 꿈꾸고 실현하는 힘과 용기를 갖게 한다.

과학주의와 국가주의를 넘어서는 '하나님의 창조'와 '아브라함의 믿음'에서 배울 수 있는 삶의 원리가 몇 가지 있다. 이 원리와 지침들에서 과학주의의 유물론과 기계론, 국가주의의 무한경쟁과 진영논리를 극복하고 새로운 삶과 새로운 나라를 만들어갈 수 있는 믿음과 힘을 얻을 수 있을 것이다.

1) 삶의 주체를 확립하는 삶의 원리 '나는 나다!'

하나님이 모세를 불러 "내 백성을 에집트의 종살이에서 해방시키라"고 하셨을 때 모세가 하나님께 이름을 물었다. 하나님이 모세에게 밝힌 이름은 "나는 나다!", "나는 내가 되고자 하는 대로 되는 이다.", "나는 내가 하고자 하는 대로 하는 이다.", "나는 모든 것을 있게 하는 창조자이다."는 의미로 풀이된다.

이집트에서 종살이하는 이스라엘 백성에게는 "나"가 없다. 자신감을 잃고 두려움에 싸여 미디안 광야로 도망 온 모세에게도 "나"가 없었다. 죄와 죽음에 매여 운명에 맡겨 사는 이에게도, 제 욕심과 노여움에 휘둘리며 사는 이에게도 "나"는 없다. "나는 나다!"라고 하는 하나님만이 역사를 창조할 수 있다. 이 하나님만이 삶의 주인이다. 이 하나님을 만난 사람만이 참으로 "나"가 된다. "나"가 있는 사람만이 자유롭다.

2) 선과 악, 옳고 그름을 뛰어넘는 생명의 진리

아담과 하와가 선악과를 먹고 선악을 분별하니까 죄악 세상이 되었다. 좋고 나쁘고, 선하고 악하고를 분별하는 기준은 하나님께 있어야 하는데, 사람들이 저마다 제 욕심대로 좋고 나쁜 것을 가르니 세상이 온통 싸움판이 되고 혼란에 빠졌다. 정말 좋은 것을 좋다고 해야 하는데, 입에 좋은 게 몸에 나쁠 수 있고 보기 좋은 게 영혼에 나쁠 수 있다. 내게 좋은 것이 네게 나쁘고, 우리에게 좋은 게 전체에게 나쁠 수 있다. 좋고 싫은 생각과 감정이 거짓이고 망상일 수 있다.

사람은 본래 하늘과 땅 사이에 곧게 서서 하늘을 향해 나아가는 존재로 태어났다. 그러나 뱀의 유혹을 받아 선악과를 따먹은 인간은 뱀처럼 숨어서 살게 되었다. 생존을 위해 땅바닥을 기는 뱀의 자리에 서 있는가? 우리의 창조자 하나님을 향해 하늘로 솟아오르고 새 나라를 향해 앞으로 나아가는 사람의 자리에 서 있는가? 마땅히 사람의 자리를 찾아 사람의 구실과 사명을 이루어야 한다. 사람의 자리에서 사람의 구실과 사명을 이루려면 사람은 하늘을 향해 솟아오르고 새로운 나라를 향해 앞으로 나아가야 한다.

3) 인간 속에 새겨진 하나님의 얼굴

하나님은 인간에게 얼굴을 보여주지 않는다. 하나님을 보는 사람은 반드시 죽는다고 하였다. 그러나 불안과 걱정, 절망과 초조 속에서 사는 인간은 하나님의 얼굴을 직접 보려고 한다. 그래서 끊임없이 하나님의 형상을 만들어낸다. 구약성경에서 하나님은 우상숭배를 엄격히 금지하였다. 그런데 왜 인간은 우상을 끊임없이 만드는가? 첫째로 불안하기 때문이다. 눈에 보이는 삶의 물질적 보장을 받고 싶어 한다. 인간은 눈으로 보아야 안심이 된다. 그래서 보이지 않는 하나님을 버리고 우상을 만들고 그 우상에 열광한다. 정치, 문화, 스포츠, 영화, 춤과 노래의 온갖 영역에서 수없는 우상들이 만들어지고 소비된다.

둘째 욕망을 채우고 싶어서 우상을 만든다. 사람들은 물질적 풍요와 번영을 보장하고 약속하는 신을 갈망한다. 보이지 않는 신은 정의와 사랑과 평화를 약속하는데, 보이는 신은 돈과 권력, 물질적 풍요와 번영을 약속하고 보여준다. 우상숭배는 결국 자기 숭배다. 그래서 자기 사랑에 빠진 인간은 끊임없이 우상숭배로 빠져든다.

하나님은 자신의 형상을 인간 속에 넣어 주었다. 왜 하나님은 자신의 모습대로 인간을 지었을까? 인간이 스스로 하나님의 모습을 세상에 드러내고 이루어가게 하려고 하나님은 인간을 자신의 모습대로 창조한 것이다. 우리의 삶 속에, 우리의 혼 속에, 우리의 사회 속에, 인류 속에, 우주 속에, 민족의 가슴에 하나님의 모습을 새기어 가라는 것이다. 하나님은 인간 속에 자신의 얼굴을 새겨놓으셨다. 우리의 삶 속에, 마음과 혼 속에, 우리 교회와 사회의 공동체 속에, 민족의 가슴과 인류의 정신 속에 하나님의 얼굴이 새겨지고 드러나게 하자.

왜 하나님은 인간 속에 자신의 형상을 넣어 주셨을까? 하나님은 인간을 종이나 기계로 만들지 않고 딸과 아들로, 친구로 삼으려 하신 것이다. 하나님의 자녀와 친구가 되려면 인간이 스스로 하나님의 얼굴을 닮은 존재가 되고 하나님의 품성을 스스로 익혀 가야 한다. 그러면 우리는 자치와 협동의 공동체, 민주 공화의 나라를 만들어갈 수 있다.

4) 고난과 시련이 있는 까닭

이스라엘 백성은 고난과 시련 속에서 믿음의 삶을 닦아냈다. 믿음으로 옳게 살자고 애쓰는데도 고난과 시련이 거듭되었고 나라가 망해서 남의 나라에서 종살이하는 비참한 신세가 되었다. "하나님이 살아계시는데 왜 우리가 이렇게 고난을 당해야 하는 걸까?" 이스라엘은 이 물음을 묻고 또 물었다. 그러다가 구원은 밖에서 오는 것이 아니라 고난의 삶 속에서 오는 것임을 깨닫게 되었다. 고난 속에 하나님이 계시고 고난을 통해 죄와 악이 씻어지고 병이 낫게 된다는 것을 알게 되었다.(이사야 53장 고난의 종 이야기)

고난받는 사람은 못난이요, 패배자요 죄인이라고 여기던 생각이 바뀌어 고난받는 사람을 통해서 구원이 이루어지고 병이 낫게 된다는 깨달음에 이르렀다. 구약성경의 모든 말씀은 이 한 마디로 귀결된다. 고난은 생명과 구원에 이르는 길이고 문이다. 고난 속에서 진리와 자유, 정의와 평화, 사랑과 생명의 싹이 튼다. 고난의 가시밭길이 하나님 나라의 지름길이다. 고난 속에 하나님 나라의 보물이 숨겨 있다. 고난받는 사람에 대한 이러한 새로운 이해는 약육강식과 우승열패, 진영논리와 당파싸움의 국가주의에서 벗어날 수 있는 안목을 열어 준다.

5) 절망과 죽음을 삼키는 생명의 힘

하나님의 창조와 아브라함의 믿음에서 배우는 삶의 원칙과 자세는 어떤 조건과 환경, 어떤 현실과 상황에서도 좌절하거나 굴복하지 않고 믿음으로 나아가는 것이다. 하나님의 창조신앙은 어떤 자연조건과 환경, 역사와 사회의 현실과 상황에 굴복하지 않고 이겨내게 한다. 창조자 하나님은 지금 여기 나와 우리의 삶과 역사 속에서 창조 활동을 하신다. 오늘 우리의 삶과 역사 속에서 새 하늘과 새 땅을 창조하는 하나님과 함께 우리는 어떤 난관과 시련도 이겨낼 수 있다.

백 세에 얻은 아들 이삭을 하나님께 바치는 아브라함은 절망과 죽음의 나락에서 새 나라, 새 역사를 만들어가는 믿음의 삶을 보여준다. 나라를 잃고 바빌론에서 포로 생활을 하면서 히브리 성경을 만들어낸 이스라엘인들은 절망과 죽음을 이기는 절대 희망과 절대 승리의 신앙을 확립하였다. 아브라함과 그 후손들의 신앙과 삶에서 우리는 절망과 죽음을 뛰어넘는 믿음과 삶을 배우고 익힐 수 있다.

높은 산은 그 앞에 머물기 위해 있는 게 아니라 넘어가기 위해 있는 것이다. 고난과 시련은 체념하기 위해 있는 게 아니라 이겨내기 위해 있는 것이다. 삶은 솟아오르자는 것이고 앞으로 나가자는 것이다. 몸은 깨어져도 맘은 솟아올라야 하고 맘이 상처받고 거꾸러져도 정신은 일어나 앞으로 나가야 한다. 정신이 힘을 잃고 혼미해져도 영은 하나님을 향해 날아올라야 한다. 이것이 삶이고 믿음이다.